Maria Reis Habito, Alon Goshen-Gottstein (Hg.)

Die Krise des Heiligen

D1727217

Maria Reis Habito
Alon Goshen-Gottstein (Hg.)

Die Krise
des Heiligen

Arbeiten vorgestellt vom
Think-Tank des „Elijah Interfaith Institute"
als Vorbereitung für das zweite Treffen des
„Elijah Board of World Religious Leaders"

Wu Sheng Kloster, Ling Jiou Shan,
Fulong, Taiwan
28. November - 2. Dezember 2005

Umschlag: Blick auf das Wu Sheng Kloster, Ling Jiou Shan, Taiwan

Das „Elijah Interfaith Institute" bestätigt dankbar
die Unterstützung durch folgende Organisationen:

The Fetzer Institute
The Council for a Parliament of World Religions
The Episcopal Church, USA
The King Fahd Center for Middle Eastern Studies, Arkansas
Die Groeben Stiftung
The Guerrand-Hermès Peace Foundation
Mc Gill University, Montreal
The Museum of World Religions, Taiwan
The Gerald Weissfeld Foundation

1. Auflage 2008
Übersetzung aus dem Englischen von Heidi Rygh und Maria Reis-Habito
Deutsche Erstausgabe

Copyright © 2008 by EOS Verlag, St. Ottilien
mail@eos-verlag.de
www.eos-verlag.de

ISBN 978-3-8306-7337-8

Bibliografische Information der Deutschen Bibliothek
Die Deutsche Bibliothek verzeichnet diese Publikation
in der Deutschen Nationalbibliografie;
detaillierte bibliografische Angaben sind im Internet
unter http://dnb.ddb.de abrufbar.

Printed in Germany

Geleitwort

Die Religionen der Welt haben sich unter dem Einfluss zahlreicher innerer und äußerer Faktoren entwickelt, wobei sie aber immer ihre jeweilige grundsätzliche (wenn auch sich ständig verändernde) Betrachtung des Lebens und der Art, wie es richtig zu führen sei, beibehalten haben. Religionen konnten immer Sinn vermitteln, trotz politischer oder anderer Unruhen, die die Religionen oder deren einzelne Gemeinden immer wieder erschüttert haben.

Die moderne Zeit stellt für die Grundfesten der Religion und den Zusammenhalt der Gesellschaft eine Bedrohung dar. Das liegt zum Teil, aber nicht nur, an der alles durchdringenden Überflutung durch globalisierte politische und wirtschaftliche Entwicklungen; den oft vereinfachend, polarisierend und moralisch wertneutral gehaltenen Darstellungen in den Massenmedien und dem Sicherheits- und Überprüfbarkeitsanspruch einer von den Wissenschaften dominierten Kultur.

Diese verheerende Veränderung hat alle möglichen, unnatürlichen und, in mancher Hinsicht, so vorher noch nie erlebte Reaktionen von Religionsführern und insbesondere deren Anhängergruppen ausgelöst. Der wachsende Fundamentalismus und Isolationismus hat manchen Kraft gegeben, während andere eine synkretistische Sinnsuche in bislang ungeahnten Sphären bewegt. Instabilität auf Führungsebenen geht einher mit dem Einsatz alter, heiliger Schriften als Bollwerk gegen Veränderung. In manchen Kreisen hat der Argwohn dem Fremden gegenüber zugenommen, während uns auf der anderen Seite die Globalisierung heute zum ersten Mal vor Augen führt, dass sich alle Völker einen gemeinsamen, schrumpfenden Platz auf der Erde teilen müssen. Manche haben das Ritual abgeschafft, andere haben es zur Routine werden lassen. Manche haben sich angeglichen, andere sind zunehmend fremdenfeindlich geworden. Manche haben ihre Götter verlassen, andere haben sich in sie zurückgezogen.

Wie auch immer die Aktionen und Reaktionen im Einzelnen aussehen, die Gesamtheit dieser unerwarteten Verwerfungen treibt religiöse Menschen zu fragwürdigen Formen. Außerdem bringt diese Situation manchmal ein religiöses Denken und Leben hervor, das ungesund, unerwünscht und letztlich verhängnisvoll ist. Diese Situation, zu deren Diskussion wir uns versammelt haben, haben wir die „Krise des Heiligen" genannt.

Die Mitglieder des Think-Tanks betrachten diese Krise als ein Konglomerat von Bedrohungen, Herausforderungen und Chancen für Religionen, mehr noch, für die Religion überhaupt. Chancen, die diese Krise uns bereitet, sind: Schaffung von Zusammenhängen, die eine Bewältigung alten Unrechts ermöglichen; die Anregung, überkommene religiöse Standpunkte neu zu überdenken, mit der Möglichkeit, gemeinsame statt abgrenzende Haltungen anzunehmen; und darüberhinaus die Bereitstellung von Mitteln und Methoden, die eine kreative und spirituelle Stärkung der Religionen ermöglichen.

Wir laden Sie ein, diese spannende Chance mit uns zu erforschen.

Barcelona, 2004
Der Think-Tank des „Elijah Interfaith Institute"

Dr. Alon Goshen-Gottstein, Dr. Brenda E. Brasher,
Prof. David W. Chappell, Prof. Vincent J. Cornell,
Prof. B. Barry Levy, Dr. Deepak Sharma,
Dr. Maria Reis Habito und Mr. Michael Weil.

Inhaltsverzeichnis

Kapitel 5: Die Entstehung und Transformation
des Hinduismus: Eine Krise des Heiligen....................
Deepak Sarma

Vorwort zur deutschen Ausgabe

Maria Reis Habito

Ich freue mich, mit dem vorliegenden Band die Arbeiten zum zweiten Treffen des „Elijah Board of World Religious Leaders" einer deutschsprachigen Leserschaft zugänglich machen zu können. Dieses Treffen fand auf Einladung von Dharma Meister Hsin Tao vom 28. November bis 2. Dezember 2005 im Wu Sheng Kloster auf dem Ling Jiou Berg an der taiwanesischen Ostküste statt und vereinte mehr als 30 religiöse Führer aus allen Teilen der Welt, dazu die Wissenschaftler des Elijah-Think-Tanks, Vertreter der Stiftungen, die das Treffen ermöglicht hatten, Mitarbeiter des Klosters und viele Studenten, die als Voluntäre arbeiteten.

Als ich im Jahre 1983 zum ersten Mal den Ling Jiou Berg bestieg, um Dharma Meister Hsin Tao zu besuchen, der dort in strenger Abgeschiedenheit schon seit zwei Jahren in einer Höhle meditierte, hätte ich mir ein solches Treffen auf Anhieb nicht vorstellen können. Damals gab es das Wu Sheng Kloster noch nicht, geschweige denn eine Straße; eine Handvoll von Schülern, die dem Meister in die Berge gefolgt waren, lebte in einem kleinen Gebäude, das nahezu an einem Felsen über der Steilküste zu kleben schien.

Meister Hsin Tao, den ich 1980 während meines Sprachstudiums in Taiwan kennengelernt hatte, war damals sehr erfreut, mich wiederzusehen. Mir in der Höhle gegenübersitzend, sagte er mir voraus, dass er in Zukunft die ganze Welt bereisen werde, um für den Frieden zu arbeiten und dass viele Menschen aus unterschiedlichen Religionen und allen Teilen der Erde über das Meer zu seinem Kloster auf dem Ling Jiou Berg kommen werden. Dem fügte er seine Hoffnung hinzu, dass ich ihm eines Tages bei seiner interreligiösen Arbeit helfen werde. Noch heute zählen die Nonnen des Klosters erheitert die Zweifel auf, die ich damals an diesen Eröffnungen hegte, nämlich, dass der Zustrom von vielen Menschen aus der ganzen Welt nur sein Leben in Meditation und Stille stören würde, dass Reisen viel Geld koste, was er gar nicht habe, und dass ich nicht wisse, was ich in der Zukunft tun wolle.

In der Zeit nach dieser Begegnung entwickelten sich das Kloster und die damit verbundene Laiengemeinschaft so rapide, dass die Ling Jiou Shan-Gemeinschaft heute zu einer der bedeutendsten buddhistischen Organisationen in Taiwan gehört. Nachdem das von Meister Hsin Tao gegründete Museum der Weltreligionen im Jahre 2001 in Taipei eröffnet wurde, übernahm ich die Verantwortung für die Organisation von interreligiösen Konferenzen; hieraus erwuchs die enge Zusammenarbeit mit Rabbi Alon Goshen-Gottstein und dem „Elijah Interfaith Institute."

Da Vorwort und Kapitel 1 von Alon Goshen-Gottstein eine sehr ausführliche Einleitung in Wahl und Inhalt des Themas „die Krise des Heiligen" geben, möchte ich mich hier auf einige wenige Worte zum Verlauf der Konferenz in Taiwan beschränken. Ein Ziel der Elijah-Arbeit ist es, durch die im Rhythmus von zwei Jahren stattfindenden Treffen der religiösen Führer einen Rahmen zu schaffen, in dem sie Probleme, die Religion und Gesellschaft betreffen, auf sehr persönliche Weise miteinander besprechen können. Der Schwerpunkt des Treffens ist die Arbeit in kleinen Gruppen, in denen die Themen, mit denen alle durch die Lektüre der Think-Tank-Arbeiten vertraut sind, diskutiert werden. Beim Zusammenkommen der Gruppen im Plenarsaal finden keine Vorträge statt, sondern Vertreter der einzelnen Gruppen geben einen Bericht über die wesentlichen Punkte, die von ihren Gruppen erarbeitet worden sind, und laden zu weiterer Diskussion ein.

Im Wu Sheng Kloster schafft der spektakuläre Blick über die taiwanesische Ostküste und das Meer einen Rahmen, der in jeder Hinsicht die Perspektive erweitert. Und so zogen viele Teilnehmer es vor, bei gutem Wetter ihre Gruppentreffen draußen auf der Terrasse unter freiem Himmel und zu den Klängen der Natur abzuhalten. Der Intensität des Austausches tat dies keinen Abbruch. Jeden Tag nach Abschluss der Diskussionen im Plenarsaal fanden sich die Angehörigen der einzelnen Religionen in offenen, aber getrennten Räumen, die in Hörweite voneinander lagen, zum Abendgebet zusammen. Dabei stand es jedem Teilnehmer offen, ob er am Gebet seiner eigenen religiösen Tradition oder and dem einer anderen teilnehmen wollte. Diese Art des Gebetes ist auch ein wichtiger Bestandteil der Elijah-Treffen, da sie ohne Vermischung von Formen gleichzeitig die intra- und interreligiöse Verbundenheit zwischen den Teilnehmern vertieft, was viele in der Tat so empfanden und auch äußerten. Diejenigen, die im Gästehaus des Tempels und nicht in dem direkt am Meer gelegenen Hotel in Fulong übernachteten, hatten auch die Gelegenheit, an den buddhistischen Gebetszeiten im Tempel teilzunehmen. Der letzte Abend der Konferenz, den wir in Wulai, einem in der Nähe von Taipei malerisch in den Bergen gelegenen Heißquellenbad verbrachten, fiel mit dem Beginn des Sabbat zusammen. Für die Geschichte Wulais einmalig, saßen vier orthodoxe Rabbiner und andere jüdische Teilnehmer bei Sonnenuntergang draußen auf dem Hotelbalkon zusammen und sangen angesichts der Berge und des Wasserfalls die Lieder zum Empfang von Königin Sabbat, der Shekina. Darauf folgte für alle Teilnehmer das Sabbatsmahl mit den traditionellen Segnungen über Brot und Wein, Gesängen und Textlesungen; zum Abschluss sprach jeder über seinen Nachbarn mit Handauflegung einen Segen aus.

Eines der Themen, das in den Diskussionen zur „Krise des Heiligen" einen besonderen Stellenwert einnahm, ist die Jugend. In Vorbereitung der Konferenz baten wir die religiösen Führer, aus der Sicht ihrer jeweiligen Religion und Erfahrung zum Problem des Selbstmordes unter Jugendlichen Stellung zu nehmen. Zu diesem dringlichen Thema veranstaltete das Museum der Weltreligionen ein Podiumsgespräch, an dem Jugendliche, Psychologen und Soziologen aus Taipei sowie Vertreter der religiösen Führer teilnahmen. Die Aussagen der Jugendlichen darüber, wie wenig sie sich von den Erwachsenen verstanden fühlen, bestärkte bei allen das vorhandene Gefühl, dass neue Wege der Kommunikation gefunden werden müssen, auch gerade was die Vermittlung einer religiösen Weltsicht betrifft. Dies ist eines der Anliegen, das Meister Hsin Tao bei der Gründung des Museums der Weltreligionen besonders am Herzen lag.

Und so gestaltete die durch das Museum ins Leben gerufene interreligiöse Studentengruppe, die auch die Helfer für die Konferenz stellte, das große Bankett zu Ehren der Gäste mit, das in einer Schule in Fulong stattfand und Verteter aus den unterschiedlichen Religionen Taiwans, aus der Politik und Wirtschaft miteinschloss. Der für alle unvergessliche Höhepunkt des Programms, das Musik- und Tanzaufführungen durch die Studenten miteinschloss, kam ganz am Schluss. Alle Gäste wurden nach draußen gebeten, wo sie, von den Studenten sachkundig instruiert, unzählige Feuerballons für den Frieden in den klaren Nachthimmel über dem Meer aufsteigen liessen. Nichts an der ausgelassenen Heiterkeit und Freude, der Verzauberung durch den Moment und der spürbaren Welle von Dankbarkeit würde von außen unbedingt darauf hindeuten, dass diese spielenden Menschen in den letzten drei Tagen sehr intensive Diskussionen zur „Krise des Heiligen" geführt hatten. Oder man würde denken, dass der offizielle Übersetzer, dem der Humor in der Rede von Alon Goshen-Gottstein entgangen war, recht hatte, als er mit stolzer Stimme verkündete: „Meine Damen und Herren! In den letzten drei Tagen haben wir hier in Taiwan die „Krise des Heiligen" gelöst!"

Der Leser der vorliegenden Arbeiten wird von diesem Irrtum natürlich sofort befreit. Abgesehen davon, dass sich keiner der Autoren jemals anmaßen würde, eine vollständige Liste der Krisen oder ihre Lösung parat zu haben, hoffen wir dennoch, dass der vorliegende Band eine Einsicht in die Art der Krisen gewährt, die alle unsere Religionen gemeinsam betreffen. Wenn wir diese Krisen nicht nur als Bedrohung, sondern auch als Chance zu Wachstum und Veränderung sehen können, dann haben wir damit einen ersten Schritt in Richtung Lösung unternommen.

Die deutsche Ausgabe dieser Texte wäre nie ohne die Anregung und Unterstützung von Bruder Thomas Josef Götz OSB zustande gekommen, der an der Konferenz teilgenommen hat und dabei besonders den chinesischen Studenten ein Fels in der Brandung war. Ihm gebührt großer Dank, ebenso wie Frau Heidi Rygh, die die Erstfassung der Übersetzung erstellt hat. Weiterhin möchte ich meinem Vater, Dr. Norbert Reis und meinem Bruder Florian Reis dafür danken, dass sie sich von mir als Lektoren einspannen ließen. Alon Goshen-Gottstein hat in seinem Vorwort allen denen gedankt, die am Zustandekommen der Arbeiten und der Konferenz beteiligt waren. Diesem Dank möchte ich mich anschließen und ihn gleichzeitig im

Namen aller an Alon zurückrichten. Sein unermüdlicher Einsatz ist auch durch die Worte der Nonne Hong-Chih Shih mit gewürdigt, die zusammen mit allen Mitarbeitern und Voluntären für den reibungslosen Ablauf der Konferenz in Taiwan zuständig war und denen unser größter Dank gebührt: „Alle haben nur den schönen weißen Schwan gesehen, der so elegant über die Wasseroberfläche dahingeglitten ist, aber wir waren die unablässig paddelnden Füße, die ihn über Wasser hielten."

Vorwort des Elijah-Direktors

Alon Goshen-Gottstein

Als unser „Board of World Religious Leaders" anregte, das Thema „Die Krise des Heiligen" zu beleuchten, hat das die Wissenschaftler der „Elijah Interfaith Academy" vor die Aufgabe gestellt, konkrete Parameter und Definitionen für eine bloße Ahnung zu finden, die Ahnung nämlich, dass unsere gemeinsamen Krisen uns als religiöse Menschen den Anlass geben, darüber zu sprechen. Wie sich anhand der gesammelten Essays in diesem Buch zeigen wird, ist dieses Gespräch ein völlig anderes, als das vor erst weniger als zwei Jahren in Sevilla geführte, wo wir Xenophobie, ein globales Anliegen, das sich allen unseren Traditionen gleichermaßen stellt, diskutierten. Hier nun sprechen wir über ein Problem, das unsere Religionen als solche betrifft und wir besprechen es als religiöse Menschen, die zusammenkommen, um Überlegungen, Einsichten und Strategien zur Bewältigung unserer gemeinsamen Probleme auszutauschen.

Die Parameter für dieses Projekt zu definieren, hat sich als weit schwieriger erwiesen, als ursprünglich angenommen. Diese Aufgabe haben wir in drei Treffen von jeweils einer Woche in Angriff genommen. Das erste fand im Juli 2004 auf Einladung des „Parlaments der Weltreligionen" in Barcelona statt. Dieses Treffen widmete sich der Definition des Heiligen, wie es in den verschiedenen Traditionen verstanden wird, den Dimensionen der Krise, der eigenen Erfahrung der Krise in den verschiedenen Traditionen, und ersten Überlegungen, wie man Hilfsmittel zur Veranschaulichung erstellen könnte, um dieses Thema auf einer breiten, vergleichenden Ebene in Angriff zu nehmen. Der größte Teil des 1. Kapitels dieser Sammlung und auch das Geleitwort geben Einblick in die bei diesem Treffen des Think-Tanks gewonnenen Erkenntnisse. Es wurde uns ermöglicht, mehrere hundert Teilnehmer des Parlamentstreffens an unseren ersten Gesprächen teilhaben zu lassen. Hier erfuhren wir, dass auch andere die von uns angesprochenen Themen als dringlich erachteten, und dass sie Interesse an unseren Analysen bekundeten und diese für ihre eigene Bewältigung der Aufgaben für brauchbar hielten.

Das zweite Wochentreffen fand letzten April in Jerusalem statt. Es befasste sich mit der Entwicklung weiterer spezifischer Mittel, durch die wir die Krise veranschaulichen wollten, darüber hinaus mit der Erstellung erster Umrisse für unsere Präsentationen. Eine Konferenz mit Unterstützung des „Tantur Ecumenical Institute" gab uns die Möglichkeit, unsere Gedanken auch an die Jerusalemer Öffentlichkeit zu bringen.

Das letzte Treffen erfolgte auf Einladung des „King Fahd Center for Middle Eastern Studies" in der Universität von Arkansas. Arbeiten wurden vorgestellt und Kommentare abgegeben, mit speziellem Augenmerk auf die acht Brennpunkte der Krise, die wir in dieser Sammlung behandeln wollen. Außerdem erstellten wir ein Konzept für das Programm des Treffens in Taiwan.

Der miteinander durchlaufene Prozess der Zusammenarbeit in unseren Überlegungen hat uns klar vor Augen geführt, dass die „Krise des Heiligen" nicht bloß ein Thema ist. Sie ist eine umfassende Herausforderung. Man könnte fortfahren, die Themen noch weiter zu entwickeln, könnte einige der zahlreichen Teilgebiete, die zu dieser Krise beitragen, noch tiefer erforschen und über die verschiedenen Empfehlungen für ein gemeinschaftliches Angehen der Krise noch weiter nachdenken. Es ist durchaus möglich, dass das Taiwan-Treffen uns von der Notwendigkeit überzeugt, diese Themen weiter zu entwickeln. Für den jetzigen Zeitpunkt jedoch hoffen wir, eine wichtige erste Runde von Analysen und Vorschlägen bereitgestellt zu haben, die es unseren religiösen Führern ermöglicht, ihre eigenen Gedanken und Empfehlungen im Hinblick auf die „Krise des Heiligen" zu entwickeln.

Unsere Think-Tank-Mitglieder kommen aus unterschiedlichen Nationen, Religionen und Fachrichtungen. Die Kontinuität der Arbeitsgruppe für die Laufzeit des Projekts zu gewährleisten, stellte uns vor etliche Schwierigkeiten. Die schwerste davon war der plötzliche Tod von Prof. David Chappell, unseres Buddhismusexperten beim Barcelona Treffen, dessen Erkenntnisse in dieses Projekt eingeflossen sind. Für seine Wärme und Weisheit, seinen Humor und sein Engagement für den Dialog im Allgemeinen und unser Projekt im Besonderen werden wir ihn mit Zuneigung und Dankbarkeit in Erinnerung behalten. Mehrere Think-Tank- Mitglieder konnten nur an Teilen des Prozesses teilnehmen, doch die meisten Wissenschaftler waren an allen verschiedenen Phasen der Überlegungen beteiligt. Die in diesem Buch enthaltenen Erkenntnisse stellen nicht nur die Gedanken und Beiträge derer dar, deren Namen die einzelnen Arbeiten tragen, sondern sie sind das Ergebnis fortlaufenden Austauschs und der Bereicherung in den unzähligen Stunden des Diskutierens, die zum Verfassen der Arbeiten geführt haben. Somit ist diese Sammlung im Wesentlichen ein Produkt des ganzen Think-Tanks. In diesem Sinne möchte ich den folgenden Wissenschaftlern und Denkern meine dankbare Anerkennung für ihre Beiträge zu diesem Prozess aussprechen: David Burrell, Barry Levy, Sidney Griffith, Maria Reis Habito, Michael von Brück, Vincent Cornell, Rkia Cornell, Mona Siddiqui, Deepak Sarma, Kurt Schreiber, Brenda Brasher und Michael Weil.

Die Tatsache, dass dieser Prozess Geister (und Herzen) zusammen gebracht hat, ist ein akademischer Tribut an die möglich gemachte Zusammenarbeit verschiedener Institutionen weltweit und ein Zeugnis für das Potential der gegenseitigen Bereicherung, die ein tiefgehender Austausch zwischen den Glaubensrichtungen bringen kann. Die Arbeit aller war eine Arbeit der Liebe, da sie an unser Projekt glaubten. Im Namen des „Elijah Interfaith Institute" möchte ich ihnen meine tief empfundene Dankbarkeit aussprechen.

Die Arbeit unseres Think-Tanks wäre ohne die ständige, praktische und konzeptuelle Unterstützung des Elijah-Kernstabes und seiner Mitarbeiter nicht möglich gewesen. Maria, die an der Think-Tank-Arbeit beteiligt war, ist in den meisten Bereichen der Elijah-Arbeit sehr engagiert und hat mir mit Rat und Tat zur Seite gestanden. Das war von ganz entscheidender Bedeutung. Ein weiteres Mitglied des Think-Tanks, Barry, ist seit Jahren in vielfältiger Weise an Wachstum und Entwicklung von Elijah beteiligt. Sein Weitblick und seine Erkenntnisse sind so unschätzbar wie seine redaktionellen Fähigkeiten, von denen diese Sammlung von Essays sehr profitiert hat. Sydney Engelberg hat seit dem Sevilla-Treffen seine profunden organisatorischen Kenntnisse in die von Elijah verfolgten Ziele eingebracht. Schließlich hat David Kellen Elijahs Alltagsarbeit durch einen unvergleichlichen Fundus an Fähigkeiten am Laufen gehalten.

Über die Jahre hat Elijah wichtige Freunde für die Unterstützung der Think-Tank-Arbeit gefunden. Das Parlament der Weltreligionen, das Gastgeber unseres ersten Treffens war, habe ich schon erwähnt. Weiterhin wurde dieses Treffen durch die Unterstützung der „Guerrand-Hermès Peace Foundation" ermöglicht, die auch an der Erstellung der englischen Ausgabe des Buches beteiligt war. Weitere Treffen wurden von der „Gerald Weisfeld Foundation" und der „Groeben Stiftung" unterstützt. Im Zuge dieses Prozesses ist Gerald mir ein guter, persönlicher Freund und eine tragende Säule in der Verwirklichung von Elijahs gegenwärtigen und zukünftigen Aufgaben geworden. Zu unserem großen Bedauern ist Graf von der Groeben verstorben. Er war ein Mann von Weitblick und besonderem Gespür und Sorge für die Menschheit, der die Elijah-Vision mit großem Engagement unterstützt hat. Mit seiner Frau Ria und der Familie werden die zwischen uns gewachsenen Bande der Zuneigung bestehen bleiben. Kako wird uns immer fehlen.

Besonderer Erwähnung bedarf die durch dieses Projekt neu entstandene Beziehung zum „Fetzer Institute." Das kommende Treffen, das in ganz erheblichem Umfang durch eine Spende des „Fetzer Institute" gefördert wird, stellt hierbei einen Höhepunkt dar. In der ganzen Geschichte Elijahs ist uns noch kein anderes Schwesterinstitut untergekommen, dessen Vorstellungen sich so eng mit unseren eigenen decken wie beim Fetzer Institute. Und es ist uns auch kein anderes Institut bekannt, dessen Denk- und Planungsvorgänge ähnliche Tiefe, Einfühlungsvermögen und Spiritualität in der Durchführung philanthropischer Tätigkeit und Zusammenarbeit entwickelt hätte. Die Zusammenarbeit war uns eine Ehre und wir hoffen, dass die erfolgreiche Umsetzung dieses Projekts zu noch engerer Zusammenarbeit zwischen unseren Organisationen führen wird.

Dank gebührt schließlich auch Dharma Master Hsin Tao und dem Museum der Weltreligionen. Dharma Master ist seit geraumer Zeit eine tragende Säule für Elijah. Sein großer Glaube an dieses Projekt hat sich sowohl in der Unterstützung der fortlaufenden Arbeit des Think-Tanks als auch in seiner Rolle als Gastgeber des Treffens religiöser Oberhäupter in Taiwan gezeigt. Seine auf Mitgefühl und Weisheit basierenden Initiativen haben zu einer andauernden Partnerschaft mit Elijah und seiner Teilnahme an Elijahs Arbeit geführt. Dafür sind wir wirklich dankbar.

Möge das Bemühen, die Liebe, die Gedanken und die Weisheit all derer, die unsere Arbeit unterstützt haben und derer, die daran teil hatten, allen, die diese Arbeiten lesen, und besonders den religiösen Führern, für die sie geschrieben wurden, eine Inspiration sein. Möge dadurch in die Art und Weise, wie wir unsere Religionen leben und versuchen, uns den Bereichen des Lebens zuzuwenden, die uns zu Wachstum herausfordern, mehr Mitgefühl und Weisheit einfließen.

Kapitel 1: Die Krise des Heiligen - ein Projektüberblick

Alon Goshen-Gottstein

1.1 Definition unseres Themas

Das auffällige Thema, um welches sich der gegenwärtige Think-Tank formiert hat, war nicht unsere eigene Erfindung. Es wurde uns von den religiösen Führern, die sich Ende 2003 für das Eröffnungstreffen das „Elijah Interfaith Academy's Board of World Religious Leaders" in Sevilla zusammengefunden hatten, vorgeschlagen. Es folgt der schon erfolgreich erprobten Methode des Modells, nach dem Wissenschaftler verschiedener Religionen für die religiösen Führer Material vorbereiten, die es dann mit Blick auf zu behandelnde, globale Angelegenheiten diskutieren. Wir haben die in Sevilla versammelten religiösen Führer gefragt: Womit sollten sich unsere weiteren Überlegungen befassen? Eine ganze Reihe der etwa zwanzig erhaltenen Antworten passten genau unter den Titel „Krise des Heiligen."

Es handelt sich eher um ein Thema für die Religionen selbst, als um eines, das die ganze Gesellschaft betrifft. Daher sollte es auch von den Religionen angesprochen werden, wie unser früheres Projekt der Fremdenfeindlichkeit und der Haltung gegenüber dem anderen. Das gegenwärtige Projekt geht von einigen Grundvoraussetzungen aus. Die erste ist, dass wirklich eine Krise existiert, und dass diese Krise sich auf das Denken und Leben der religiösen Führer und Gläubigen auswirkt. Zweitens, während jede Religion die Krise auf eigene Weise erlebt, gibt es doch Gemeinsamkeiten, die Krise zu einem Thema machen, das verschiedene Religionen miteinander ansprechen sollten. Schließlich, wenn es etwas gibt, das alle Traditionen gemeinsam betrifft, dann mag auch der gebotene Umgang damit ähnlich sein. Daher wollen wir über konkrete Strategien, wie man mit dem Problem im Rahmen einer Zusammenarbeit umgehen kann, nachdenken. Möglicherweise können wir auch Strategien und Bewältigungsmethoden unter den verschiedenen Traditionen austauschen. Daher kommen wir als Gelehrte und Vertreter verschiedener Religionen zusammen, um die Krise des Heiligen zu diskutieren.

Natürlich erleben nicht alle Religionen die Krise auf die gleiche Weise. Für einige ist die Krise eine wichtige Komponente in ihrer laufenden Arbeit und Selbsteinschätzung ihres Daseins in der Welt. Unsere Diskussionen haben gezeigt, dass das mit Sicherheit für Judentum und Christentum zutrifft. Bei anderen mag man verschiedene Aspekte von Krisen ausmachen, die aber nicht notwendigerweise alle Aufmerksamkeit auf sich ziehten. Trotz dieser Unterschiede ist es eine bedeutende Tatsache, dass religiöse Führer und Repräsentanten sich über den Nutzen dieser Diskussionen einig waren und das Thema als hilfreich für ihre Arbeit und als viel versprechend für wechselseitige Zusammenarbeit und Inspiration erachteten.

Was für den einen Teil unseres Themas, die Krise, richtig ist, trifft noch mehr zu für den anderen, das Heilige. Nicht alle Religionen räumen dem Heiligen den gleichen Stellenwert ein. Wir finden in religiösen Traditionen deutliche Variationen dessen, was man unter heilig versteht. Der wirklich extremste Fall, der in unseren Diskussionen wieder und wieder auftrat, ist der des Buddhismus. David Chappell, ein Pionier des buddhistisch-christlichen Dialogs, selbst praktizierender Buddhist und anerkannter Gelehrter, wurde, kurz nach dem er an dem ersten Think-Tank Treffen im Juli 2004 in Barcelona teilgenommen hatte, von uns genommen. Alle Mitglieder der Gruppe schätzen die Erinnerung an ihn, an seine Freundschaft und Partnerschaft. Einer der ersten Punkte, auf die David hinwies, war, dass der Begriff des Heiligen dem Buddhismus eigentlich fremd ist, da dieser in erster Linie als Reaktion auf bestehende Vorstellungen von Heiligkeit und aus ausdrücklicher Ablehnung derselben entstand. Während verschiedene Formen des Buddhismus, darunter besonders die Mahayana Schule, eine de facto Anerkennung des Heiligen in Bezug auf Menschen, Orte, Rituale etc. entwickelt haben, muss man sich doch vergegenwärtigen, dass der Buddhismus Heiligkeit völlig anders bewertet, als die abrahamischen Glauben oder auch der Hinduismus.

Auch Traditionen, die Heiligkeit sehr hoch halten, zeigen nicht unbedingt ein einheitliches Verständnis davon. Eine Extremposition mag Heiligkeit als etwas sehen, das einen separaten Bereich für

Zeiten, Orte und Menschen schafft. So verstandene Heiligkeit betont das menschliche Handeln des sich Absonderns und die damit verbundenen normativen und soziologischen Bedeutungen. Dem gegenüber unterstreicht ein anderes Verständnis die wesentlichen und ontologischen Dimensionen von Heiligkeit. Was als heilig gilt, hat in sich ein wesentliches Merkmal, das es vom Profanen, und mehr noch, dem Unreinen und Unheiligen unterscheidet. Einige klassische wissenschaftliche Abhandlungen über Heiligkeit nehmen eher eine Dimension dieses letzteren, wesentlichen Sinns von Heiligkeit an. So spricht Rudolph Otto in seinem klassischen Werk *„The Idea of the Holy"* vom numinösen Charakter und vom Merkmal des Heiligen, das sich in Taten des Abgrenzens manifestiert. Deutlicher noch ist die Beschreibung von Heiligkeit bei Mircea Eliade. Heiligkeit ist das Kernkonzept seines Werkes, wobei *„The Sacred and the Profane"* nur eine von vielen Stellen ist, wo er das Thema behandelt. In Eliades Verständnis ist das Heilige tatsächlich eine Manifestation einer anderen Seinsordnung, die in unserem Leben unter verschiedenen Erscheinungen und Offenbarungen zum Ausdruck kommt, die die Religion vermittelt. Es scheint, dass manche unserer religiösen Traditionen Heiligkeit mehr von der menschlichen, legalen, institutionellen Seite her behandeln. Andere betonen die essentielle Dimension. Eine grobe Verallgemeinerung, die wie alle Verallgemeinerungen irreführend ist, lässt uns den Islam als einen Vertreter der ersten Richtung sehen, während das Judentum, wenn auch nicht das ganze, eher zur letzteren neigt.

Wie können wir bei einer solchen Vielfalt im Verständnis des Heiligen von der „Krise des Heiligen" auf eine Art und Weise sprechen, die den verschiedenen Religionen gerecht wird? Gleich zu Anfang unseres jetzigen Projektes soll klar gesagt werden, dass wir kein einheitliches Verständnis von Heiligkeit vorraussetzen. In gewissem Sinn ist „die Krise des Heiligen" einfach ein eingängiger Ausdruck. Er weist auf einen besorgniserregenden Sachverhalt hin, ohne dabei ein für alle Religionen gemeinsames, klar umrissenes theologisches Verständnis zu unterstellen. Man muss Religion nicht in einem minimalistischen Sinn auf den Begriff des Heiligen reduziert verstehen, um das Thema relevant zu finden. Das Anliegen unseres Projektes kann ein weit grösseres sein, als nur die Sorge um das Wohl der Religionen und ihrer Institutionen. Diskussionen über „Religion und Säkularität" oder „Religion und Modernität" bleiben. Die Überlappung der gegenwärtigen Diskussion mit einer soziologischen Diskussion, die den momentanen Zustand einer Religion oder der Religion in der heutigen Gesellschaft untersucht, ist natürlich bedeutend. Aber unser Projekt erstrebt mehr als eine bloße, neutrale, soziologische Beschreibung von Religion im Wandel, oder sogar Religion in der Krise.

Das gegenwärtige Projekt erwächst aus der Besorgnis religiöser Führer, die verschiedene Traditionen repräsentierenden. Somit wächst es aus dem Inneren der Religion, oder besser gesagt: aus dem Dialog der Religionen. Damit berührt es einige der äußersten Anliegen von Religion. Während Weiterleben und Wandlung natürlich Kerngebiete jeglicher religiöser Tradition sind, gibt es andere Aspekte, die durch die jetzige Problemstellung angeschnitten werden. Diese haben mit dem eigentlichen Sinn und der Existenzfähigkeit von Religion zu tun. In diesem Sinn heißt, von der „Krise des Heiligen" zu sprechen, darauf hinzuweisen, dass die komplexe Situation, wie sie weiter unten beschrieben wird, Kernthemen berührt, die tiefer gehen als Fortbestand und Wandel religiöser Institutionen. Auf die Initiative der religiösen Führer hin versucht dieses Projekt, die Beziehung zwischen den Religionen und der heutigen Realität auch durch die Linse des letzten Sinnes, dem *telos* von Religionen, zu betrachten. Als solches ist es ein Projekt, das sowohl externe, auf Beobachtung beruhende Perspektiven, wie Soziologie, und interne, auf Betrachtung und auf Theologie basierende Perspektiven miteinander verbindet. Wir unternehmen somit den Versuch, die komplexe Situation der „Krise" nicht nur in einer rein beschreibenden Weise zu bedenken, sondern auch ihre mögliche Bedeutung für die Religionen selbst zu ermessen. Dieses Projekt will demnach die „Krise des Heiligen" aus einer Perspektive untersuchen, die die Beschreibungen und Beobachtungen des Outsiders mit der Intuition des Insiders, die auf positives Wachstum und Wandel zielt, verbindet. Auf diese Weise möchten wir einen gesunden Gedankenaustausch unter den religiösen Führern anregen. Und so ist die „Krise des Heiligen" mehr als nur ein Schlagwort, weil sie nämlich auf die Dimension der letzten Dinge und der Transzendenz verweist, die mit dieser „Krise" konfrontiert ist. Es ist uns bewusst, dass der Begriff „heilig" nicht von allen Religionen gleich verwendet wird. Aber ihm kommt in den meisten religiösen Traditionen und auch in wissenschaftlichen Diskussionen über Religion als Phänomen großes Gewicht zu. Wenn wir ihn also benutzen, so geschieht das zumindest im Einklang mit einem weit verbreiteten, wenn nicht gar universellen Brauch. Manche Traditionen oder Begriffsbildungen von Religion mögen anstelle des „Heiligen" solche Begriffe wie „das Letzte", „Transzendenz", oder „Sinn" verwenden. Die Wahl der Sprache deutet auf Anliegen hin, die eine Brücke von der rein externen Perspektive zu der inneren Perspektive von Religionen als Systemen der Sinngebung schlagen. Durch diesen Brückenschlag wird die externe Perspektive von innen her, vom Mandat der Sinngebung her, beleuchtet.

Damit kommen wir zu einer der Schlüsselerkenntnisse, die unsere Gruppenarbeit gewonnen hat. Von einer „Krise" zu sprechen, weckt negative Assoziationen. Darin enthalten ist die Annahme, dass das Alte gut und in irgendeiner Form bedroht ist. Das mag in der Tat so sein, und viele Religionen mögen sich in einer genau solchen Lage sehen. Die „Krise" beinhaltet jedoch auch die Samen für Wachstum und das Potential für Wandel. Bedrohung mag am Anfang der Krise stehen. Doch mit der Krise gehen auch die Herausforderungen und Chancen einher. Die Religionen sind gefordert, sich den neuen Situationen zu stellen, und daraus ergeben sich Chancen für Wachstum, Wandel, Reinigung und Entdeckung neuer Formen und Inhalte in der Religion. Die Krise muss daher nicht unbedingt als negativ betrachtet werden. Sie beinhaltet auch die Möglichkeiten für Wachstum und Wandel, und die Chancen und Herausforderungen, die nötig sind, um das letzte Ziel von Religion zu erreichen.

Diese Stellungnahme basiert weitgehend auf einer Sicht der Religion, die klargestellt werden muss, nämlich: Religion als Prozess. Die Sicht der Krise im Bezug auf Religion könnte sich auch mit Religionen als statischen oder dynamischen Einheiten befassen. Als statische Einheiten kann man sie sich als feste und geschlossene Systeme vorstellen, die von Anfang an in ihrer Ganzheit gegeben und damit historisch und gedanklich perfekt sind. Bei einer solchen Sichtweise eine Krise einzuräumen bedeutet, einen fundamentalen Zusammenbruch der Tradition oder zumindest das Einsetzen einer tiefgreifenden Mangelhaftigkeit zuzugeben. Die einzige Antwort auf eine so verstandene Krise wäre ein Versuch, zur ursprünglichen Ganzheit zurückzukehren. Aus einer solcher Sicht ist die Krise nichts als eine zu bewältigende Bedrohung.

Die Alternative dazu ist ein dynamisches Verständnis von Religion, dem zufolge sie zu Wachstum und Anpassung an sich ändernde Umstände fähig ist. Hierbei kommen Kernimpetus und Vision mit den sich ändernden Zeiten, Umständen und Herausforderungen zurecht. Aus einer solchen Sicht trägt die Krise auch die Samen für Wachstum und positive Veränderung in sich. Was wir als Krise erleben, mögen in Wahrheit spirituelle Wachstumsschmerzen der Religion sein, die sich angesichts heutiger Umstände stärker mit dem Willen Gottes oder ihrem ursprünglichen Auftrag in Einklang bringt. So gesehen ist die Geschichte der Religionen eine reiche Dialektik von Stabilität und Wandel, von Kontinuität und Herausforderung.

Es ist diese letztere Sicht, die in diese Sammlung von Arbeiten einfließt. Nach unserem Verständnis enthält die Krise die Samen für Veränderung. So schwer und schmerzlich sie auch sein mag, ist sie nicht unbedingt etwas Schlechtes, das man meiden müsste. Vielmehr ist sie eine Herausforderung, und die am meisten Geforderten sind die religiösen Führer, an die wir unsere Überlegungen richten. In diesem Sinne ist diese Übersicht über die Krise in Wirklichkeit eine Einladung zu einer konstruktiven Betrachtung der Art und Weise, wie Religionen im Einklang mit ihrer höheren Bestimmung, so wie sie sich zu diesem Zeitpunkt zeigt, aufgefordert sind zu wachsen.

1.2 Ist das Heilige in der Krise?

Die Frage so zu stellen zeigt, wie absurd es wäre, den Titel unseres Projekts wirklich wörtlich zu nehmen. Kaum jemand würde bestreiten, dass das Heilige selbst nicht in der Krise sein kann. Soweit „das Heilige" ein Name für das Göttliche, das Transzendente oder die letzte Wirklichkeit ist, sollten wir uns bewusst sein, das diese Wirklichkeit in ihrer Absolutheit nicht von irgendwelchen Faktoren, die die gegenwärtige „Krise des Heiligen" ausmachen, bedroht sein kann.

Doch mag es ebenso falsch sein, sich mit der Aussage zu begnügen, das „Höchste" sei fröhlich in den Himmeln, während alle Probleme nur Krisen menschlicher Institutionen und Organisationen widerspiegeln. Die Krise ist wesentlich bedeutungsvoller als die Sorge um schwindende Mitgliederzahlen, oder die steigenden Raten der Assimilation in der jüdischen Gemeinschaft. Ist man bereit, die Prämisse zu akzeptieren, dass das Höchste, das Göttliche, in einem Projekt mit der Menschheit engagiert ist, und, dass innerhalb dieses Projekts Religionen als Transportmittel für Bildung, für die Umformung von Gesellschaften, für die Führung einzelner und ganzer Gemeinschaften zum guten Leben, im Sinne auch höherer spiritueller Realitäten, entstehen, dann kann die Krise nicht einfach nur in der menschlichen Dimension der Religion, sondern ebenso am Schnittpunkt des Menschlichen und Göttlichen zu finden sein. Anders ausgedrückt stellt der jetzige Zeitpunkt, als Zeit des Wandels und der Veränderung eine Herausforderung für die Art und Weise dar, in der die höchste Wirklichkeit durch die Religion vermittelt wird. Wenn wir uns mit „Krise" nicht nur auf die negativen Ausformungen der Krise beziehen, sondern auch auf die Herausforderungen und Chancen, die sie enthält, dann kann es, in gewissem Sinne, angemessen sein, von der „Krise des Heiligen" selbst zu sprechen. In anderen Worten, es mag eine Sicht geben, aus der die Krise nicht einfach eine gesellschaftlich Angelegenheit, etwas was mit den Mitteln der Soziologie beschrieben werden kann, ist, sondern auch etwas von metaphysischer Bedeutung, das nach Betrachtung und Verständnis theologischer Art verlangt.

Hier können wir möglicherweise die Einzigartigkeit dieses Projekts ausmachen. Wir suchen Wege in Betracht zu ziehen, durch die die „Krise des Heiligen" zur Grundlage kreativer Reflexion von Wissenschaftlern und religiösen Führern werden kann. Die Art der Reflexion, wie wir sie uns vorstellen, geht weit über eine nur beschreibende, soziologische Analyse hinaus. Sie verlangt einen Denkprozess über die Krise aus dem Inneren. Dies geschieht aus einer Perspekive, die die Religionen als Transportmittel für „das Heilige" sieht und bestrebt ist, die Religionen von ihrem letzten Sinn her zu engagieren.

Wenden wir uns nun den vielfältigen Dimensionen der komplexen Realität, die wir als „die Krise des Heiligen" ansprechen wollen, zu. Dieses breit gefächert und komplexe Phänomen setzt sich aus einer Vielfalt von Kräften und Umständen zusammen. Im Folgenden werden verschiedene Phänomene zusammengefasst und unter Gruppenüberschriften behandelt. Unter der ersten beschäftigen wir uns mit dem Thema, das sich als Einzigartigkeit unseres Projekts herausgestellt hat, nämlich dem eigentlichen Sinn von Religion.

1.3 Die Krise des Heiligen als Sinnkrise

Der wichtigste Aspekt der „Krise des Heiligen" berührt den eigentlichen Sinn und Zweck von Religionen. Sind Religionen im Stande, ihren eigentlichen Zweck, so wie sie ihn selbst darstellen, zu erfüllen? Der vielleicht wichtigste Bereich für die Reflexion ist, inwieweit die Reihe der unten aufgeführten Faktoren und die gehäuften Zwänge, die sie auf die Formen der Religionen ausüben, das spirituelle Funktionieren von Religion behindern. Es ist anerkannt, dass, vom *telos* der Religion zu sprechen, eine bestimmte Weltsicht oder einen positiven Standpunkt voraussetzt, anders als bei einer rein beschreibenden Perspektive der Religionen, *so wie sie sind*. Die erstere ist aber eben die passende Perspektive für religiöse Führer und Denker. Daher fließt sie in unsere gegenwärtigen Überlegungen ein.

Es gibt mannigfache Ebenen von Sinn und Zweck. Ein Aspekt ist der Verlust von spirituellem Zweck. Er kommt in den verschiedenen Äußerungen von den Religionen, die mit ihrem eigenen physischen Überleben befasst sind, zum Ausdruck. Die Summe der auf Religionen ausgeübten Zwänge kann einen lähmenden Effekt auf die Fähigkeit der Religionen ausüben, die Gläubigen zu den benannten spirituellen Zielen der religiösen Traditionen zu führen.

Der Verlust von *telos* kann sich auf unterschiedliche Weise bemerkbar machen. Zum einen mag man einen Verlust von Transzendenz erkennen. Die Betonung von konkreten Formen der Religion und der Versuch, sie zu schützen, kann zu einer Überidentifizierung mit diesen Formen führen, und das geht zu Lasten ihrer Verwendung als Transportmittel zum Erreichen der eigentlichen Ziele. Gröbere Auffassungen von Religion verstärken oft einen solchen Verlust des Eigentlichen und der Transzendenz. Zum Beispiel werden in einer Vielzahl von Kreisen Religionen, – einzeln oder gesamt – als Kulturen eingestuft.

Die Betonung der Kultur ist oft ein Versuch, an der Religion als etwas von bleibendem Wert festzuhalten, obwohl man sie eigentlich aus weltlicher Sicht betrachtet. Dabei werden die menschlichen, gesellschaftlichen und kulturellen Werte auf Kosten der Werte von Religion herausgestellt, die mit dem Eigentlichen, dem Jenseits und dem Transzendenten zu tun haben. Jedoch, der Verlust von *telos* muss sich nicht nur auf die transzendentale Dimension von Religion beschränken. Religion wendet sich an eine breitere gesellschaftliche Wirklichkeit und beinhaltet soziale Vision. In gewissen Fällen hat die „Krise des Heiligen" eine Verinnerlichung bewirkt, die dann zum Rückzug aus der breiteren gesellschaftlichen Ebene führte, und damit einen Verlust der dieser Tradition eigenen sozialen Vision zur Folge hatte.

Beide Dimensionen von Verlust des *telos* kann man als Auswirkung eines noch breiteren Phänomens betrachten. Religionen sind umfassende Systeme, oder besser: umfassende Systeme der Sinngebung für das Leben. Religionen befassen sich sowohl mit dem Letzten, gewöhnlich das Jenseits, als auch mit dem Hier und Jetzt in allen seinen konkreten Erscheinungen. Im Idealfall bietet Religion Sinn für alle individuellen, familiären gesellschaftlichen, nationalen und universellen – die Liste ließe sich beliebig fortsetzen, – Formen des Lebens. Ob sie nun alle Aspekte des Lebens aktiv und direkt kontrolliert oder nicht, hat sie doch, idealerweise, die Aufgabe, sie mit Sinn zu erfüllen. Ein wichtiges Kriterium der „Krise des Heiligen" ist, dass genau dieses Allumfassende verloren gegangen ist. In früheren Zeiten war Religion die Norm, die den ganzen Kanon der Interpretation des Lebens in all seinen diversen Aspekten bot. Heute kann man Religion als Alternative, als Bruch mit der Norm betrachten. Die Norm des Lebens wird oft von den Realitäten des Marktes und den gnadenlosen Zwängen der Arbeit gesetzt. Sie sind es, die das Leben gestalten, während Religion dazu reduziert worden ist, nur eine Unterbrechung dieser Zwänge darzustellen. Folglich ist die Norm oft eine eher bruchstückhafte Art und Weise, dem Leben Sinn zu geben. Politische Kräfte, Kräfte des Marktes, Wissenschaft und Technologie, Psychologie und eine ganze Anzahl weiterer Kräfte haben sich Scheiben des Lebens herausgeschnitten und ihnen einen interpretierendes Gerüst gegeben, wodurch Sinn vermittelt wird. Von Religionen hat man allgemein erwartet, dass sie entweder eine Vielfalt von konkurrierenden Systemen in ihre Weltsicht integrieren oder rechtfertigen, warum sowohl Kontrolle als auch Sinngebung zu Gunsten dieser konkurrierenden Systeme der Sinnvermittlung aufgegeben werden soll. Während immer mehr Dimensionen des Lebens als außerhalb des Interessengebietes der Religion gesehen werden, und immer mehr Bereiche des Lebens den Kräften in die Hände fallen, die miteinander im Wettstreit um die Kontrolle liegen, hört Religion allmählich auf, der umfassende Faktor zu sein, der Leben bereichert, orientiert und strukturiert. Diesen Zusammenbruch der ganzheitlichen und integrierenden Funktion von Religion zu erkennen und die Spannungen, Konkurrenzkämpfe und Mechanismen, mit denen die Religionen dem Zusammenbruch begegnen, wahrzunehmen, bedeutet, die vielleicht breiteste Perspektive auf die „Krise des Heiligen" zu erlangen.

1.4 Die Entstehung einer Krise – Religion unter Druck von außen

Die Assoziation von Religion und Krise mag an und für sich zum heutigen Zeitpunkt nichts Neues oder Einzigartiges sein. Man mag behaupten, eine Art Krise liege allen Formen der Religion zugrunde. Wenn Religion zwischen Ideal und Realität vermittelt, das höchste Ziel anstrebt und versucht, dies schon im Hier und Jetzt zu verwirklichen, dann ist eine Art Spannung, Versagen und Krise unvermeidlich. In der Tat sind die Gründungsgeschichten verschiedener religiöser Traditionen von der Krise, die mit ihrer Sicht des Lebens oder der Geschichte verwoben ist, abhängig. Die Geschichte aller Religionen kennt Krisen in der einen oder anderen Form. Manche dieser Krisen sind auch jetzt Teil der Herausforderung, mit der die Religion konfrontiert ist. Zum Beispiel sind die Fragen der Identität, so wie sie sich heute in den Beziehungen unter den Religionen ausspielen, eine Verlängerung jahrhundertealter Spannungen. Dasselbe gilt für die Themen der Autorität und Gruppendefinition innerhalb der christlichen Welt, ein Problem, das in die Krise im christlichen Kontext einfließt. Trotzdem hat der gegenwärtige Zeitpunkt, mit Blick auf die Religionen in ihrer Pluralität und Krise, etwas Einzigartiges. Nimmt man alle die Faktoren, mit denen wir uns jetzt beschäftigen wollen, zusammen, dann belaufen sie sich auf einen so vorher nie dagewesenen Druck auf die Religion. Die Vielfalt der Faktoren und ihre Intensität lassen diese Situation als in der Geschichte einmalig erscheinen. Auf jeden Fall einzigartig ist die Tatsache, dass diese verschiedenen Faktoren nicht eine, oder auch ein paar, religiöse Traditionen betreffen. Vielmehr ist das, was wir als Krise des Heiligen bezeichnen, etwas, das alle unsere Religionen gemeinsam betrifft. Trotz der Unterschiede in Akzenten, wie sie der einen Religion gegenüber einer anderen zu eigen sein mögen, gibt es breite Gemeinsamkeiten, die *alle* unsere religiösen Traditionen betreffen und somit die Krise zum globalen Phänomen machen. Daher sind diese breiten Phänomene, die allen Religionen gemein sind, in dem Maße, wie die „Krise des Heiligen" aus Chancen ebenso wie Bedrohungen besteht, tatsächlich Wachstumschancen für alle unsere Religionen. So zeigen sie neue Möglichkeiten, die alle unsere Religionen angehen.

Die folgende Liste von Phänomenen stellt einen Teilkatalog der äußeren Faktoren dar, die unsere Religionen unter Druck setzen. Während die Liste nicht erschöpfend ist, lässt sie doch die Breite, Vielfalt und Intensität der Faktoren erkennen, die einen Einfluss auf die Formen, die Religionen annehmen, und die Weisen, wie sie gefordert sind, sich mit gegenwärtigen Herausforderungen auseinanderzusetzen, ausüben.

Nachdem wir auf die globale Natur der Krise hingewiesen haben, können wir diesen Katalog beginnen, indem wir auf das Phänomen der Globalisierung hinweisen. Mit den wirtschaftlichen und politischen Dimensionen der Globalisierung gehen auch starke Einflüsse auf den Gebieten der Gedanken, Ideologien und Lebensstil einher. Während diese sich nicht unbedingt direkt auf Religion auswirken, beeinflussen sie das gesellschaftliche Leben in so bedeutender Weise, dass Religion global betroffen ist. Und somit dienen die Kräfte der Globalisierung als Träger für viele der Haltungen, Gewohnheiten und neuen Formen, die Religionen annehmen. Medien und Massenkommunikation spielen selbstverständlich eine zentrale Rolle im Entstehen einer einzigen Kultur rund um die Welt, was dazu beiträgt, dass früher durch tiefe kulturelle Unterschiede getrennte Teile der Welt jetzt gemeinsame Haltungen annehmen. Technologie ist zu allgegenwärtig, und ihre Früchte sind weltweit zugänglich. Jedoch kommt mit der Verbreitung der Technologie auch die Herausforderung, die sie bringt. Soweit Technologie größere Bereiche des Lebens kontrollierbar macht, kann das Gefühl der Kontrolle durch menschlichen Kreativität Religion potentiell in Frage stellen. Die wachsende menschliche Autonomie und Macht kann das Gefühl aufkommen lassen, dass verschiedenste Bereiche des Lebens durch menschliche Initiative und ihre technologischen Errungenschaften kontrolliert und bestimmt werden können. Das wiederum kann zu dem Gefühl führen, dass die Relevanz der Religion in der Sinngebung für solche Bereiche schwindet. Wir behaupten hier nicht, dass dies eine zwingende Folge der Verbreitung der Technologie sei. Häufig ist es eine Folge von „Wissenschaflichkeitsgläubigkeit" - eine pseudo-wissenschaftliche Attitüde oder eine Haltung, die übermäßiges Vertrauen in die Macht der Wissenschaft und ihre rationalen Prämissen setzt und erwartet, dass diese auf der Basis von wissenschaftlichem und technologischem Wissen alleine Antworten auf die absoluten Fragen geben und Richtungen im Umgang mit allen gegenwärtigen Herausforderungen aufzeigen kann.

Technologie löst Veränderung in Religion aus, selbst wenn sie sie nicht direkt bedroht. Zwei Beispiele mögen genügen. Technologie ermöglicht, dass früher nur durch mühsame Wallfahrt erreichbare, heilige Orte heute per Mausklick in Reichweite kommen. Vorstellungen von heiligen Zeiten und Orte werden so durch die Möglichkeiten der Technologie verändert. Technologie führt auch zur Verbreitung und größeren Verfügbarkeit von Wissen. Das mag manchen als Errungenschaft religiöser Ideale erscheinen, bedroht aber in anderer Art die traditionellen Formen der Religion. Die Geheimhaltung gewisser uralter Wissensbestände wird untergraben, was Veränderungen in der Soziologie und Verbreitung von Wissen zur Folge hat. In ähnlicher Weise wird durch die Verbreitung von Wissen und die leichtere Zugänglichkeit des Kanons durch technologischen Fortschritt auch Autorität herausgefordert und umgestaltet.

Die Säkularisation zeigt sich als Welle eines weltweiten, ideologischen Trends. Obwohl statistische Erhebungen zeigen, dass die meisten Gesellschaften der Meinung sind, Religion spiele eine große Rolle, sieht man doch eine starke Tendenz zur Verweltlichung, die alle Religionen betrifft. Dies äußert sich in Mitgliederschwund und wachsender Distanz und Kritik der Religion gegenüber. Häufig ist die Säkularisation ein Beiprodukt des wirtschaftlichen Fortschritts, des Kontakts mit westlichen, oder besser: europäischen Trends. Während verschiedene Gesellschaften und Religionen Säkularismus verschieden erleben, lässt sich doch ein Anstieg besonders bei den Eliten vermerken. Obwohl einige Formen des Säkularismus nicht unbedingt antireligiös sein müssen, stellt die allgemeine Dominanz weltlicher Ideologien in der westlichen Welt eine ernste Herausforderung für die Religionen dar.

Zusammen mit dem Anstieg des Säkularismus können wir auch die Auswirkungen der Demokratie und ihrer Verbreitung in neue Gegenden feststellen. Das soll nicht bedeuten, dass Demokratie in sich mit einer religiösen Weltsicht nicht kompatibel ist. Trotzdem, Demokratie geht einher mit Wertschätzung des Individuums und dem potentiellen Statusverlust traditioneller Autoritätsfiguren, Strukturen und Institutionen. Eine weitere ideologische Unterstützung für diese Tendenzen findet man im Aufkommen einer Vielzahl verwandter Ideale und Werte. An erster Stelle steht hierbei die Idee der Menschenrechte. Tatsächlich können universelle Ideale, die breiter angelegt sind als individuelle, wie z.B. Umweltschutz und Tierrechte, unter Umständen weiteren Druck auf die Religionen und ihre Anhänger ausüben. Das Ergebnis ist, dass jede individuelle Wahl, Suche oder Identität sich als Faktor herausstellt, mit dem sich Religionen und ihre Autoritätsstrukturen auseinandersetzen müssen, und zwar in einem Maße, wie es für frühere Generationen unvorstellbar gewesen wäre.

Es gibt auch andere, weniger ideologisch zu rechtfertigende Aspekte der Globalisierung, die sich stark auf die Religion auswirken. Konsumismus ist ein wichtiges Beiprodukt der Globalisierung. Die treibende Kraft, durch die Ideen und Haltungen verbreitet werden, ist in erster Linie eine wirtschaftliche. Dieser Antrieb schafft konsumierende Gesellschaften, wo immer die Kaufkraft, verbunden mit der Möglichkeit, einen bestimmten Lebensstil einzurichten, es erlaubt. Die Auswirkungen des Konsumismus auf die Religion können vernichtend sein. In einer Kultur, die die Realität durch die Linse der Verbraucherrealität sieht, wird auch Religion zur Ware. So kann der Erwerb religiöser Objekte echte, praktizierte Spiritualität ersetzen. Der Anstieg des religiösen Tourismus, wie weiter unten erwähnt, trägt sicherlich zu dieser Tendenz bei. Von hierher kommt auch das wachsende Phänomen, Religion wie einen weiteren Artikel im Supermarktregal zu behandeln, die passende Marke auszusuchen, oder religiöse Praktiken nach Belieben zusammenzustellen, als wären sie Kleidungsstücke aus der (göttlichen) Designer Garderobe. Der Effekt einer solchen Mentalität auf die Stabilität religiöser Institutionen und ihrer anerkannten Autorität ist offensichtlich. Religionen müssen sich verkaufen und werden in diesem Prozess verändert. Die Mentalität des Konsumismus ruft eine neue Art des religiösen Wettstreits hervor. Nun macht der theologische Wettstreit von früher Platz für den von Marktkräften getriebenen, der mit religiösen Anliegen vermengt wird. Ein Beispiel für eine derartige Vermarktung von Religion ist die Schaffung religiöser Superstars (wie der verstorbene Papst und der Dalai Lama) durch Medien und Marktinteressen. Während er natürlich nicht in dem Maße ideologisch motiviert ist wie andere hier besprochene Bewegungen und Tendenzen, hat die schiere Macht des Konsumismus als Lebensführung doch einen tiefgehenden Einfluss darauf, wie Religion wahrgenommen wird und funktioniert.

Ein wichtiger Faktor, verbunden mit der sich verändernden Landschaft der wachsenden Individualität und dem Bestehen verschiedener Gruppen auf ihren Rechten auf Identität und Anerkennung, ist die Herausforderung des Feminismus. Feminismus stellt eine Kritik der traditionellen religiösen Formen dar und bietet in seiner säkulären Version sowohl eine starke Herausforderung an sie als auch eine alternative Gesellschafts- und Realitätsperspektive zu den Positionen, die von den traditionellen Religionen eingenommen werden.

Feminismus ist wie auch Wissenschaftsgläubigkeit eine Weltsicht und sogar eine eigene Erkenntnistheorie. Auch den Historizismus kann man als kritische Erkenntnistheorie betrachten, die beeinflusst, wie Religion gesehen wird. So bietet die Möglichkeit, Religion auf geschichtliche Entwicklung zu reduzieren und damit ihre historische Kontingenz zu betonen, eine kritische Erkenntnistheorie unter vielen, die den Absolutismus schwächen, der in früheren Zeiten mit Religion, ihrem Status, ihrem Wahrheitsanspruch und ihrer Autorität assoziiert war. Eine eigene Geisteshaltung, die besonders häufig in der so genannten Post-Moderne vorkommt, ist die des Relativismus. Danach sind alle Religionen nur relative Ausdrucksweisen gleicher oder ähnlicher Realitäten. Religion kann keinen Wahrheitsanspruch stellen, und ihre Institutionen und Autoritäten stellen einen falschen Anspruch auf die Validität ihrer Lehre. Relativismus berührt sowohl den Kern der Beziehung unter den Religionen, als auch die Beziehung von Religion zu anderen, Sinn stiftenden Systemen. Eine breite relativistische Sicht untergräbt so das öffentliche Ansehen der Religion.

Die Erosion der Autorität und des Ansehens der Religion muss nicht direkt sein. Es gibt in der Gesellschaft Kräfte, die zu einer solchen Erosion beitragen, ohne es bewusst und gezielt auf die Religion abgesehen zu haben. Zwei Beispiele genügen:

Die Familie ist in erster Linie der Ort, wo Religion praktiziert wird. Hier wird Religion gelernt, gefeiert und vermittelt. Heutzutage wird die Gesellschaft auf breiter Ebene Zeuge von gewichtigen Veränderungen im Verständnis und der Funktion von Familie. In diesem Zusammenhang können wir von einer Krise der Familie als von einer Parallelkrise sprechen, die sich letztendlich in der „Krise des Heiligen" widerspiegelt. Der Zusammenbruch und die auf ihn folgende Neudefinition der Bedeutung der Familie hat somit direkte Auswirkungen auf Wissen und Vermittlung von Religion, und auf die Fähigkeit, sie auszuüben.

Ein zweites, weniger dramatisches, aber doch interessantes Beispiel, ist das des religiösen Tourismus. Es ist hier nicht von der Wallfahrt die Rede, die als Antwort auf die „Krise des Heiligen" ganz neue und ursprüngliche Formen annimmt. Vielmehr geht es um die früher so nicht gegebenen Reisemöglichkeiten, religiöse Orte auf der ganzen Welt zu besuchen, und zwar ohne jeglichen traditionellen oder religiösen Bezug. Während das moderne Reisewesen nicht an sich negativ ist, muss man doch die Frage stellen, welche Konsequenzen dieses weit verbreitete Verhalten hat, da es einen neuen Umgang mit Religion und eine neue Sicht von ihr schafft. Inwieweit wird ein traditionelles Verständnis von heiligem Raum, heiliger Zeit und Ritual durch neue Angewohnheiten, die dazu führen, dass die Intimsphäre der Religion eines Menschen dem Starren der anderen ausgesetzt wird, ausgehöhlt? Der Fall mag auf Anhieb trivial klingen, aber eigentlich porträtiert er fundamentale Anliegen und Schwierigkeiten, die uns direkt zum Kern unserer Krise bringen.

1.5 Die Krise als Bedrohung –
Die Strukturen religiöser Institutionen

Man muss nicht eigens darauf hinweisen, dass Religionen angesichts all dieser Zwänge nicht so bleiben können, wie sie sind. Die Summe aller oben erwähnten Zwänge und Bewegungen kann man als eine Frage der Machtausübung betrachten. Religionen sammeln Macht und üben sie aus. Mit Macht ist sowohl politische als auch gesellschaftliche Macht gemeint. Weiter fallen darunter die Mittel, diese Macht im Leben wirksam werden zu lassen. Die Macht und ihre Ausübung stellen eine der größten Herausforderungen für Religionen dar, da sie sich abwechselnd mal näher an einer Position der Macht über die konkreten Bereiche des Lebens befinden, und dann mal wieder weiter entfernt von ihr. Die "Krise des Heiligen" kann man in dieser Hinsicht als Bedrohung der Macht der Religionen sehen. Die Hauptherausforderung richtet sich an die Autorität der etablierten religiösen Strukturen. Die hier beschriebenen Prozesse kommen einer Infragestellung oder sogar Ablehnung der

Macht und Autorität religiöser Traditionen und deren Strukturen gleich.

Einer der sofort auftretenden Effekte dieser Kräfte ist die steigende Forderung nach Gleichheit innerhalb religiöser Strukturen. Dieses Verlangen nach Gleichheit wird sich in den verschiedenen Traditionen unterschiedlich auswirken. Daher das Drängen auf Gleichheit angesichts des traditionellen Kastensystems der Hindus, das Drängen auf mehr demokratische Prozesse innerhalb kirchlicher Strukturen, oder das Drängen auf weitere Verbreitung von Wissen innerhalb von religiösen Traditionen, die bisher Kontrolle über Wissen und dessen Verbreitung ausübten.

Was hierduch bedroht wird, ist die Stabilität religiöser Institutionen. Und es steht mehr auf dem Spiel als nur die Autorität der Religionen, gemessen am Grad des Gehorsams der Gläubigen gegenüber den Anordnungen der religiösen Führer. Mit der Stabilität religiöser Institutionen meinen wir die Funktionstüchtigkeit religiöser Institutionen, auf lange Sicht gesehen. So sind monastische Orden, im Osten wie im Westen, Veränderungen unterworfen, aber häufig auch einer Dezimierung. Vergleichbar bleiben religiöse Traditionen, die auf Übertragung angewiesen sind, oft ohne Folgegeneration, die die Tradition fortführen könnte. Während alle Traditionen von diesem Verlust der Kontinuität berührt sein mögen, sind vielleicht die vielfältigen Subtraditionen des Hinduismus am meisten betroffen. Aber die Übermittlung von Wissen und seine Kontinuität fordert alle unsere Traditionen.

1.6 Die Krise – Gewohnheiten des Geistes

Wenn die objektiven Bedrohungen der physischen Stabilität religiöser Institutionen ein Pol sind, in dem die Krise zum Ausdruck kommt, dann sind die subjektiven Geisteshaltungen, die der Religion zu schaffen machen, der andere. In der Tat könnte man sagen, dass im Kern der Krise die Haltungen, Ideen und Gewohnheiten des Geistes sind, die sich schließlich auf die konkreten und institutionellen Formen der Religion auswirken. Wenn wir nun unsere Aufmerksamkeit den Geisteshaltungen, wie sie für diese Krise charakteristisch sind, zuwenden, dann fangen wir am besten mit dem Individualismus, als Merkmal des zeitgenössischen Geistes an. Das Individuum als ein Ideal herauszustellen, wie es durch etliche der oben aufgeführten Kräfte gezeigt wird, hat für die allgemeine Stellung der Religion weitreichende Folgen. Einige haben wir schon erwähnt, wie den steigenden Druck zur Demokratisierung und weiterer Verbreitung des Wissens, dazu der Druck, die Vertretung und Möglichkeiten früher unterrepräsentierter Gruppen, in erster Linie der Frauen, zu steigern. Aber die Hervorhebung des Individuums hat größere Implikationen. Auch hier gibt es positive und negative Seiten eines solchen Individualismus.

Auf der einen Seite sehen wir eine Art Distanz und Abkopplung der Einzelnen im Bezug auf Religion. So können wir, wie Max Weber es ausdrückt, von einer Enttäuschung vom spirituellen Leben sprechen, das seine Anziehungskraft und Interesse an andere, oben erwähnte Kräfte, verloren hat. Das Bewusstsein der Entfremdung, ein fast alles durchdringendes Phänomen für alle unsere Religionen, ist ein damit zusammenhängendes aber nicht identisches Anzeichen von fehlschlagenden individuellen Beziehungen zur Gemeinschaft. Es gibt heutzutage große Segmente einstmaliger Religionsangehöriger, die unter der Entfremdung von Religion und ihren Strukturen leiden. Hauptsächlich vom Gefühl der Entfremdung betroffen sind die Jugendlichen, aber sie sind nicht die einzigen. Teilweise wird dieses Gefühl der Entfremdung an der Erfüllung bzw. Nicht-Erfüllung des Wunsches nach Demokratisierung und Vertretung festgemacht. Die Folgen dieser Entfremdung sind natürlich sinkende Mitgliederzahlen in den Religionsgemeinschaften. Diese machen sich in einigen Fällen in den abnehmenden Gottesdienstbesuchern, in anderen in Assimilation oder Abschied von traditionellen religiösen Strukturen bemerkbar.

Parallel zu diesen negativen Auswirkungen des Individualismus, begegnen wir jedoch Versuchen der religiösen Erneuerung und spirituellen Sinnsuche, die auch auf individualistischen Bahnen laufen. Die Enttäuschungen von Säkularismus, Modernität und Wissenschafts-gläubigkeit bringen alternative religiöse Antworten hervor. Am wichtigsten unter ihnen ist die starke Spiritualitätssuche, die inzwischen das private, und zu einem gewissen Grad auch das öffentliche, religiöse Feld beherrscht. Spiritualität bekommt allmählich einen immer größeren Stellenwert und wird zum Schlagwort für das Essntielle in der Religion. Die Suche nach Spiritualität findet die verschiedensten Ausdrucksformen, sowohl innerhalb als auch jenseits von Religion. Innerhalb der religiösen Traditionen gibt es etliche Versuche, die Bedeutung der etablierten Religionen im Lichte von Spiritualität, oder, mehr spezifisch, im Lichte des spirituellen Erbes der einzelnen religiösen Tradition neu zu entdecken und zu strukturieren. Nur, Spiritualität kann nicht auf eine einzelne Religion beschränkt sein. Und häufig führt die Suche nach Spiritualität dazu, dass religiöse Traditionen, über die traditionellen religiösen Linien hinweg, ausgeliehen und getauscht werden, um so das religiöse Bewusstsein zu vertiefen. Manche heutigen Phänomene, wie die so genannten *Jubus* (Juden, die Spiritualität in der buddhistischen Meditation und anderen Praktiken suchen) sind Ausdruck der Spiritualitätssuche, die quer durch alle religiösen Traditionen stattfindet. Aus einer breiteren Perspektive ist das so genannte New Age ein weitläufiger, nicht klar definierter Versuch, Spiritualität als Alternative zu bestehenden Religionsformen herauszustellen. Der enorme Argwohn, den traditionelle religiöse Autoritäten ihm entgegenbringen, bezeugt sowohl den Bedarf, den das New Age erfüllt, als auch die Bedrohung, die es darstellt. Die etablierten Religionen sind misstrauisch, sowohl wegen des Wettbewerbs als auch der spirituellen Praktiken, die sie für unreif und eklektisch halten. Das New Age ist vorwiegend synkretistisch, da es sich aus den verschiedensten gemischten Religionen bedient. Den Wert dieser Traditionen und ihre Umsetzung in die Praxis entscheidet der Einzelne hauptsächlich für sich selbst. Daher kann man hier einen konsumistischen Ausdruck individueller Spiritualitätssuche erkennen.

Der vielleicht krasseste Ausdruck der Spannung zwischen traditionellen Formen der Religion und der zeitgenössischen Spiritualitätssuche kann in einer Phrase gefunden werden, die als Slogan aufkam, aber zum Status einer Bewegung anwuchs: „Ich bin spirituell, nicht religiös." Religion und Spiritualität so einander gegenüber zu stellen, vermittelt den Eindruck der Eigenständigkeit der Letzteren. Dies ist der höchste Ausdruck von individueller Religion, die in bewusster Ablehnung der traditionellen Religionen und Formen auf der Suche nach Selbstverwirklichung ist.

1.7 Die neuen Religionsformen

Natürlich können die traditionellen Religionen von den Herausforderungen der Krise und den Geisteshaltungen, die für sie charakteristisch sind, nicht unberührt bleiben. Es gibt keine einheitliche Reaktion, die für religiöse Traditionen typisch wäre. Was die unterschiedlichen Reaktionen auf die Krise gemein haben, sind die neuen Formen, die sie annehmen. Diese Formen sind in vieler Hinsicht unerwartet, egal ob sie als Reaktion auf das jetzige Aggregat von Faktoren entstanden sind oder auf frühere Krisen, die charakteristisch waren für die verschiedenen Stadien der Moderne, des Kolonialismus, des Säkularismus etc. Sie entstehen zu Lasten und auf Kosten mancher Teile der Tradition, die im Zuge der Gestaltung einer neuen religiösen Antwort auf die erkannte Bedrohung aufgegeben werden. Somit gestalten Krisen im Allgemeinen, und auch die gegenwärtige „Krise des Heiligen" letztlich die Religionen neu. Daran mag manches kreativ sein, vieles jedoch bedeutet im Vergleich zu der Vergangenheit und den Idealen der religiösen Tradition ein Verlust, und kann als eine weniger perfekte Form derselben beurteilt werden. Sehen wir uns einige Beispiele an.

Wie aus den Arbeiten in diesem Band hervorgeht, leiden einige unserer Religionen an einer Art von korporativer Form, oder, wie andere Beobachter es bezeichnen, von Religionssyndikat. Damit ist eine Religionsform gemeint, die das Kollektiv, seine Werte und Ideale, auf Kosten der klassischen spirituellen Ideale dieser Tradition herausstellt. Man kann verstehen, dass die exzessive Betonung der Gemeinschaftselemente derselben Tradition die Reaktion auf übermäßigen Individualismus sein mag. So kennt man sowohl im Hinduismus, wie auch im Islam, Versuche, nationale und politische Kollektividentitäten zu schaffen, die mit diesen Traditionen identifiziert werden. Diese Versuche stellen mächtige gesellschaftliche und politische Kräfte innerhalb der jeweiligen Traditionen dar, deren Ziel es it, eine Idealgesellschaft oder eine zusammenschweißende Kollektividentität zu formen. Aber sie tun es um den Preis der Verzerrung und Vernichtung eben desselben Erbes willen, auf dem sie die Kollektividentität aufbauen wollen. Dadurch, dass man der Religion eine neue Kollektividentität aufzwingt, werden einzelne kleinere religiöse Traditionen, Ausdrucksformen kultureller Vielfalt, und eine Reihe mystischer, hermeneutischer und philosophischer Traditionen einfach aus dem Gedächtnis gelöscht.

Ein zu großes Wissen, oder die Entwicklung eines kritischen und historischen Bewusstseins der Tradition könnte so eine Aufzwingung untergraben. Religiöse Traditionen versagen in der Bildung, in der vollständigen Weitergabe ihrer selbst von einer Generation an die nächste, und damit werden ganze Teile der Tradition aus dem Gedächtnis gelöscht. Man nimmt einen unkritischen Traditionalismus an und entwickelt in dem Versuch, eine einheitliche und triumphale Form der Religion zu schaffen, neue und exklusive Paradigmen.

Diese Form von Religion ist triumphal, sowohl was die Neuerschaffung ihres geschichtlichen Bildes als auch ihre Beziehung zu anderen Religionen betrifft. Typischerweise ist es das Merkmal einer Religion, die ihr umkämpftes Selbstbewusstsein angesichts geballter Widrigkeiten zum Ausdruck bringen will, dass sie ihre Tradition als allen anderen überlegen ansieht. Und damit ist sie den anderen gegenüber weniger gesprächsbereit, weniger offen, und weniger bereit zur Selbstbetrachtung und Selbstkritik.

Während der Begriff „Fundamentalismus" viele Dimensionen hat, und nicht alle für diese Beschreibung notwendigerweise relevant sind, kann man doch vieles, was man unter Fundamentalismus versteht, im Zusammenhang mit der „Krise des Heiligen" sehen. So sind das unkritische Vertrauen auf die eigene Tradition, die von anderen Traditionen und der Gesellschaft im Großen und Ganzen getrennt gesehen wird, und die Darstellung in einer Weise, die letztlich die Geschichte der einzelnen Religionen verzerrt, Kennzeichen des Fundamentalismus. Im Zusammenhang mit der hiesigen Diskussion können wir zu bedenken geben, dass die Notwendigkeit, auf die Krise mit der Schaffung neuer und passender religiöser Formen zu reagieren, zur Entstehung von Fundamentalismen führt, die wir hier als Ausdrucksformen der Krise betrachten. Fundamentalismus ist, so definiert, ein Phänomen, das alle religiösen Traditionen berührt. In dem Maße, in dem unsere Traditionen durch die Herausforderungen der Krise bedrängt sind, entwickeln sie alle die eine oder andere Form von Fundamentalismus, die ihrem Eigenverständnis, Sinn für Authentizität und Treue zur geschichtlichen Erinnerung gemäß ist.

Es wäre jedoch ein Fehler, sich bei diesen Formen der Religionen nur auf die reaktionären, aus der Krise entstandenen zu beschränken. Daneben begegnen wir auch alternativen und kreativen Formen, die unter Kritik geratene Formen der Religion ersetzen wollen. Im gleichen Maße wie der Zusammenbruch der traditionellen Familie einhergeht mit neuen Formen und Definitionen von Familie, so erkennen wir auch das Enstehen von alternativen Formen von Religion. Wenn wir uns noch einmal dem Einfluss des Feminismus auf Religion zuwenden, sehen wir, dass die Rolle der Frauen in allen religiösen Traditionen an Bedeutung zugenommen hat. Der Anstieg des religiösen Feminismus führt zu den verschiedensten neuen Religionsformen und bedeutet eine Neudefinition der traditionellen Rollen der Autorität, des Wissens und der Gottesdienste.

Alle Religionen erfahren auch auf interner Ebene eine Zunahme von alternativen Formen der Leitung und Autorität. Das trifft sowohl auf den Anstieg der Laien in leitende Positionen als auch die Verlagerung der Autorität und Macht von religiösen Amtsträgern auf breitere Teile der Gesellschaft zu.

Die Spiritualitätssuche bringt auch neue Formen der Führung hervor, die manchmal den eigentlichen spirituellen Anliegen besser gerecht werden. In gewisser Hinsicht ist die Situation vergleichbar mit der Beziehung zwischen der Schulmedizin und dem allmählichen Anstieg und der wachsenden Akzeptanz der Alternativmedizin. Das Streben nach Gesundheit und Heilung weist wohl in Richtung einer Integration von alternativen und konventionellen Formen der medizinischen Praxis. In ähnlicher Weise scheinen sich alternative religiöse Formen langsam in die traditionellen Machtstrukturen zu integrieren. Somit bedeutet eine neue Gewichtung von gewissen Aspekten einer Tradition, verbunden mit dem Anstieg an alternativer Leitung, ein Aufkommen von neuen Formen in den religiösen Traditionen.

1.8 Darstellung der Krise des Heiligen – Übergreifende Perspektiven

Inzwischen sollte es klar sein, dass es unmöglich ist, eine definitive Analyse aller Aspekte der „Krise des Heiligen" anzubieten. Die Krise ist, wie oben beschrieben, breit und umfassend. Sie überschreitet Traditionen und findet in den verschiedenen Traditionen und Subtraditionen unterschiedliche Ausdrucksformen. Daher würde es sowohl den Rahmen dieser Studie als auch die Kapazität der Gelehrten des Think-Tanks sprengen, eine erschöpfende Darstellung einer so breit gefächerten Krise anzubieten. Die Ziele, die wir uns gesetzt haben, sind daher viel bescheidener. Das erste ist, die ungleichen, oben beschriebenen Elemente in einem übergreifenden begrifflichen Rahmen zusammenzufassen. Es ist zu hoffen, dass eine solche Zusammenfassung den religiösen Führern einen Überblick über die Bandbreite der Situation verschafft, der sie angeregt, die Krise nicht nur im Bezug auf ihre einzelnen Komponenten, sondern im Gesamtzusammenhang zu betrachten. Die Herausforderungen und Chancen könnten sich klarer herausstellen, wenn eine synthetische Perspektive der Krise zur Verfügung steht.

Ein zweites Ziel des Projekts ist es, sowohl bei den religiösen Führern als auch bei denkenden Gläubigen, die das Thema der Krise für bedenkenswert halten, das Bewusstsein dafür zu schärfen. Ein geschärftes Bewusstsein verspricht konstruktives Denken und eine tiefere Betrachtungsweise im Umgang mit den einzelnen Themen der Krise.

Aber wir hoffen, mit der Diskussion der „Krise des Heiligen" noch mehr zu erreichen. Das Ziel einer guten Analyse ist es, Mittel bereitzustellen, um das Thema anzugehen. Ein begrifflicher Schlüssel ist ein wichtiger Schritt zur Bearbeitung eines Themas und zur Findung von geeigneten Antworten. Neue Erkenntnisse und ein verständliches Konzept bereiten möglicherweise den Weg zu neuen, praktischen Initiativen und Strategien im Umgang mit der Krise. So haben wir eine detailliertere Diskussion von Aspekten der Krise durch die Bereitstellung von speziellen begrifflichen Rahmen angestrebt. Im Zusammenhang mit der Erstellung dieser Arbeit haben wir zwei dieser Rahmen untersucht. Während beide in der fertigen Präsentation vertreten sind, hat einer mehr Gewicht.

Der erste begriffliche Schlüssel bezieht sich auf die Ganzheitlichkeit und Gesamtheit. Wie oben festgestellt, besteht eine Möglichkeit, die Krise als Zusammenbruch früherer umfassender Systeme, die allen Aspekten der Realität Sinn verliehen haben, zu bezeichnen. Damit ist die Krise der Zusammenbruch des allumfassenden Zusammenhangs. Wenn das so ist, wäre eine mögliche Reaktion auf die Krise das Streben, diesen Zusammenhang neu zu entdecken und einzuführen. Das müsste natürlich auf eine Weise geschehen, die weder ein blinder Rückschritt in die Vergangenheit ist, noch fundamentalistische Reaktionen, wie wir sie oben beschrieben haben, verstärkt. Es ist möglich, Wege zur Wiederherstellung des verlorenen Zusammenhangs einzuschlagen, ohne die positiven Elemente zu untergraben, während man sich gleichzeitig der Art und Weise bewusst ist, wie diese Religion herausfordern. So kann das Streben nach einem neuem Sinnzusammenhang und das Nachdenken darüber, wie Religion alle Aspekte des Lebens ansprechen und in einen neuen Zusammenhang bringen kann, ein Weg sein, einen begrifflichen Schlüssel zur Krise zu bekommen und Reaktionen darauf zu entwickeln.

Der zweite begriffliche Schlüssel, der für die Arbeit des Think-Tanks wichtigere, bezieht sich auf die Beziehungen von Individuum und Kollektiv. Durch die Analyse der verschiedenen Komponenten der Krise haben wir festgestellt, wie viele Anliegen in der einen oder anderen Form mit der Beziehung von Individuum und Kollektiv zu tun haben. Damit ist mehr gemeint als nur die Spannung zwischen der Selbstbestimmung des Individuums und dem kollektiven Anspruch der Tradition. Phänomene wie das Streben nach Spiritualität, die Rolle der Frauen, Synkretismus und neue Religionsformen, alternative Autoritätsquellen und mehr; sie alle hängen irgendwie mit der Beziehung von Individuum und Kollektiv zusammen. So haben wir hier eine Achse erkannt, die uns helfen kann, Gespräche zu entwickeln und einen neuen Umgang mit der Krise zu unterstützen.

Es sollte erwähnt werden, dass gewisse Themen, die man als Teil der Krise betrachten könnte, aus diesem Projekt ausgeschlossen wurden. Hauptsächlich handelt es sich dabei um Politik und die Beziehung von Kirche und Staat. Während diese Themen für die Betrachtung der Krise, der Zusammenhänge und der Individuum-Kollektiv Beziehungen sicher relevant sind, sind sie doch zu umfangreich, um in diesem Zusammenhang diskutiert zu werden. Deshalb werden sie hier auch nicht behandelt. Dagegen werden andere Aspekte, die für die Rolle der Religion im öffentlichen Bereich relevant sind, unsere Aufmerksamkeit in Anspruch nehmen.

1.9 Die Darstellung der Krise des Heiligen – Identifizierung der kritischen Momente der Krise

Eine Strategie, um das Gespräch zwischen unterschiedlichen Religionen, in dem sie die Gemeinsamkeiten ihrer Krisen zu erkennen suchen, von einander einen besseren Umgang damit lernen und nach Möglichkeiten der Zusammenarbeit forschen wollen, zu erleichtern, ist die Anerkennung übergreifender Anliegen, durch die man die Krise in Angriff nehmen kann. Die andere Strategie ist, spezifische Krisen und Themen, die die meisten, vielleicht alle unsere religiösen Traditionen betreffen, zu identifizieren. Spezifische Sachverhalte oder Momente der Krise zu identifizieren, lässt uns unsere Aufmerksamkeit auf konkrete Auswirkungen der breiteren Tendenzen lenken, wie sie in dieser Übersicht dargelegt wurden. Die Arbeiten des Elijah Think-Tanks haben beide Strategien versucht. Zusammen mit dem übergreifenden begrifflichen Rahmen haben wir auch versucht, spezifische Momente der Krise zu beleuchten, über deren Relevanz für die im Think-Tank repräsentierten Traditionen wir uns einig waren. Und somit haben die Mitglieder des Think-Tanks versucht, diese kritischen Momente in ihrer Beschreibung der „Krise des Heiligen" in den verschiedenen Traditionen anzusprechen. In den Arbeiten werden nicht alle kritischen Sachverhalte gleichermaßen herausgearbeitet. Das ergibt sich daraus, dass jedes von diesen kritischen Momenten in jeder Tradition unterschiedlich erfahren wird. Während die Arbeiten keiner starren Struktur in der Bearbeitung der einzelnen Themen folgen, sind sie doch im vollen Bewusstsein dieser Themen, die das Gerüst des ganzen Projekts ausmachen, entstanden. Bieten wir nun eine kurze Präsentation dieser Momente der Krise.

1.9.1 Integrität und Wandel religiöser Traditionen

In mancher Hinsicht dreht sich unser ganzes Projekt darum. Die Krise des Heiligen befasst sich mit Veränderungen in Religionen. Die Veränderung mag willkommen sein oder auch nicht. Sie mag die Stabilität der Religion untergraben, oder sie zu größerem Wachstum drängen. Wie auch immer wir den Wandel beurteilen, alle Religionen sind zur Veränderung aufgefordert und müssen mit dieser Herausforderung fertig werden. In diesem Prozess sind sie gefordert, das, was für ihre Existenz fundamental, oder, wenn wir so wollen, essentiell ist. Die Dynamik von Stabilität und Wandel, die Erkenntnis des Essentiellen und des Wandelbaren in der Religion sind Untertitel der Krise des Heiligen. Auf diese Weise fordert die Krise unsere Religionen, ihren Kern zu identifizieren und Mittel zu erstellen, die geeignet sind, sie in der Welt präsent zu machen und ihr letztes Ziel zu erreichen, unter und mit den Bedingungen des Wandels.

1.9.2 Individualismus

Wir haben schon festgestellt, dass diesem Thema eine zentrale Bedeutung im Bezug auf die übergreifenden Anliegen zukommt. Der möglicherweise bedeutendste Kriegsschauplatz, auf dem die Krise des Heiligen ausgetragen wird, ist der des Individuums, oder besser – die Bandbreite der Beziehungen zwischen Individuum und Kollektiv. Der augenfälligste Ausdruck dessen ist in der Spannung zwischen Individualismus und den Kollektivstrukturen der Religionen zu erkennen. Aber die Schaffung kollektiver Identitäten und die Art und Weise, wie diese Identitäten selbst die historische und spirituelle

Realität der Traditionen zerstören, ist nur die Kehrseite der Medaille. Dieser Achse und den Spannungen, ausgelöst durch den Gedanken des Individuums, wie er in Ideologie, Psychologie und Marktkräften zum Ausdruck kommt, die ihrerseits Interaktion mit religiösem Leben produzieren, was zu neuen Ausdrucksformen der Religion führt, Aufmerksamkeit zu schenken, heißt somit, das Kernthema, welches die breitere Krise des Heiligen formt und treibt, anzusprechen.

1.9.3 Religiöse Autorität

Dies ist einer der am meisten bedrohten und geforderten Bereiche. Religiöse Autorität ist der Schnittpunkt von so gut wie allen Aspekten der Krise. Wandel ist oft darauf abgestellt, Leitungsstrukturen und das Recht auf leitende Rollen zu ändern. Der begriffliche Aufstieg des Individuums untergräbt weiter die Autorität. Die Rolle der Frau und die Jugend, Themen, die wir weiter unten noch behandeln, spielen in diesem Zusammenhang selbstverständlich auch eine Rolle. Gewichtsverlagerungen bei religiöser Leitung und Gemeinschaft, bei Klerus und Laien, sind Ausdruck der Veränderung in der religiösen Autorität als Teil der breiteren Krise. Die hiesigen Arbeiten werden einer Gruppe religiöser Führer vorgestellt, die in sich klassische religiöse Autorität darstellen. Zweck dieser Analyse ist nicht, bestimmte Vorschläge dazu anzubieten, wie Autorität angesichts der Krise ausgeübt werden soll; noch sie zu stärken oder zu schwächen. Wir sprechen diese Themen- im Zusammenhang mit dem Heiligen- in der Hoffnung auf offene und ehrliche Diskussion an. Es ist unser Verständnis, dass das Mandat vom Vorstand der religiösen Führer uns die Erlaubnis gibt, die Herausforderungen und Chancen, die mit Autorität zu tun haben, mit viel Offenheit und Aufmerksamkeit zu untersuchen.

1.9.4 Frauen

Mit der zunehmend dominanten Rolle, die Frauen in der ganzen Gesellschaft spielen, sind alle unsere Religionen mit einer Flut von Herausforderungen konfrontiert worden. Diese gehen weit über die Beziehung von Frauen und religiöser Autorität hinaus und fordern, den Frauen Zugang zu religiösen Leitungspositionen zu gewähren. Religiöser Vollzug, Wissen, Repräsentation und Position im ganzen Wirkungsfeld unserer Traditionen sind Dinge, mit denen alle unsere Religionen ständig umgehen müssen. Die Konvergenz von Bedrohung und Chance in der Krise des Heiligen ist im Bezug auf Geschlechterthemen sehr deutlich zu sehen.

1.9.5 Jugend und Bildung

Krise und Wandel berühren das Überleben und den Fortbestand religiöser Traditionen. Diese wiederum sind von der Bildung und insbesondere der Haltung gegenüber der Jugend innerhalb einer Religion abhängig. Alle Religionen haben damit zu kämpfen, wie man am besten die Religion auf die nächste Generation überträgt, und wie man Entfremdung und Abstandnahme von Tradition, wie sie für die Krise symptomatisch geworden ist, vermeidet. Aber Jugend ist nur eine Komponente der Herausforderung. Richtige religiöse Erziehung ist eine noch größere Herausforderung. Sie betrifft spirituelle Bildung, die Haltung dem religiösen Anderen gegenüber, die Haltung zur Welt und die Art, in der Tradition gelehrt und für die Zukunft erhalten werden soll. Veränderung der Bildungsmuster bedeutet Veränderung der zukünftigen Traditionsgestalt. Das Durchsetzen von erfolgreichen Bildungsmustern sichert nicht nur das Überleben der Traditionen, sondern auch die Gestalt, die sie in der Welt annehmen, und ihre andauernde Relevanz. Religionen waren schon immer Zentren kultureller, religiöser und spiritueller Bildung. Die an Bildung gestellten Aufgaben und Herausforderungen sind so alt wie unsere Religionen. Im Rahmen der Krise des Heiligen haben sich jedoch die Einsätze erhöht. Bildung spielt sowohl in der Gestaltung der Krise, als auch in der Gestaltung der passenden Reaktionen darauf eine einzigartige Rolle.

1.9.6 Technologie

Technologie steht in direkter Beziehung zur Bildung. Sie beinflusst die Art und Weise, wie wir denken und die Welt betrachten. Sie kann eine Geisteshaltung erzeugen, die sich dem, was eine Religion zu kultivieren sucht, widersetzt, oder es unterstützt, je nachdem, wie man sie einsetzt. Die Technologie beinflusst die Grundlage unseres Wissens, indem sie sie erweitert. Eine weite Verbreitung des Wissens eröffnet die Schätze der Traditionen und rüttelt dabei möglicherweise an den uralten Gefäßen, die sie bewahren. Dadurch, dass die Technologie alle Lebensbereiche berührt und damit neue Realitäten schafft, auf die die Religionen reagieren müssen, stellt sie sie vor grosse Herausforderungen.

1.9.7 Säkularismus und Modernität

Diese werden oft mit Technologie in Zusammenhang gebracht. Es gibt eine interessante symbiotische Beziehung zwischen ihnen, da sie sich wechselseitig tragen und verstärken. Sowohl Säkularismus als auch Modernität werden gewöhnlich als Bedrohung für klassische Formen der Tradition gesehen. Sie untergraben sie ideologisch, wie das für die meisten Formen des Säkularismus zutrifft, und praktisch, wie es ein mit Modernität assoziierter Lebensstil tut. Ob diese Widersprüche wirklich oder nur scheinbar sind, muss jede Religion für sich entscheiden. Denker in den einzelnen Traditionen sind da häufig unterschiedlicher Meinung, woraus sich die unterschiedliche Haltung gegenüber Modernität und Technologie ergibt.

1.9.8 Medien und Image

Während der Säkularismus und viele Aspekte der Modernität eine ideologische Basis haben, stellen die Medien eine kontrollierende Macht in der gegenwärtigen Realität dar, der, wenigstens auf den ersten Blick, keine Ideologie zu Grunde liegt. Sie sind nichtsdestoweniger eine mächtige Kraft, die das Leben überall mitgestaltet und auf alle Religionen einen bedeutenden Einfluss ausübt. Ein Teil der Religionskrise ist eine Imagekrise. Die Art und Weise, wie Religionen wahrgenommen werden, formt die Einstellung zu ihrer Relevanz, ihrer Botschaft und ihrem Sinn. Die Medien haben einen tiefgehenden Einfluss auf religiöse Autorität und Strukturen. Wenn man die Krise des Heiligen gewissermaßen als Ausdruck des Religionsbewusstseins in der heutigen Welt sieht, dann spielen die Medien eine entscheidende Rolle in der Bildung dieses Bewusstseins. So ist es für alle Religionen ein wichtiges Anliegen geworden, den Herausforderungen der Medien begegnen zu können. Während man Medien als Bedrohung für Religionen sehen kann, bieten sie auch unbegrenzte Möglichkeiten der Kommunikation und des Erreichens eines größeren Publikums. Sogar die kritische Aufdeckung von wunden Punkten der Religionen und ihrer Führer könnte als Segen und Läuterung der Religionen betrachtet werden.

Die Arbeiten untersuchen, wie sich die verschiedenen entscheidenden Elemente der Krise in den einzelnen Traditionen auswirken, wie sie die Traditionen fordern, und welche Chancen sie dabei bieten. Die Betrachtung dieser acht Themen und der Art, wie sie sich in den verschiedenen Traditionen darstellen, macht es uns möglich, sowohl die Einzigartigkeit jeder Tradition im Kampf mit den ihr eigenen Ausformungen der Krise als auch die Gemeinsamkeiten in den Prozessen des Wachstums und Wandels zu verstehen. Es steht zu hoffen, dass das Öffnen dieser vergleichenden Perspektive Wege zu einem tieferem Verständnis zwischen den Traditionen erschließt, das ihnen ermöglicht, von Parallelerfahrungen her zu Initiativen der Zusammenarbeit zu kommen. Wenn wir die tieferen Gemeinsamkeiten in den gegenwärtigen Erfahrungen und Herausforderungen unserer verschiedenen Traditionen erkennen, können wir vielleicht von einander lernen, wie man mit Herausforderungen umgeht, wie man Wege findet, eine gemeinsame Front zu schmieden, die an den Schlüsselthemen, die alle unsere Religionen als Teil der Krise des Heiligen konfrontieren, in Rat und Tat zusammenarbeitet.

Kapitel 2
Die Krise des Heiligen: Buddhismus

Michael von Brück und Maria Reis Habito

2.1 Einleitung

Das Empfinden einer Krise ist heute weit verbreitet und in keiner Weise nur auf Religion begrenzt. Politische und gesellschaftliche Sicherheit, wirtschaftlicher Wohlstand, ökologische Stabilität und die Familie – um nur einige Brennpunkte zu benennen – sind alle in der „Krise". Manche Leute diagnostizieren diese Situation als Wertewandel, während andere einen Werteverlust befürchten, und die Reaktionen reichen von Angst und konservativem Festhalten am gut Etablierten, um sich gegen Wellen der Ungewissheit abzusichern, auf der einen Seite, bis zum aggressiven Umsturz traditioneller Strukturen, auf der anderen.

1. Einer der Hauptbereiche der Sorge ist der weltweit wachsende Individualismus. Im Zuge der Modernisierung und Urbanisierung verfallen alte Gemeindestrukturen (Familie, Dorfgemeinschaft, religiöse Pfarreien, Parteien, etc.) zu Gunsten eines Individualismus, der ein Gefühl der Abkopplung in den verschiedenen gesellschaftlichen Bereichen verursacht. Alle Gesellschaften sind von den Pluralisierungsprozessen betroffen, die aus homogenen Strukturen etliche konkurrierende Substrukturen machen, so dass nicht mehr nur eine Religion und ein Lebensstil das Leben der Menschen prägt; stattdessen verlangen konkurrierende Optionen bewusste Entscheidungen. Dies individualisiert die Gesellschaft nicht zwangsläufig, aber in diesem Prozess werden neue Gruppen und Organisationen gebildet. Religiöse Pluralisierung kann daher Stärkung von Gruppen bewirken, die eine bestimmte Tradition bilden, und die mit anderen konkurrieren, die möglicherweise eine stärkere Identität aufweisen, als die klassischen autoritären und monolithischen Strukturen vermuten lassen.

Einige Bewegungen sind unter dem Begriff „Fundamentalismus" zu-sammenzufassen; „Traditionalismus" kann in diesem Rahmen inter-pretiert und somit in einem anderen Licht bewertet werden.

Gleichzeitig wird eine scheinbar individuelle Wahl keineswegs auf der Basis individueller Entscheidung getroffen, sondern richtet sich nach Mode, Trends und höchst beeinflussendem Marketing. In diesem Fall wird dem Einzelnen glauben gemacht, er treffe eine indi-viduelle Entscheidung, in Wirklichkeit aber ist er/sie der Massenma-nipulation unterworfen. Das wird in Essgewohnheiten (McDonald's Kultur), Kleidungsgewohnheiten (Jeans), Kulturmustern (internati-onale Popkultur), etc. deutlich. Es ist wichtig, festzustellen, ob und in welchem Maß auch Religionen diesen quasi individualisieren-den Trends unterliegen. Immerhin veranstalten die Massenmedien Events, wie die Beisetzung des verstorbenen Papstes, oder den sieb-zigsten Geburtstag des Dalai Lama, und tun es vielleicht nach stan-dardisierten (und standardisierenden) Mustern.

2. Was immer die bestimmte Krise sein mag, jede Erfahrung von Kri-se hat zwei Aspekte, die auseinander gehalten werden müssen. „Kri-se" kommt vom griechischen Verb „krinomai" und bedeutet „tren-nen und unterscheiden."
a) Eine Krise ist ein Wendepunkt in der Entwicklung von Individuen und/oder Gemeinschaften im Bezug auf Veränderung. Somit bedeu-tet Krise das Loslassen von alten und bekannten Wegen, Werten, In-stitutionen, etc. Dies verursacht ein Gefühl von Verlust und Instabi-lität. Diese Veränderung ist auch das Erscheinen neuer Chancen, ein kreativer Glücksfall für Neubildung und Möglichkeiten.
b) Damit ist die Krise eine doppeldeutige Erfahrung, verbunden mit Angst und Schrecken ebenso wie mit Hoffnung und Erwartung. Die-se Erfahrung kommt auch in dem chinesischen Wortbild für Krise zum Ausdruck (chin. wei-ji, jap. kiki), das zwei Elemente der Gefahr mit einem Wendepunkt, Chance enthält.

3. Von Krise zu sprechen ist tief verwurzelt in der buddhistischen Sicht der Geschichte als des fortlaufenden Niedergangs der Dharma Lehre. Theorien über diesen Niedergang und das letztendliche Ver-

schwinden des Dharma kamen in späteren Jahrhunderten auf und wurden zurück projiziert als „Voraussagen" des Buddhas. Buddhistische Schriften unterscheiden zwischen externen und internen Ursachen der Krise. Es gibt zwei Kategorien der externen Ursachen: Eingriff von außen (gemeint sind Fremdinvasion und Verfolgung) und übermäßige staatliche Kontrolle. Beide Faktoren gestalten den jetzigen Zustand des Buddhismus in der ganzen Welt. Länder, wie China, Tibet, Kambodscha, Vietnam und Laos versuchen, buddhistische Institutionen und Kultur, die der Kommunismus zerstört hat, neu zu beleben. Sie haben mit der Tatsache zu kämpfen, dass eine ganze Generation gelehrter Mönche durch Verfolgung eliminiert wurde, was einen Bildungsnotstand zur Folge hatte. In diesen Ländern, einschließlich Burmas, ist der Buddhismus immer noch durch staatliche Kontrolle streng reguliert.

In Bezug auf die interne Krise können den kanonischen Schriften einige Faktoren entnommen werden:

a) Zulassung von Frauen in klösterliche Gemeinschaften.

b) Mangel an Respekt gegenüber Buddha, der Lehre (Dharma) und den Kommunitäten der Mönche, Nonnen und Laien (Sangha).

c) Der Mangel an Sorgfalt in der Praxis der Meditation.

d) Mangelnde Sorgfalt in der Vermittlung der Lehre.

e) Das Aufkommen sektiererischer Rivalitäten und Trennungen innerhalb der Gemeinschaften.

f) Das Aufkommen eines falschen, verfälschten Dharma.

g) Übermäßige Verwicklung der Mönche in die Säkulargesellschaft.[1]

Was die Dauer der Krise und den Niedergang betrifft, herrscht im südlichen, südöstlichen und innerasiatischen Buddhismus der Glaube vor, dass die Lehre bis zu ihrem plötzlichen Verschwinden voll zugänglich bleiben wird, um dann für Millionen von Jahren nicht mehr aufzutauchen, bis der zukünftige Buddha Maitreya erscheint.

---

1 Jan Nattier, *Once Upon a Future Time. Studies in Buddhist Prophecy of Decline* (Berkeley: Asian Humanities Press, 1999), S. 120-29.

Daher sind diese Traditionen sehr konservativ und versuchen, die Lehre des Buddhas so lange wie möglich in ihrer traditionellen Form zu bewahren, da sie in der Regel jede Veränderung als Verschlechterung betrachten.

Im Gegensatz hierzu glauben die ostasiatischen Traditionen an einen langen, wenig verheißungsvollen Zeitraum des Niedergangs, den sie die Zeit der „Letzten Lehre" (Mo-fa) nennen. Deshalb haben buddhistische Lehrer in diesen Ländern – angefangen von Meister Tao-ch'o der Reinen Land Schule in China des sechsten Jahrhunderts bis zu den Kamakura Reformern des dreizehnten Jahrhunderts in Japan – diesen Glauben als Anreiz zur Innovation benutzt und damit sehr kreative neue Formen des Glaubens und dessen Ausübung geschaffen.[2] Diese Offenheit für Innovation, die im Allgemeinen die Mahayana Länder kennzeichnet, hat in neueren Zeiten zu neuen Formen von „engagiertem" und Laien-Buddhismus geführt.

In der Gegenüberstellung der beiden Vorgehensweisen zeigt sich, dass man Tradition unterschiedlich lesen und verwerten kann: sie kann ein Mittel der Absicherung gegen unerwünschte Veränderung sein, oder aber auch eine Quelle der Inspiration für neue Ansätze und Wege, die Werte der Tradition unter sich ändernden Umständen umzusetzen.

4. In Indien war der Buddhismus eine spirituelle und gesellschaftliche Bewegung, die sich gegen die Opferreligion und den sozialen Status der Brahmanen richtete. Dabei wurden die klassischen „heiligen" Werte der Überprüfung durch eine buddhistische „Hermeneutik des Argwohns" unterzogen. Das allgemeine Resultat war, dass man Menschen und Dinge nicht mehr als in sich heilig betrachtete, sondern nur in dem Maße, in dem der Einzelne sich durch seine geistige Entwicklung heiligt. Die klassische Aussage des Buddhas dazu war „Ich nenne niemand einen Brahmanen wegen seiner Herkunft, oder seiner Mutter. So einer ist wirklich arrogant, und er ist reich; aber der Arme, der frei von Bindungen ist, den nenne ich tatsächlich ei-

---

2 Nattier, *op. cit.*, S. 136-37.

nen Brahmanen....."[3] Es gibt nichts Heiliges, außer zur echten Natur zu erwachen (Bodhi) und, davon abgeleitet, alle Mittel und Wege (Upāya), die dazu dienen können, dieses Ziel zu erreichen, das beschrieben ist als das Löschen der Flamme des Verlangens (Nirvāṇa). Nach dieser Aussage kann man schließen, dass das Kommen des Buddhas selbst eine Krise des Heiligen war.

5. Das ursprüngliche buddhistische Mönchtum kannte keine heiligen Orte und Zeiten als solche, sondern legte alles Gewicht auf die geistige Überwindung der Kleśas („Verschmutzung" oder „unreine, konditionierte Dinge"), die beschrieben werden als „mit Kampf verbunden, da sie das Selbst und andere verletzen."[4] Verschmutzungen sind Geisteshaltungen wie Selbstsucht, Wut und Hass und, im Allgemeinen, alle vergänglichen Dinge, einschließlich der Welt, der Existenz, der Meinungen und des Leids. Heilig ist das, was der geistigen Entwicklung und der Überwindung des Vergänglichen förderlich ist, um Befreiung (Nirvāṇa)zu erreichen. Die verwendeten Begriffe sind nicht heilig und unheilig, sondern „kauśalya und akauśalya," was soviel bedeutet, wie geeignet (oder ungeeignet) für die ganzheitliche Entwicklung aller Aspekte des Geistes und des Lebens. Die richtigen Qualitäten für die Heilung ungesunder Geisteshaltungen, - wie Irrtum, Unachtsamkeit, Müßiggang, Unglaube, Lethargie, Zerstreuung und Verschwendung – sollen durch Bewusstheit und Aufmerksamkeit (Satipatthāna) und alle weiteren Hilfsmittel, die zu diesem Ziel führen, entwickelt werden. Gesunde Geisteshaltungen sind beschrieben als Glaube, Sorgfalt, Begabung, Respekt, Ehrfurcht, Gewaltlosigkeit, Fehlen von Verlangen und Hass, Energie.

6. Doch hat die buddhistische Bewegung von Anfang an bestimmte Phänomene verehrt, von denen die drei wichtigsten sind:
   a) Die Wichtigkeit der Reliquien des Buddhas und erleuchteter Meister. Nach der Einäscherung wurden winzige Knochenfrag-

---

3 *Dhammapada*, Kapitel 26.

4 Louis de la Vallée Poussin, Übersetzer, *Abhidharma Kośa Bhāṣyam*, (Berkeley: Asian Humanities Press, 1988), Kapitel 1.

mente und perlenähnliche Kügelchen, die man für Erscheinungen der Erleuchtung des Buddhas oder eines Meisters hält, gesammelt und in Gedenktürmen (stupas) aufbewahrt. Diese Reliquien werden als heilige Objekte verehrt, die denen, die mit ihnen in Kontakt kommen, spirituellen Segen verleihen.

b) Die Verehrung der Lehre und des Gesetzes des Buddhas (Dhamma/Dharma) – gesammelt in den Heiligen Drei Körben (Tripītaka) der Schriften (Sutta/Sūtra), Kommentaren (Abhidhamma/Abhidharma) und Mönchsregeln (Vinaya), werden die Lehren des Buddhas als Heiliges Netz (Jâla, chin. sheng-wang) bezeichnet, das alle in die befeiende Wahrheit hinein auffängt. Nur einen Satz dieser Lehre zu zitieren oder zu kopieren wird den Gläubigen auf den Weg der Erlösung bringen.

c) Der „heilige" Charakter der verehrungswürdigen Mönche (Samgha/Sangha). Sowohl die entsagenden Mönche, die im Wald leben, als auch die Gelehrten, die in Klöstern die aufgeschriebene Lehre erhalten und weitergeben, werden traditionell als Heilige betrachtet und behandelt. Der Grad der Reinheit des Handelns eines Mönchs ist eine Komponente, die in seiner Beziehung zu den Laien von zentraler Bedeutung ist, denn der Grad des Verdienstes durch Spendenaufkommen ist vom Grad der Heiligkeit des Empfängers abhängig.[5] Alle zusammen reflektieren den Dreifachen Edelstein (Triratna: Buddha, Dharma, Samgha) in seiner Bedeutung für die Laien.

7) Während der indische Buddhismus von Heiligkeit in solchen Begriffen wie Reinheit (Ārya), Gesundheit (Kauśalya) und Lebensweise des Brahmanen (Brahmamārga) spricht, benutzt der Mahayana Buddhismus die Sprache des Heiligen (chin. sheng, jap. sei) um das zu beschreiben, was dem Dreifachen Edelstein zugehört.[6] Hier gibt

---

5 Reginald Ray, *Buddhists Saints in India* (Oxford: Oxford University Press 1994), S. 16.

6 Siehe William E. Soothill: *A Dictionary of Buddhist Terms* (London 1930), S. 411, 412. Dort finden sich 34 Eintragungen für Heiligkeit und verwandte Begriffe.

es eine noch stärkere Entwicklung von Menschen (Erleuchtete), Objekten (Sutratexte, Statuen oder Reliquien), Orten und Pilgerstätten, die im höchsten Maße als besonders und „heilig" gelten. Diese Entwicklung gipfelt im den Texten des tantrischen Buddhismus.

Die drei wichtigsten Fälle von Heiligkeit sind:

a) Die Bodhisattva Inkarnation, die in sich heilige, durch Handlung erworbene Qualitäten hat, aufgrund eines Gelübdes, Erleuchtung zu erreichen und alle Leidenden zu befreien, und des Karma. Im tibetischen Buddhismus wird der inkarnierte Bodhisattva zu einer gesellschaftlichen Institution im Tulku, weil diese Institution jetzt die ununterbrochene Nachfolge der herrschenden Klöster und Geschlechter regelt. So ist das Geschlecht des Tulku der Träger des Heiligen. Der Sitz des Tulku, sein Kloster, ist nur insoweit heilig als dass der Tulku dort wohnt.

b) Im tibetischen Buddhismus ist Heiligkeit mit „Ermächtigung" (tib. Dbang, wang) verbunden, das heißt, ein Gelübde, das ein Einflößen spiritueller Energie durch den spirituellen Lehrer ist und eine Qualität der Gewohnheit schafft. Diese Energie fließt nicht nur in Menschen, sondern kann auch in geweihten Statuen präsent sein, die sich in einem Schrein befinden. Materie wird mit spiritueller Energie aufgeladen oder durch sie ermächtigt; diese Energie kann wiederum durch geheiligte (ermächtigte) Objekte übertragen werden. Diese können nach dem Dreifachen Edelstein eingeteilt werden: Reliquien des Buddha (oder ermächtigter Lamas), Schriften, die den Dharma enthalten, und schliesslich Asche und Gebeine bedeutender Mönche, die den Samgha darstellen. Während Wallfahrten zu heiligen Stätten in allen buddhistischen Traditionen eine wichtige Rolle spielen, beschreiben die Texte der tantrischen Tradition heilige oder sakrale Bereiche im inneren menschlichen Mikrokosmos, die in der äußeren, makrokosmischen Umgebung ihre Entsprechung finden. Die innere Pilgerreise während der Meditation findet ihre Parallele in der äußeren Reise zu heili-

gen Stätten.[7] Andere Mahayana Traditionen, wie Ch'an / Zen
weisen jegliche Unterscheidung zwischen heilig und unheilig
zurück, was in den Worten des berühmten Bodhidharma zum
Ausdruck kommt: „Heilige und gewöhnliche Wesen sind von
gleicher Natur,"[8] wie auch seine berühmte Antwort auf die
Frage des chinesischen Kaisers nach „dem höchsten Sinn der
Heiligen Wahrheiten": „Leer, ohne Heiligkeit."[9] Die Lehre des
Vimalakīrti Sūtra bringt die gleiche Vorstellung zu Ausdruck:
„Die heilige Befreiung ist die Gleichheit aller Dinge."[10] Doch
ist es evident, dass den großen Figuren der Meister und der
berühmten Mönchsregel von Pai-chang[11] nicht nur höchste
Verehrung zukommt, sie sind geheiligt und repräsentieren für
die strebenden Gläubigen die Bodhi-Qualität.

Im Buddhismus wird die Grunderfahrung des Lebens und der erste Glaubenssatz der Lehre als „Sarvam Anityam Duhkham" ausgedrückt: Alles ist vergänglich und deshalb voll des Leidens. Das Leiden liegt nicht in den Umständen, sondern in der Geisteshaltung ihm
gegenüber; somit kann diese Haltung geändert werden. Veränderung
und Verlust sind natürlich und müssen als Fingerzeige auf den Mond
(der Weisheit) gesehen werden. Veränderung ist eine Chance für größere Einsicht in die Vergänglichkeit der Dinge. Vergänglichkeit muss
angenommen werden, um das Hängen an den Dingen zu überwinden. Diese Überwindung des Anhaftens ist notwendig, um die Leere

---

7 Ngawang Zangpo, *Sacred Ground. Jamgon Kongtrul on Pilgrimage and
Sacred Geography* (New York: Snow Lion, 2001), S. 59-69.

8 "Treatise on the Two Entrances and Four Practices," zitiert in Ruben
Habito, *Experiencing Buddhism. Ways of Wisdom and Compassion* (New
York: Orbis Books, 2005), S. 112.

9 Thomas Cleary, Übersetzer, *Secrets of the Blue Cliff Record* (London and
Boston: Shambala, 2000) S. 1-2.

10 Robert Thurman, *The Holy Teaching of Vimalakīrti. A Mahāyāna Scripture*. (Philadelphia: Penn State University Press, 1967), S. 59.

11 Pai-chang (720-814) war der erste, der deutlich umrissene Regeln für
die Mönche schaffte. Der Orginaltext der Regeln ist nicht erhalten.

aller Phänomene, einschließlich des Ich, zu erkennen, was Weisheit (Prajñā) ist. Diese Erkenntnis ist die Voraussetzung, um das buddhistische Ziel des Erwachens (Bodhi oder Nirvāṇa) zu erreichen. Daher bietet jede Krise eine Möglichkeit, diese notwendige spirituelle Erfahrung zu machen. Dazu sagt der 14te Dalai Lama oft: „Mein Feind ist mein bester Freund, denn er lässt mich meinen menschlichen Zustand erkennen und gibt mir Gelegenheit, Mitleid (Karuṇā) zu üben.

2.2 Momente der Krise:
Individuum – Gemeinschaft – Führung

Individualismus ist als einer der Hauptfaktoren diagnostiziert worden, die die heutigen Gesellschaften verändern und großen Druck auf die Religionen ausüben. Wenn wir Individualismus als eines der Momente der Krise betrachten, müssen wir zuerst die buddhistische Vorstellung von Individuum untersuchen. Die nächste Frage, die sich stellt, betrifft die traditionelle Beziehung zwischen dem Individuum, den Religionsgemeinschaften und ihrer Führung, und wie diese traditionelle Beziehung von den modernen Entwicklungen betroffen ist. Schließlich müssen wir mit Blick auf den Individualismus vorsichtig hinterfragen, was Individualismus tatsächlich ist. Handelt es sich dabei um eine in höherem Maße bewusste und selbstverantwortliche Annahme der Herausforderungen des Lebens? Oder ist es ein Weg in die Isolation, der den Einzelnen von fragwürdigen Einflüssen und undurchsichtigen Kräften abhängig macht? Hat Individualismus einen befeienden Effekt, oder treibt er Menschen in die Isolation? Verlassen Einzelne die große religiöse Organisation, um individuelle Antworten auf ihre Fragen zu finden, oder bilden sie neue, kleine Gemeinschaften, die ihren psychologischen und spirituellen Bedürfnissen besser entsprechen? Und da gewisse Aspekte des Buddha Dharma die Leute unter diesen Umständen ansprechen, bedeutet das eine Verwässerung des Dharma oder ein geeignetes Mittel (Upāya), den gegenwärtigen Bedingungen zu begegnen?

Das buddhistisch Verständnis des Individuums basiert auf dem Gedanken des Selbst als Nicht-Selbst. Die Vorstellung eines unab-

hängigen Selbst oder Ich hält man für die Wurzel der Verblendung
und des Leidens, weil dies Unterscheidung und Vergleich zwischen
dem Selbst und anderen aufkommen lässt und damit zu Abneigung,
Anklammern, Lust, Gier, Wut und dergleichen führt. Der Buddha
leugnete, dass in den fünf Beschaffenheiten, die ein menschliches
Wesen ausmachen (Skandhās), wie materielle Gestalt, Gefühl, Wahrnehmung, geistige Bestandteile und Bewusstsein, irgend ein Selbst
gefunden werden kann, da sie alle der Vergänglichkeit unterliegen.
Was man Selbst oder Ich nennt, ist keine unabhängige Einheit, sondern vom Gesetz der Kausalität (Karma) und von in wechselseitiger
Abhängigkeit entstehenden Dingen (Pratītya Samutpāda) abhängig.[12] Während Individualität auf einer relativen Ebene anerkannt
wird, wird die Vorstellung einer ewigen Seele (Ātman) abgelehnt.

Der Buddhismus hat sich in Gesellschaften entwickelt, die vom
brahmanischen Wertesystem (Südasien), oder vom konfuzianischen
(Ostasien) geprägt wurden. Beide sind nach hierarchischen Modellen
aufgebaut. Das Individuum ist in seinen Rechten und Pflichten der
Gruppe, die nach verschiedenen kulturelle Mustern definiert wird,
unterworfen. Obwohl der Buddhismus mit seinen monastischen Institutionen eine Alternative zu den traditionell vorgeschriebenen Rollen in der gesellschaftlichen Hierarchie bot, hat die Lehre des Nicht-
Selbst das Aufkommen eines individualistischen Bewusstseins, wie
es sich in der Aufklärung im Westen entwickelt hat, verhindert. Auf
Grund westlicher Einflüsse und Veränderungen durch Modernisierung, Urbanisierung und Globalisierung, ändern sich Gesellschaften
und ihre Verhaltensmuster dramatisch, auch wenn man die traditionellen Werte immer noch idealisiert. Das führt zu Spannungen, die
sich in den verschiedenen buddhistischen Ländern unterschiedlich
zeigen. Während der Kommunismus in Südostasien, mit Ausnahme
von Thailand, die meisten buddhistischen Institutionen zerstört hat,
ist doch der Lebensstil der Menschen größtenteils traditionell geblieben. Das bedeutet, dass Erziehung eine Unterordnung unter Familie
und Gemeinde betont über die Bildung einer kritischen, selbstbe-

---

12 Zur Erklärung von grundlegenden buddhistischen Begriffen wie Nicht-
Selbst oder abhängiges Entstehen siehe Habito, *op.cit*, S. 47-55.

wussten Haltung stellt. Dem entsprechend folgt auch der postkommunistische Wiederaufbau der buddhistischen Institutionen weitgehend den traditionellen monastischen Mustern, worin die Laiengemeinschaft die Mönche und Nonnen unterhält, um dadurch Segen für verstorbene Familienmitglieder und Hilfe für das jetzige und zukünftige Leben zu erhalten. Zum Beispiel ist in Kambodscha die buddhistische Erneuerung von Dorfbewohnern vorangetrieben worden, die als erste Tempel wiederaufbauten und ihre Söhne ordinierten, um die Khmer buddhistische Lebensart wiederherzustellen.

Die Führungsrolle der Mönche oder höherer Amtsträger ist beim Sangha traditionell widerspruchslos akzeptiert worden, obwohl er ursprünglich auf gewissen demokratischen Strukturen aufgebaut war, deren Grenzen der Vinaya festlegte. Auf jeden Fall sind die Mönche in der buddhistischen Gesellschaft eine Quelle der Autorität, eine Zuflucht für Trauernde und ein hehres Beispiel für die Laien. In Theravada Ländern haben die Mönche einen hohen Status, den sie zum Guten oder auch Schlechten einsetzen können. In Sri Lanka haben sich Teile des Sangha stark in politische Agitation verwickelt und das emotionale Klima gegen die Tamilen erhitzt, wogegen andere Teile des Sangha Friedensbewegungen und soziale Reformen unterstützt haben wie z.B. diejenigen, die von der Sarvodaya Bewegung angeregt wurden. Hierbei handelt es sich um eine soziale Aktion, die gandhische Werte in eine wirtschaftliche Basisentwicklung integriert, die sich an den Bedürfnissen von Sri Lanka orientiert.

3.2.1 Thailand

Thailand erfährt durch Einflüsse des Westens und eine moderne industrielle und finanzielle Kultur eine Veränderung. Der traditionell den Mönchen entgegengebrachte Respekt wurde in den letzten Jahren durch eine Anzahl von Problemen ausgehöhlt. Falsche Mönche betrügen die Leute um Geld, Lebensmittel und andere Spenden; echte Mönche wurden im Zusammenhang mit Drogenhandel, Prostitution und Unterschlagung gefasst. Wenn auch die abtrünnigen Mönche nur eine kleine Minderheit darstellen, war doch der Schaden für den Glauben so schwerwiegend, dass der oberste Patriarch die Regierung um Hilfe in der Krise anrufen musste.[13] Laut Sulak Sivaraksa hat sich diese Krise schon lange angebahnt; ihre Wurzeln liegen im aufkommenden Materialismus und der staatlichen Kontrolle der Religion. Dadurch, dass die Regierung die Mönche dazu veranlasste, die neue Konsumkultur der achtziger Jahre zu unterstützen, erfüllen nun einige Mönche die historisch Weissagung der Krise, indem sie sich zu sehr in die Gesellschaft verwickeln und dadurch den Einflüssen der materialistischen Kultur aussetzen. Konvertiten zum Christentum haben dieses an die Öffentlichkeit gebrachte, unmoralische Verhalten der Mönche als einen der Gründe für ihre Konversion angegeben.[14] Dazu kommt, dass viele junge Menschen das Gefühl haben, dass in christlichen Gemeinden mehr auf ihre Bedürfnisse eingegangen wird als in buddhistischen.

Der Einzelne bekommt mehr Bedeutung und muss Entscheidungen treffen, häufig auch im Bezug auf Religion. Wählen zu müssen schafft Spannung, was nicht unbedingt schlecht ist, da es dazu führen kann, mehr Verantwortung für sein Leben zu übernehmen, anstatt den Erwartungen von Familie und Gemeinde zu folgen. In Thailand, wie auch in anderen buddhistischen Ländern, befindet sich die traditionelle Rolle der Laien in einem Prozess der Veränderung, weil Menschen, die sich nicht länger mit der passiven Funktion des Spenders für die Institution zufrieden geben, mehr verlangen als bloße Beteiligung an Ritualen und Empfangen von Segnungen. Daher öffnen sich die Klöster vermehrt für Laien und bieten Unterricht und Meditationskurse an, besonders weil der Brauch, dass ein junger Mann oder eine junge Frau vor der Eheschließung einen Monat im Kloster verbringen, immer weniger eingehalten wird. Das bedeutet jedoch nicht unbedingt, dass die Teilnehmer an solchen Kursen eine tiefere Spiritualität entwickeln als jene, die ihr Leben mehr nach den traditionellen Form der Frömmigkeit führen. Phra Paisan Vaisa-

---

13 Robert Horn, "Buddha Boys," *Time Magazine*, Asia, May 6, 2002 (im Internet).

14 Herb Swanson, "The Wiang Pa Pao consultation on Evangelism in the Northern Thai context," S. 17 (im Internet).

lo, ein gesellschaftlich engagierter Mönch, warnt vor „spirituellem Materialismus und Sakramentenkonsum" und stellt fest, dass heute die Unterschiede zwischen religiösem Glauben und Konsumismus immer dünner werden. Nicht mehr die Kontinuität der religiösen Praxis ist das Maß des Glaubens, sondern die Anzahl der Devotionalien, die die Leute kaufen. Außerdem neigen die Leute dazu, von der Teilnahme an einem dreitägigen Rückzug im Kloster, wofür sie bezahlen, eine schnelle Wirkung und sofortige Erleuchtung zu erwarten.[15]

Eine der am schnellsten wachsenden buddhistischen Laienbewegungen in Thailand, die Dhammakaya Bewegung, die in ihrem neuen Zentrum Pathum Tani in der Nähe von Bangkok, und in anderen Zentren im ganzen Land Gottesdienste hält und einer großen Zahl von Laien Rückzug und Besinnungsmöglichkeit bietet, ist auch als „religiöser Konsumismus" charakterisiert worden. Kritiker vertreten den Standpunkt, dass sie von wirtschaftlichen und herrschenden Eliten kontrolliert wird, dass sie sich überaggressiver Anwerbemethoden und eines kommerziellen Umgangs mit der Glaubensverbreitung, um so ihr Riesenvermögen noch zu vergrößern, bedient; und dass sie sich kaum, wenn überhaupt, den steigenden gesellschaftlichen und wirtschaftlichen Problemen Thailands zuwendet. Ein weiterer Kritikpunkt ist, dass sie die buddhistische Lehre übersimplifiziert.[16]

Gleichzeitig sind sowohl in Thailand, wie auch in Japan die Themen des Weltfriedens und der Umwelt Anlass zur Praxis des buddhistischen Mitgefühls geworden und haben Bewegungen mit dem Ziel der sozialen Veränderung, der Anwaltschaft für die Unterdrückten, etc. ins Leben gerufen. In Thailand gelten reformfreudige und gesellschaftlich engagierte Mönche einigen als Vorbilder und arbeiten mit Bürgergruppen für eine sozial gerechtere und umweltsfreundlichere Entwicklungspolitik zusammen. In diesem Zusammenhang führen sie zum Beispiel Kampagnen gegen AIDS oder für Wiederaufforstungs-

15 Phra Paisan Visalo, „Spiritueller Materialismus und die Sakramente des Konsumismus," Publikation durch die Buddha-Netz Info (im Internet).

16 Donald K. Swearer, *The Buddhist World in Southeast Asia* (Albany: State University of New York Press, 1995), S.114, 115.

programme. Dieses Engagement im sozialen und Umweltbereich ist dem Buddhismus neu und könnte einen Ansatzpunkt für die Erneuerung der Tradition bieten. So hat Buddhadasa Bhikkhu (1906-1993) den Buddhismus als eine Lehre dargestellt, die sowohl persönliche, als auch gesellschaftliche Transformation beinhaltet. Demnach bedeutet die Ausübung des Buddhismus nicht nur die persönliche Reinigung von egozentrischen Verblendungen, sondern auch soziales Engagement, das danach strebt, die Strukturen des Bösen und des gesellschaftlichen Egos abzubauen. Sulak Sivaraksa, als Laie Anhänger von Buddhadasa und Gründer des Internationalen Netzwerks engagierter Buddhisten, hat in Thailand zahlreiche Mönche und Laien inspiriert, an Gemeindeprojekten zur Verbesserung im sozial-wirtschaftlichen Bereich und Heilung der Umwelt teilzunehmen. Das Netzwerk verbindet gesellschaftlichen Wandel anstrebende, buddhistische Aktivisten in verschiedenen Teilen der Welt, und sein Schwerpunkt im sozialen Engagement macht den Buddhismus für viele Leute attraktiver, insbesondere, da dieses Vorgehen den Einzelnen auf sinnvolle Weise in eine auf Gemeinschaft ausgerichtete Praxis integriert. Es ist auch ein Gegenmittel gegen die Fallgrube des ungesunden Individualismus bei jungen Menschen, der buddhistischen Leitern große Sorge bereitet, nämlich ein Lebensstil, der auf durch suggestives Marketing und Popkultur hervorgerufenen, materialistischen Motivationen, beruht und nicht auf reifen Entscheidungen.

2.2.2 Japan

In Japan haben die klassischen buddhistischen Institutionen und ihre Leiter seit dem Ende des neunzehnten Jahrhunderts zunehmend an Ansehen bei der Bevölkerung verloren, obwohl sie den rituellen Bedürfnissen der Menschen gedient haben. In den traditionellen japanischen Schulen des Buddhismus - Zen, Shingon und Reines-Land - ist der gläubige Laie in erster Linie ein Spender, der die Institution unterstützt, indem er zu Gedächtnisfeiern und anderen Gottesdiensten beiträgt. Zu diesem Zweck kauft er sehr teure Grabstätten und die mit einem Begräbnis verbundenen Gottesdienste, stiftet posthume Namen, etc. Dieses System geriet mit der Verfolgung des Buddhismus während der Meiji-Zeit unter Beschuss, da diese Bewegung das Vertrauen auf das Vermögen der Mönche, Verdienste auf verstorbene Vorfahren zu übertragen, weitgehend aushöhlte. Als Reaktion hierauf entstanden neue religiöse Bewegungen, worin alle rituellen Funktionen von Laienleitern ausgeführt werden konnten. Diese modernen buddhistischen Laienbewegungen (Risshō Kōsei Kai, Soka Gakkai, und Reiyūkai) fassen sowohl in Japan, wie auch im Ausland, immer mehr Fuß. Die Soka Gakkai ist zum Beispiel inzwischen in 183 Ländern repräsentiert. Mit der Erosion der religiösen Autorität der Priester und Mönche haben die Laienorganisationen die spirituelle Rolle des Einzelnen in einem kollektiven Vorstoß neu definiert. Man sieht den Einzelnen voll ermächtigt, alle religiösen Funktionen zu vollziehen, einschließlich der Übertragung von Verdiensten auf verstorbene Vorfahren, Bestattungen und Gedächtnisriten. Anders als die traditionellen Institutionen, kümmern sich die Laienorganisationen um alle Belange des Lebens eines Einzelnen, einschließlich psychologischer, spiritueller, ehelicher und finanzieller Beratung. Alle Mitglieder sind angehalten, neue Mitglieder zu werben. Leitende Positionen werden oft von Frauen eingenommen. Ein weiterer Punkt der Anziehungskraft solcher Gruppen liegt in der Art, wie sie Gemeinde bilden, durch zwischenmenschliche Kommunikation und Versammlungen in so genannten Dharma-Kreisen (hōza), wo die Menschen regelmäßig zusammenkommen. In diesen Gruppenberatungstreffen teilen die Leute ihre Erfahrungen und Lebensprobleme miteinander und tauschen Erkenntnisse aus, wie die Lehre des Lotus Sūtra Licht in diese Situationen bringen kann. Diese persönlichen Akte des Zeugnisses helfen, den Gruppenzusammenhalt und die Zugehörigkeit der Mitglieder zu fördern. Da diese Laienbewegungen auf der Lehre des Nichiren, einem Reformer des dreizehnten Jahrhunderts basieren, ist ihr Studium der buddhistischen Doktrin hauptsächlich auf das Lotus-Sūtra gerichtet, und ihre Praxis beschränkt sich hauptsächlich auf das wiederholte Singen des Texttitels. Obwohl traditionellere Institutionen, wie Zen Tempel, sich, manchmal zögerlich, den Laien geöffnet haben, sind es doch vorwiegend die Laienorganisationen, die Raum bieten, moderne Interessen und Werte in die buddhistischen Ideale aufzunehmen.

Obwohl die Laienorganisationen durch den individualistischen Einsatz der Gründer, die die existierenden Institutionen kritisierten und Erneuerung suchten, geschaffen wurden, lassen diese Organisationen selbst wenig Freiraum für individualistische Entscheidungen, auch wenn sie sich um die Bedürfnisse der Einzelnen kümmern. Darin spiegeln sie die asiatische Kultur, der die Harmonie und der Zusammenhalt der Gruppe mehr gilt, als die individuelle Freiheit. Die neuen Religionen, mit ihren verwobenen Führungsstrukturen, fordern ein hohes Maß an Einbindung und Unterordnung in der Gruppe. Für Reiyūkai und Risshō-kōsei-kai ist es wohl weniger zutreffend, aber es gab Vorwürfe früherer Mitglieder der japanischen Soka Gakkai Assoziation (die sich von Soka Gakkai International unterscheidet), dass die Organisation extremen Druck ausübt, wenn ein Mitglied sie verlassen will.[17] In Japan haben die politischen Verbindungen der Soka Gakkai auch Zweifel an den Absichten der Führungskräfte aufkommen lassen.

Während die umfassende Struktur der Organisationen viele anzieht, die an der Isolation und Entfremdung, die Teil der modernen japanischen Gesellschaft sind, leiden, so lassen sie auch viele junge Menschen draußen, die, weil sie schon soviel Gleichschaltungszwänge erlebt haben, jede Form von Gruppenzwang ablehnen, sei es zuhause, in der Schule, am Arbeitsplatz oder in einer religiösen Einrichtung. Für diese jungen Menschen ist der Individualismus Ausdruck der Verweigerung, die hohen Erwartungen, die Familie und Gesellschaft an sie stellen, zu erfüllen, wodurch sie immer tiefer in die persönliche, gesellschaftliche und religiöse Entfremdung geraten.

2.2.3 China - Taiwan

Die Krise des institutionellen chinesischen Buddhismus wurde zu Beginn des zwanzigsten Jahrhunderts von dem Reformer T'ai-hsu[18] angesprochen, der seine Reformbewegung „Weltlicher Buddhismus"

---

17 Der Webseite "The Victims of the Soka Gakkai Association" zufolge.

18 M. v. Brück/Whalen Lai, *Christianity and Buddhism* (New York: Maryknoll, Orbis 2001), S. 84 ff.

in den dreissiger Jahren begann. Diese Reform hat die Entwicklung des Buddhismus in Taiwan, wo Mönche und Nonnen aus dem Kloster in die Welt gehen und zusammen mit Laien sich sichtbar für soziale Dinge engagieren, entscheidend geprägt. Gruppen, wie z.b. die wohlbekannte Tzu-chi (Mitleidhilfe) Stiftung, die von der buddhistischen Nonne Cheng-yen gegründet wurde, stützen sich auf eine straff organisierte Form der freiwilligen Gemeindearbeit, um ihre wohltätigen Ziele zu erreichen. Das Rückgrat von Tzu-chi und anderen wohltätigen buddhistischen Organisationen bilden Hausfrauen, die eine neue Mission entdeckt haben, in der sie sich, über die Grenzen ihrer traditionell beschriebenen Rolle als Frau und Mutter hinaus, gesellschaftlich engagieren. Die Entscheidung dieser Frauen, sich, auf Kosten mancher Hausarbeit, karitativen Stiftungen anzuschließen, mag erwartungsgemäß von Familie und Schwiegereltern als individualistisch kritisiert werden, aber es ist Tatsache, dass diese Organisationen den Einzelnen neue Formen der Unterstützung und Erfüllung bieten, indem sie sie in eine Gruppe integrieren. Das gleiche gilt für Frauen, die sich, oft gegen heftige Widerstände aus der Familie, für ein religiöses Leben entscheiden, weil in der konfuzianischen Kultur die individualistische Entscheidung, sich nicht fortzupflanzen, als nicht „tochtergemäß" verurteilt wird. Trotzdem weist der buddhistische Sangha Taiwans den höchsten Prozentsatz von Nonnen mit Hochschulbildung auf, die ihre Entscheidung häufig damit begründen, der Gesellschaft und nicht nur der Familie dienen zu wollen.

Innerhalb des Mahayana Buddhismus sind die Gruppen mit der umfassendsten Führungsstruktur, wie auch der Mitgliederbeteiligung, die modernen Laienbewegungen. Während, im Fall Japans, die Organisationen völlig unabhängig von irgendwelchen buddhistischen kirchlichen Organisationen sind, sieht es in Taiwan anders aus. Hier tragen die Unterstützungsorganisationen von Laien häufig den Namen des „Berges", d.h. des Hauptsitzes der monastischen Organisation, der sie angeschlossen sind. Zwei Beispiele dafür sind Fokuang shan und Ling-jiou shan. Bei diesen Organisationen werden neue Mitglieder in Zusammenarbeit von Laien und Mönchen angeworben. In den Laienorganisationen haben oft Frauen Führungspo-

sitionen inne, die dort wesentlich leichter zu erreichen sind, als in
den traditionellen monastischen Institutionen. Das mag wohl einer
der Hauptgründe für die Popularität und das Wachstum dieser Gruppen sein.

Aber trotz der Existenz solcher Gruppen bleiben viele junge
Menschen, die traditionell einem buddhistischen Haushalt angehö-
ren, keiner Organisation angeschlossen und gehen in die Isolation.
Aus historischer Sicht wurden die Wurzeln der modernen Laienbewegungen in Stresszeiten für religiöse Institutionen gelegt, in Japan während der politischen Unruhen, die am Ende des neunzehnten Jahrhunderts auf das gewaltsame Öffnen des Landes folgten,
in China während der Unruhen des frühen zwanzigsten Jahrhunderts, in Taiwan während der Periode der japanischen Besatzung
und der daraus folgenden Spannung mit dem Festland, und dem
Kriegsrecht nach dem Einzug der Kuomintang auf der Insel im Jahre 1949. Heute stellt sich die Situation anders dar, und ebenso auch
die Herausforderungen. Wie in diesem Abschnitt beschrieben, ändert sich die Beziehung des Individuums zur Gemeinschaft und zur
religiösen Leitung mit anderen Veränderungen in der Gesellschaft.
Man benennt gern den Individualismus als Antwort auf die Frage,
was Religion heutzutage zu schaffen macht, aber die Frage, was Individualismus in den verschiedenen kulturellen Zusammenhängen
wirklich bedeutet, muss weiter aktuell bleiben. Ein Gespür für dieses Thema wird helfen, Möglichkeiten für die Bewältigung der Krise
zu eröffnen, in dem man sie als Chance wahrnimmt.

2.2.4 Der Westen

Die Lage des Buddhismus im Westen stellt sich ganz anders dar als
das oben Beschriebene, weil die historische Situation eine andere ist. Auch wenn der Buddhismus durch asiatische Einwanderer
schon im neunzehnten Jahrhundert importiert wurde, war er vor
den sechziger Jahren, als japanische und tibetanische Meister ihre
Zentren für vornehmlich westliche Studenten einrichteten, bei der
westlichen Bevölkerung nicht wirklich populär. Jetzt ist der Buddhismus, sowohl in Amerika, als auch in Europa, gut etabliert, und

zwar bei Immigranten aus Asien ebenso wie bei der westlichen Bevölkerung. Während die Mehrheit der asiatischen Einwanderer eine eher traditionelle Form des Buddhismus (regelmäßige Besuche im Tempel und die Einhaltung buddhistischer Feste und Rituale) praktiziert, ist die jüngere Generation von einem Verlust der überkommenen Familientraditionen und der Muttersprache betroffen. Das hat Gefühle der Entfremdung zwischen Generationen und Kulturen und auch den Verlust des Gefühls einer religiösen Zugehörigkeit zur Folge. Eine große Herausforderung, die der Buddhismus mit anderen Religionen teilt, ist die Tatsache, dass die Familie, früher das Rückgrat in der Weitergabe der Tradition, diese Aufgabe nicht länger erfüllt.

Einige westliche Buddhisten sind dabei, eine westliche Form des Buddhismus zu schaffen. Statt in Tempeln zu beten, bevorzugen die Westler ihre Zentren. Die Beziehung zwischen Mönchtum und Laien, zwischen Lehrer und Schüler, die Rolle der Frauen, das Wesen der Autorität und des kulturellen Ausdrucks des Individualismus im Westen bleiben hierbei nach wie vor offene Fragen. Zum Beispiel, während die Lehre des Nicht-Selbst (Anâtman), die in der Geschichte des indischen Denkens viel diskutiert wurde,[19] im Bezug auf die ostasiatische Tradition kaum ein Problem darstellt, ist das im Westen, wo man so viel kulturellen Wert auf die individuelle „Traumerfüllung" und „Selbstverwirklichung" legt, ganz anders. Ein möglicher Zugang zur Lösung dieses Widerspruchs und Verdeutlichung des Sinns von Nicht-Selbst ist, es nicht als ontologische Aussage zu interpretieren, sondern als eine an Werten orientierte Anleitung zur Lebensführung. In dieser Hinsicht ist der Begriff eher „Selbstlosigkeit," als Nicht-Selbst. Diese Interpretation mag ansprechend sein, aber das Bewusstsein bleibt, dass sich die Lehre Buddhas nicht auf eine vereinfachte moralistische Botschaft reduzieren lässt.[20]

Es hat den Anschein, dass es dem Buddhismus besonders im Westen gelingt, der Sehnsucht nach Spiritualität besser als jede an-

---

19 Steven Collins, *Selfless Persons: Imagery and Thought in* Theravāda *Buddhism* (Cambridge: Cambridge University Press, 1982).

20 Siehe die Diskussion in Habito, *op.cit*, S. 47-51.

dere der etablierten Religionen entgegenzukommen, da er sich als
spirituelle Quelle darstellen kann, die nicht an eine bestimmte Institution, Gemeinde, Dogma oder Ritual gebunden ist. Daher zieht
er viele Leute an, die sich von ihren christlichen oder jüdischen
religiösen Institutionen entfremdet haben. Buddhistische Symbole
werden benutzt, um alle möglichen Dinge, von Kosmetik bis Gärt-
nerbedarf, Nahrungsmittel, Innenausstattung, und Finanzplanung
zu vermarkten. Buddhistisches Gedankengut taucht in New Age Religionen, Medizin, Psychologie, Sport und im Geschäft auf. Während viele Buddhisten im Westen ihren Glauben und dessen Ausübung sehr ernst nehmen, hat die große Anziehungskraft und das
positive Image doch seine Fallen. Carl Bielefeld beschreibt die Situation des Buddhismus in den USA folgendermaßen: „Wir haben
es anscheinend nicht mit einer Religion zu tun, sondern mit etwas,
das man als „amerikanische Säkularspiritualität" bezeichnen könnte - eine Sehnsucht bei vielen (besonders Weiße der Mittel- und
Oberschicht), die noch immer nicht zufrieden sind mit dem, was
sie haben und noch mehr wollen; die alles haben, was sie essen
können, aber immer weiter auf der Suche sind nach dem ganz ex-
quisiten Geschmack, eine Prise Psycho-Gewürz der Selbstannah-
me, oder vielleicht ein Quäntchen seltenes „inneres Kräutchen" der
schuldfreien Selbstzufriedenheit. Diese Sehnsucht nach etwas mehr
scheint in unserer Gesellschaft, obwohl es in den meisten Gesellschaften häufig mit Religion assoziiert ist, mit einem Misstrauen
der Religion gegenüber einherzugehen. Wir wollen mehr als nur
eine institutionalisierte Religion, etwas, das persönlicher, privater,
enger auf „mich" und wie ich mich sehe, fokussiert – was man
als „Ich-Götzendienst" (I-dolatry) bezeichnen könnte."[21] An dieser
„frei fließenden Spiritualität" ist sicherlich etwas Kreatives, aber
das Problem stellt sich, dass ein verlässlicher, auf erwiesener Erfahrung und Autorität gestützter Weg nicht länger sichtbar wird.
Anstatt das Ich zu überwinden, dienen die pseudo-buddhistischen
Lehren häufig dazu, das Ich in seiner gierigen Suche nach Selbst-

---

21 „Tensions in American Buddhism," in *Religion and Ethics Newsweekly*
(July 6, 2001), S. 2 (im Internet)

erweiterung aufzuwerten, was im Widerspruch zu „Nicht- Selbst" oder „Selbstlosigkeit" steht. Das wirft hier die Frage auf, ob diese Tendenz in die Falle der Dharma-Verwässerung geht – so wie diese als einer der Hauptgründe für den Niedergang erkannt wurde.

Die Kommerzialisierung des Buddhismus in der Pop-Kultur bereitet den Buddhisten in Amerika Sorge, auch wenn sie in dieser Sache keine einheitliche Meinung vertreten. Einige meinen, eine Vermarktung religiöser Objekte und Mittel für Massenkonsum verwässere wichtige Aspekte der Lehre, da sie den Eindruck zulässt, dass man Spiritualität kaufen kann, statt sie zu kultivieren, und andere denken, dass viele Menschen gerade durch die ästhetischen Angebote, wie Amulette, Statuen, Meditationskissen, Mandalas, Kalligraphie, Musik, Weihrauch, etc. zum Buddhismus hingezogen werden. Aus dieser Sicht kann man solche Dinge als „geschickte Mittel" betrachten, um Menschen für die Lehre zu interessieren.[22]

Das positive Image, das der Buddhismus auch besonders in den westlichen Medien hat, macht seinen Reiz noch größer. Er wird als friedvoll, mitfühlend und nicht korrupt gesehen. In internationalen Nachrichten wird der Buddhismus so gut wie nie für die Probleme in asiatischen Gesellschaften verantwortlich gemacht. Man stellt zum Beispiel keine Verbindung zwischen dem staatlichen Buddhismus und der Politik in Burma her, stattdessen wird die Heldenhaftigkeit der Nobelpreisträgerin Aung San Suu Kyi hervorgehoben, als Beispiel einer mutigen Frau, die in ihrem buddhistischen Glauben eine Kraftquelle und Unterstützung findet, um sich dem Militärregime zu widersetzen. Auch werden Buddhisten von Sri Lanka in ihrem brutalen Kampf gegen die hinduistischen Tamilen sogut wie nie bezichtigt. Auch wird die traditionelle buddhistische Haltung gegenüber Frauen nie als Faktor in Menschenhandel und Prostitution armer asiatischer Mädchen und Frauen herausgestellt.

Im amerikanischen, westlichen Zusammenhang kreisen die Fragen bezüglich Autorität hauptsächlich um die Schüler-Lehrer Beziehung. In der Zen-Tradition sieht man den Lehrer, dem die Übertra-

---

22 Sumi Loundon, ed. *Blue Jean Buddha, Voices of Young Buddhists* (Somerville, MA: Wisdom Publications, 2001), S. 208-9.

gung obliegt, als ein erleuchtetes Wesen, das seine Bestimmung erreicht hat und in der direkten Sukzession des historischen Buddhas steht. Somit wird das Verhalten des Lehrers üblicherweise nicht hinterfragt. Diese unkritische Akzeptanz wurde der Prüfung unterzogen, nachdem einige amerikanische buddhistische Zentren mit Finanz- und Sexskandalen zu kämpfen hatten.[23] Die angemessene Schüler-Lehrer Beziehung und die Möglichkeiten, sie zu schützen, sind Themen, die immer wieder auf den Jahreskonferenzen der American Association der Zen-Lehrer diskutiert werden. Eine gewisse Ambivalenz entsteht durch die Tatsache, dass einerseits das Verständnis religiöser Autorität im westlichen Buddhismus stark von demokratischen Prinzipien und Werten beeinflusst ist, andererseits strengere Formen der Autorität aus den traditionellen asiatischen Formen der Zen-Praxis übernommen und auf westlichen Boden verpflanzt werden. Diese Ambivalenz trägt zu den Spannungen und Problemen, die in einigen Gruppen existieren, bei.

Die verschiedene Geschichte des Buddhismus im Osten und im Westen, und besonders die Unterschiede im Verständnis der Individualität in einem asiatischen, hierarchischen, familien- und gemeinschaftsorientierten Zusammenhang verglichen mit dem völlig anderen, westlichen Verständnis sind für die Unterschiede in buddhistischen Institutionen und Praktiken verantwortlich. Der Individualismus hat auch asiatische Gesellschaften erreicht und stört die etablierten Institutionen des Gemeinschaftslebens, wie Familie und Sangha (unten mehr dazu). Trotzdem kann individuelle Eigenverantwortung und die Notwendigkeit, in einer pluralistischen Situation Entscheidungen zu treffen, ein Ausgangspunkt für eine verantwortungsvollere Ausübung des Buddhismus sein, sowohl in asiatischen Gesellschaften als auch im Westen.

23 Siehe zum Beispiel Michael Downing, *Shoes Outside the Door: Desire, Devotion and Excess at San Francisco Zen-Center* (Washington: Counterpoint Publications, 2001).

2.3 Jugend und Bildung

Die Jugend ist der Abschnitt im menschlichen Leben, der in zweifacher Hinsicht, nämlich im Bezug auf Gefahren und auch Chancen, kritisch ist, da überwiegend in dieser Zeit das Potential für entweder positive oder negative Beiträge zur Gesellschaft angelegt wird. Die heutigen Jugendlichen sind die Gesellschaftsgestalter von morgen, und daher ist ihre Bildung für weltliche und auch religiöse Autoritäten ein wichtiges Anliegen. Jedoch sind die Herausforderungen, denen sich die Lehrer des einundzwanzigsten Jahrhunderts gegenüber sehen, aufgrund der explosiven Entwicklung des Wissens und der Technologie und der Auswirkungen der Globalisierungskräfte auf Kulturen und Gesellschaften riesig und so nie vorher da gewesen. Unsere heutige Welt ist ein lebendes Paradox, wo sowohl immenser Reichtum als auch bitterste Armut, Meilensteine des medizinischen Fortschritts und unnötiges Sterben an leicht zu heilenden Krankheiten, Waffenhandel in Milliarden Dollar Höhe und Millionen verhungernder Kinder, Informationsexplosion in Technologie und Analphabetentum Hand in Hand gehen. Diese Gegensätze führen zu Gefühlen von Unsicherheit, Ohnmacht und Apathie bei der Jugend, die sie für die Reize des Materialismus und des Konsumismus, welche sich auf trügerische Weise als individualistische Entscheidungen und Lebensstil darstellen, anfälliger macht. Bikku Sughananda, Assistenzsekretär des Höchsten Patriarchen Thailands, bringt die Ansichten anderer buddhistischer Führer zum Ausdruck, wenn er schreibt: „Im Anbruch des neuen Millenniums kann man von einer zunehmenden Apathie bei der Jugend und einem Teil der Vierfachen Ordnung (bestehend aus Mönchen, Nonnen, männlichen und weiblichen Laien) hören. Sie laufen den Religionen weg und wenden sich dem Materialismus zu, einer Kultur des Konsumismus, nicht der Spiritualität. Immer wieder hört man, dass Jugendliche sich beklagen, Klosterbesuche aus religiösen Gründen seien altmodisch und das Ganze eine Kultur für alte Leute."[24]

---

24 "Lumbini in the New Millenium: Youth in Buddhism" (Vortrag für the International Buddhist Conference at Lumbini, Nepal, February 1-2, 2001), S. 8 (im Internet).

Diese Feststellung würde auch bei anderen kirchlichen Führern Anklang finden, besonders in Europa, wo die Unbeliebtheit der etablierten Institutionen im Zusammenhang mit der Verweltlichung gesehen wird. Aber mit Weltlichkeit und Verweltlichung können unter verschiedenen Umständen verschiedene Dinge gemeint sein. Vom Buddhismus beeinflusste Kulturen in Asien haben keinen Prozess durchgemacht, der mit der westlichen Säkularisation nach dem achtzehnten Jahrhundert vergleichbar wäre. Die meisten von ihnen wurden durch verschiedene Formen des Kolonialismus verweltlicht, der die Machtstrukturen veränderte oder zerstörte, die Bildungseinrichtungen veränderte und damit auch den Prozess der Tradition. Heute hat es den Anschein, dass Globalisierung eine neue Form des Kolonialismus ist, insofern, als Wirtschaftsfaktoren das ganze Leben bestimmen. Und wirtschaftliche Entscheidungen werden immer weniger von kulturell/religiösen Werten und/oder politischen Interessen beeinflusst, zu Gunsten der anonymen Finanzmärkte. Obwohl die Kräfte der Globalisierung überall gegenwärtig sind, ist der asiatische Buddhismus besonders betroffen von der „Kapitalisierung" und Verwestlichung der Gesellschaft und ihrer Werte. Dies beeinflusst die Beziehung von Individuum und Gemeinschaft in ähnlicher Weise, wie das in Europa und den USA des 19. Jahrhunderts der Fall war.

Technologie beeinflusst alle. Während man in Europa die Errungenschaften der Technologie kritisch betrachtet, ist in Asien und Teilen Amerikas der Mythos des Fortschritts noch vorherrschend. Der Buddhismus wendet seine Analyse von Egoismus, Gier und Hass (den drei fundamentalen Kleśas) kaum auf die Probleme des Konsumismus in modernen Gesellschaften an. Die meisten buddhistischen Institutionen, mit Ausnahme von Sulak Sivaraksa und den Mitgliedern des International Network of Engaged Buddhism, nehmen davon Abstand, dieses Thema gründlich zu diskutieren oder gar ihre Stimme zu erheben, vermutlich aufgrund des Gedankens der Nicht-Einmischung in politische und wirtschaftliche Belange. Aber das Aufkommen einer materialistischen Weltsicht und des Konsumismus ist einer der verhängnisvollsten Faktoren, der den Buddhismus bedroht, weil es Menschen dazu zwingt, zwei sich wechselseitig widersprechende Prinzipien auszubalancieren, nämlich, auf der einen Seite, die spirituellen Prinzipien der Selbstlosigkeit, wie begründet in der buddhistischen Lehre, und, auf der anderen, die Prinzipien des weltlichen Materialismus, die den weltlichen Erfolg als Ideal des selbstverwirklichten Individuums hochhalten. Nach Bikku Sughananda trägt diese Situation „den Samen eines äußerst destruktiven Potentials in sich." „Wenn" so schreibt er, „dieser Widerspruch der nächsten Generation, der heutigen Jugend, aufgedrückt wird, dann tritt die den zwei Perspektiven innewohnende Inkompatibilität zutage, als scharf abgegrenzte Wahl zwischen zwei alternativen Lebensphilosophien - deren eine eine Werteordnung anbietet, die im Spirituellen gipfelt und Zurückhaltung und Verzicht heiligt, wobei die andere Erfüllung und Befriedigung der persönlichen Wünsche als höchstes vorstellbares Ziel sieht. Da letztere starke, tief sitzende menschliche Triebe anspricht, ist es kein Wunder, dass so viele junge Menschen sich von der Führung der buddhistischen Lehre abgewandt haben, um neue Wege zum sofortigen Glück einzuschlagen, wie sie die konsumistische Gesellschaft eröffnet, oder aber, frustriert durch verpasste Chancen, den Weg der Gewalt zu gehen."[25]

Dieser Weg der Gewalt entpuppt sich in vielen Fällen als eine Gewalt, die junge Menschen in Form von Selbstmord gegen sich selbst richten. Selbstmord bei Jugendlichen ist in asiatisch buddhistischen Ländern ein Problem, ganz besonders in Japan, Hongkong und Taiwan, wo die publizierten Selbstmorde von Film- oder Medienstars ganze Wellen von Jugendselbstmord nach sich gezogen haben. Vornehmlich in Japan ist es in unter jugen Menschen in Mode gekommen, sich im Internet zu gemeinschaftlichem Selbstmord zu verabreden. Man muss schon die Frage stellen, wo die Verantwortung der buddhistischen Institutionen liegt, sich mit diesem Aspekt der Krise zu befassen.

Wenn wir uns jedoch wieder der ursprünglichen Frage, nämlich wie die Bildung der Jugend in einer weltlichen, materialistischen Umgebung aussehen soll, zuwenden, dann zeigen sich einige Möglichkeiten, wie die buddhistische Vision das Leben der Jugendlichen

---

25 Ibid, S. 15.

mitgestalten könnte. Der ursprüngliche Impuls des Buddhismus war das offene Streben nach spirituellem Wissen, d.h. den Geist zu üben, um sich von den Fesseln der Verschmutzung (Kleśa) zu befreien. Somit liegt der Schwerpunkt der buddhistischen Lehre auf der Bildung des Geistes, damit er sich seiner eigenen Funktion bewusst wird. Der forschende Geist des frühen Buddhismus wollte nichts als selbstverständlich annehmen, es sei denn, es hatte sich durch Erfahrung oder Vernunft erwiesen. Diese Lehre legt die Verantwortung der Unterscheidung der Wahrheit auf die Einzelperson, nicht auf die Institution. Der Buddhismus wurde jedoch wie auch andere Religionen dogmatisiert, wobei verschiedene Schulen ihr etabliertes Wissen dazu benutzen, ihre Identitätsansprüche zu erfüllen.

Die Jugend des Buddhas könnte der heutigen Jugend ein nachdenkenswertes Modell sein. Seine Suche nach Erkenntnis begann als individuelle Reise. In seinem Palast war er umgeben von materiellen Genüssen und Ablenkungen jener Zeit, ganz wie es die meisten Jugendlichen heute zuhause sind. Das Bild des Palastes muss man nicht wörtlich nehmen. Es kann als Parabel für Selbstzufriedenheit und Selbstbetrug gesehen werden. Die Zeichen der Zeit, die der Buddha auf seiner ersten Reise außerhalb des Palastes sah, Alter, Leid und Tod waren das, was ihn auf der Suche nach Erleuchtung antrieb. Der gleiche Anblick bietet sich der Jugend heute sogar noch deutlicher mit einem Blick in die Zeitung, in die Nachrichten oder mit einem Klick ins Internet. Es war der Anblick eines wandernden Asketen, der dem Buddha die Richtung für seine Suche wies, und auf ähnliche Art könnten junge Menschen heute unschwer Hinweise erkennen, wenn sie ihre Paläste verließen, um zu schauen. Das Problem heute ist, dass junge Menschen in einer virtuellen Welt der ständigen Überstimulation leben. Der Inhalt ihrer Videospiele oder Fernsehshows ist ihnen wirklicher, als die „wirkliche Welt" draußen. Ihre Helden sind oft fiktiv oder Medienstars. Es muss die Frage gestellt werden, ob religiöse Institutionen und religiöse Bildung in der Lage sind, wirkliche „Helden" zu präsentieren, die junge Menschen zu einer spirituellen Reise inspirieren können.

Die Tatsache, dass der Buddha zu verschiedenen Zeiten und an unterschiedlichen Orten Menschen mit verschiedenen Fähigkeiten und Auffassungsgaben unterrichtet hat, hat zu einer großen Vielfalt der buddhistischen Lehren geführt. Manche waren direkt an die Jugend gerichtet und bringen das zum Ausdruck, was Kinder und Jugendliche zu verstehen imstande sind. Der Tradition zufolge war Buddhas Sohn Rahula sieben bis zehn Jahre alt, als er Novize wurde und sein Vater ihn ermahnte, die fundamentalen Grundsätze der Wahrhaftigkeit einzuhalten und Bewusstseinserweiterung zu üben. Das dreifache Training von Moral, der Übung von Geist und Weisheit könnte als ein systematisches Training der Jugend eingesetzt werden, das angepasst an ihr Alter ist.[26]

Ein Modell, das zur Zeit in Deutschland zur religiösen Unterweisung eingesetzt wird, könnte als weiteres Beispiel dienen. Es beruht auf den folgenden drei Stufen:

■ Training der Jugendlichen in Ritual, Lebensstil und Grundsätzen ihrer eigenen religiösen Tradition;
■ Training im Religionsvergleich, um die Ähnlichkeiten und Unterschiede der Traditionen zu erkennen, und somit die Wahrnehmung zu stärken, dass das Leben mehr beinhaltet, als bloßen materiellen Gewinn und Profit.
■ Training in dialogischer Debatte, basierend auf Punkt 1 und 2, um so für sich selbst die beste Lösung zu finden, die dabei jeder Einzelne der Prüfung und Bestätigung im dialogischen Argument unterziehen kann.

Zu diesen könnte der Ansatz kommen, wie er schon bei den Mitgliedern des International Network of Engaged Buddhism und dem Sarvodaya Bewegung praktiziert wird:

■ Training im Bewusstsein sozialer Anliegen, wie Armut, Diskriminierung, Ausbeutung, Umweltzerstörung, etc. und die Anwendung der buddhistischen Lehre auf diese Situationen;
■ Training in der Vernetzung von religiösen und Basisgruppen und Institutionen, die sich in diesen Bereichen engagieren.

---

26 Für weitere Details siehe Bhikkhu Sughananda, S. 5-6.

Es hat den Anschein, dass diese Methode die persönliche Bindung an die eigenen Quellen, die bewusst gemacht und geschätzt werden, stärken könnte, während gleichzeitig eine Anerkennung anderer Traditionen als sinnvolle Weise der Erfüllung und Kooperation gelehrt wird. Basis dieses Trainings ist das Interesse und die Einbeziehung junger Menschen. Daher ist es wichtig, junge Menschen dort anzusprechen, wo sie sind, sich ihrer Lebenssituation und ihrer Probleme bewusst zu werden. Dieser Ansatz wird von einigen buddhistischen Laienorganisationen in Japan, die die Methode von evangelisierenden Bewegungen des koreanischen Christentums adaptiert haben, erfolgreich genutzt. Buddhistische Institutionen könnten von Studien und Handbüchern über Führungstraining für Laien, die sich des Zellgruppen- oder Lebenskreislaufmodells bedienen, profitieren. Eine sehr umfangreiche Studie in dieser Richtung wird von Thitadhammo Bhikku von der chinesischen Young Buddhist Association in Taiwan durchgeführt, mit der Absicht, sie auch anderen buddhistischen Organisationen für ihre Arbeit zur Verfügung zu stellen.

Die Bildungsprogramme des Museums der Weltreligionen in Taiwan haben ein Lehrmodell ins Leben gerufen, das Schulkinder sowohl über die eigene, als auch andere Religionen unterrichtet. Auch dieses Modell könnte breitere Verwendung in anderen Ländern finden. Für den Buddhismus im Westen sollten die Bildungsprogramme der Zentren mehr Studium der Grundlagentexte anbieten, um sich mit der oberflächlichen Adaption des Buddhismus für psychologische Bedürfnisse, wie oben beschrieben, auseinanderzusetzen. Für die Ausbildung buddhistischer Leiter könnten die buddhistischen Zentren, in Zusammenarbeit mit Universitäten, regelmäßige, systematische und anerkannte Studiengänge in buddhistischer Geschichte, Schriften und Meditation anbieten. Dies würde das Wissen und die Kompetenz der Buddhisten in allen Bevölkerungsschichten fördern.

2.4 Frauen und Geschlecht

Die buddhistische Analyse des Geistes und des Weges ihn zu trainieren und Erleuchtung zu erlangen ist nicht abhängig von Geschlecht,

Sprache und Kultur, sondern für jedes menschliche Wesen, das über geistiges Urteilsvermögen verfügt, anwendbar. Die Formen der Weitergabe des Dharma sind jedoch abhängig von den gesellschaftlichen Bedingungen. Der Buddhismus hat sich im Zusammentreffen mit neuen Kulturen stark angepasst. Allein die Übersetzung der Sanskrit und Pali Sprache Indiens ins Chinesische und andere ostasiatischen Sprachen war ein gewaltiger Prozess der Umformung, Anpassung und kulturellen Assimilierung. Wo immer der Buddhismus Wurzeln schlug, musste er die soziale und kulturelle Matrix einer Gesellschaft berücksichtigen, um geeignete Institutionen für die Weitergabe des Dharma zu erstellen. Das hat Unterschiede und Vielfalt geschaffen, die offensichtlich sind, wenn man die unterschiedlichen monastischen Strukturen in Tibet, China oder Japan betrachtete. In der Regel hat sich der Buddhismus in patriarchalischen Kulturen, oder zu mindest in männlich dominierten öffentlichen Räumen entwickelt. Das ändert sich heute.

Mit Ausnahme des heutigen Taiwan spielen Frauen in allen buddhistischen Hierarchien eine untergeordnete Rolle. Obwohl Frauen seit der Gründung eines Nonnenordens durch Buddhas Tante Mahâprajâpatî einen aktiven Anteil an der Gestaltung der buddhistischen Traditionen hatten, übte die männlich dominierte Kultur der Gesellschaften, in denen sich der Buddhismus etablierte, einen starken Einfluss auf die Institution aus. Der Abschnitt im Pali Kanon, der Krise und Niedergang des Buddhismus wegen der Einrichtung eines Nonnenordens vorhersagt, ist aller Wahrscheinlichkeit nach ein Einschub späterer Mönche, zu einer Zeit, als der frühe indische Buddhismus, etwa fünfhundert Jahre nach der Gründung des Buddhismus, mit dem Aufkommen des Mahayana Buddhismus konfrontiert und durch ihn bedroht war.[27] Die Tatsache, dass die direkte Linie der Frauenordination in Sri Lanka im elften Jahrhundert aus-

---

27 Diese Entwicklung analysiert Kajiyama Yūichi in "Women in Buddhism," *Eastern Buddhist*, New Series No.2 (1982), S. 53-70. Siehe auch Rita Gross, *Buddhism after Patriarchy. A Feminist History, Analysis, and Reconstruction of Buddhism* (Albany: State University of N.Y. Press, 1993), S. 33ff.

gestorben ist, hat bis heute ihre Auswirkungen auf die Stellung der Frau in Theravada Ländern. Daher konnten Frauen, weil es bis vor kurzem keine Linie ordinierter Bhikkunis in der Theravada Tradition gab, nur einen quasi-monastischen und quasi-laienhaften Lebensstil führen, ohne die spirituellen Nutzen, den Respekt und die finanzielle Unterstützung, die eine anerkannte monastische Institution bieten könnte. Diese Situation betrifft Frauen im tibetanischen Buddhismus gleichermaßen. Seit Anfang des letzten Jahrhunderts haben angesehene buddhistische Führer und Intellektuelle eine Erneuerung der Frauenorden befürwortet, aber ihre Bemühungen wurden durch die offizielle buddhistische Hierarchie Sri Lankas zunichte gemacht. Jedoch wurden mit Unterstützung der Länder des Mahayana Buddhismus im Jahr 1996 die ersten zehn Frauen aus Sri Lanka in Indien ordiniert. Eine davon ist Bhikkhuni Kusuma, die ein internationales Zentrum gegründet hat, welches Nonnen und weiblichen Laien gleichermaßen offen steht und dessen Schwerpunkte Studium, Praxis und soziales Engagement sind.

Auch in Thailand gab es ähnlichen Widerstand gegen die Frauenordination, weil, anders als in Sri Lanka, es in Thailand noch nie vorher einen buddhistischen Frauenorden gegeben hat. Aus diesem Grund hat sich die buddhistische Hierarchie Thailands geweigert, die volle Ordination von Voramai Kabilsingh (verstorben 2003), die sie 1972 in Taiwan erhielt, anzuerkennen. Ihre Pionierarbeiten zur Wiedereinrichtung eines Frauenordens in Thailand werden von ihrer Tochter, Chatsumarn Kabilsingh weitergeführt. Sie ist eine international bekannte Akademikerin und Aktivistin, die 2003 als die Ehrw. Dhammananda Bhikkuni ordiniert wurde. Über die Zeremonie in Sri Lanka berichteten die internationalen Medien, doch in ihrem Heimatland rief sie Widerspruch hervor.[28]

Buddhistische Frauen im Westen beteiligen sich aktiv an der Unterstützung buddhistischer Frauen in diesen Ländern. Karma Lekshe Tsomo ist die jetzige Vorsitzende der Sâkyadhîta, einer internationalen buddhistischen Frauenorganisation, die 1987 in Indien gegründet wurde. Eines der zahlreichen Ziele dieser Organisation ist es,

---

28 Habito, *op.cit*, S. 100.

bei der Gründung buddhistischer Frauenorden, dort, wo es sie nicht gibt, zu helfen. So war das Sâkhyadhîta Treffen 1993 in Colombo die treibende Kraft, um hier das Anliegen der Bhikkhuni Ordination voranzutreiben.[29] Karma Lekshe Tsomo ist auch Vorsitzende der Yamyang Foundation, die die Ausbildung buddhistischer Frauen unterstützt. Führende Frauen in Asien und im Westen machen auch auf die Erfahrung und die Situation der weiblichen buddhistischen Laien in männlich dominierten asiatischen Gesellschaften aufmerksam. Androzentrische Vorurteile in buddhistischen Texten, die Frauen als Verführerinnen beschreiben und ihnen die Fähigkeit, Erleuchtung zu erlangen absprechen, führen zu vermindertem Selbstwertgefühl, welches sich unter Frauen leicht festsetzt.

In diesem Zusammenhang wird das Problem der unzähligen Prostituierten in Thailand und der Menschenhandel mit buddhistischen Mädchen aus Nepal gesehen. Die buddhistische Leitung in Asien muss sich dringend dieses Problems annehmen. Der Stellenwert der Frau muss sowohl in der Familie als auch in religiösen Institutionen und im öffentlichen Bereich anerkannt werden, um gesündere und, im Bezug auf das Geschlecht, ausgeglichenere Strukturen und Haltungen in der buddhistischen Gesellschaft zu schaffen.

Bei Führern und Gläubigen gibt es in modernen buddhistischen Gesellschaften die Einstellung, dass der Buddhismus nicht in den Mauern der Tempel und Institutionen eingeschlossen sein sollte, sondern sich aktiv in das Ansprechen der Laien und soziale Belange einbringen müsste. Das bedeutet, eine bloße Erneuerung des alten hierarchischen und paternalistischen, monastischen Modells, kann keine Lösung der Krise sein. Vielmehr sollten Mönche wie auch Nonnen, nach dem Vorbild einiger Reformatoren, wie Nichiren, T'ai-hsu, Buddhadasa, Cheng-yen, Kusuma und Dhammananda, ausgebildet werden, um allen Laien die religiösen Traditionen zugänglich zu machen. Ein Problem ist, dass sogar Mönche (und Nonnen) gewöhnlich nicht mehr wissen, was sie selbst in limitierten

---

29 Ranjani de Silva, "Reclaiming the Robe: Reviving the Bhikkhuni Order in Sri Lanka," in Karma Lekshe Tsomo, Hsg.,*Buddhist Women and Social Justice* (Albany: State University of N.Y Press, 2004), S. 134.

(liturgischen) Textbüchern von ihrer jeweiligen Tradition gelernt haben. Sie wissen kaum etwas über andere buddhistische Traditionen und die Geschichte des Buddhismus, und sie haben so gut wie keine Information über andere Religionen oder die philosophischen und gesellschaftlichen Quellen und Mittel der Modernität. Die in traditionellem und modernem Wissen besser ausgebildeten Mönche und Nonnen, wie auch die gebildeten Laien könnten die Führung in der spirituellen und moralischen Erziehung einer Gesellschaft übernehmen. Eine eher „frei schwebende" Spiritualität unter jungen Menschen braucht die kreative Verbindung zu den buddhistischen Institutionen, die immer noch den Zugang zur Tradition wahren. Wenn dieses Problem ungelöst bleibt, wird der Buddhismus kaum mehr nennenswerten Einfluss auf die Jugend erreichen.

Eine weitere, entscheidende, Angelegenheit ist die Herstellung einer ausgeglicheneren Beziehung zwischen Mönchs- und Nonnenorden. Die Regeln, welche die Nonnen den Mönchen unterstellen, müssen im historischen Kontext, der nicht mehr zutrifft, gesehen werden. Wie auch andere klösterliche Regeln, müssen sie schöpferisch neu interpretiert werden. Sowohl Mönche als auch Nonnen müssen im kritischen Lesen der buddhistischen Texte ausgebildet werden. Für das Angehen und die Lösung der Probleme der buddhistischen Gesellschaften Südostasiens wird das Heranziehen der spirituellen und leitenden Kapazitäten von Frauen wie Männern ausschlaggebend sein.

2.5 Integrität und Wandel religiöser Tradition

In seiner tiefen Wirklichkeitsanalyse zeigt der Buddhismus, dass alles Veränderung ist (Anitya). Menschen suchen jedoch an dem festzuhalten, was sie begehren, da sie sich davon Stabilität und unveränderte Sicherheit erwarten, was unmöglich ist. Dieser Spalt wird als Leiden erfahren, oder besser: Frustration (Duhkha). Daher ist die Erkenntnis, dass alles endlich ist, die erste Einsicht der Weisheit.

Veränderung ist deshalb nichts Unerwünschtes, sondern die richtige Beurteilung der Dinge, wie sie sind. Die Frage der Integrität einer religiösen Tradition in buddhistischer Perspektive kann nicht auf die unveränderte Fortführung vergangener Strukturen und Ereignisse zielen. Integrität ist auf dem Wesentlichen begründet, was den Buddhismus zu dem macht, was er ist: den Dharma so darzustellen, dass er als das geeignete Mittel erfasst werden kann, um Unwissen, Gier und Hass zu überwinden und Weisheit, begleitet von Mitgefühl zu erlangen. Schon im frühen Buddhismus wurde die Lehre verschiedenen Bedingungen angepasst: die Dorfmönche hatten eine andere Berufung als die Waldmönche, die Laien hatten andere Aufgaben als die Mönche, etc. Aber alle hielten an den gleichen Grundlagen fest und übten ihren Glauben gemäß ihrer Rolle in der Gesellschaft aus. Was richtig war und was nicht, musste die Gemeinde und ihre Ratsversammlungen, die zusammenkamen, um den Dharma zu formulieren und auf die gegebenen Bedingungen passend anzuwenden, selbst erarbeiten.

2.5.1 Modernisierung

Aus unserer Analyse ergeben sich heute zwei grundlegende Herausforderungen: Modernisierung und Pluralisierung. Modernisierung hat mit dem technologischen Zeitalter zu tun und findet ihren Ausdruck in Ökonomisierung, Mobilität, Urbanisierung, Globalisierung und dem Faktor der Massenmedien. Der Lebensrhythmus in industrialisierten Gesellschaften unterscheidet sich grundlegend von der Vergangenheit. Erfahrungen rund um den Globus bestätigen, dass wir in eine Kultur der Events eingetreten sind, die durch die Massenmedien aufgewirbelt und verstärkt werden. Sie haben mit Personen zu tun, die man zu internationalen Stars macht (wie der Dalai Lama und der Papst), und das besonders zu wichtigen Zeitpunkten (wie dem Tod von Johannes Paul II, dem Tod von Lady Diana, dem siebzigsten Geburtstag des Dalai Lama), und auch mit Orten (heilige Pilgerstätten). Beide geben Anstoß zu neuen Wallfahrten, sowohl im religiösen als auch rein touristischen Zusammenhang. Oft lässt sich der religiöse Tourismus vom weltlichen nicht klar trennen, da jedes geographische Zentrum, jede Stätte, wie auch jedes zeitliche Ereignis unter Umständen zur Sinnquelle werden kann, je nach Interpretation. Die internationalen Film- und Popstars sind Ikonen guten Lebens in Gesundheit und Schönheit, und das ist es, was die Leute suchen. Die Erwartungen sind hoch, werden aber in diesem Bereich nicht befriedigt. Der Buddhismus kann auf die Schönheit dieser Dinge zeigen, ohne an ihnen festzuhalten, er schätzt alles, weist aber darauf hin, wie die richtige Wahrnehmung auf die Vergänglichkeit in allem reagieren kann.

Der Budhismus trägt nicht nur bei den klassischen Festen (besonders den Totengedenktagen), sondern auch bei solchen Ereignissen tatsächlich zu einer verstärkten Wahrnehmung des Individuums in der modernen Gesellschaft bei. Der Rhythmus der Arbeits- und Urlaubszeit ist für die moderne Lebenserfahrung so entscheidend, dass während der Festtagszeiten spezielle buddhistische Wallfahrten verbunden mit geistigem Training organisiert werden sollten. Einige buddhistische Institutionen bieten während der Festtage Familienaufenthalte an, um den Familien die Möglichkeit zu bieten, auf sinnvolle Weise zusammen Zeit zu verbringen und neue, kreative Wege im Umgang miteinander zu finden. Dies ist eine der Möglichkeiten, wie die buddhistischen Institutionen versuchen können, die Familie als Rückgrat der Tradition zu stärken.

2.5.2 Pluralisierung

Pluralisierung zeigt sich im Wettstreit verschiedener Lebensstile, der Begegnung von Religionen und der Vermischung früher getrennter Traditionen. Eine wichtige Reaktion auf diese Situation ist die Bewegung des interreligiösen Dialogs. Der Buddhismus hat sich schon immer mit dem interreligiösem Dialog befasst. Es gibt viele Schriftquellen, die die Debatten zwischen Anhängern des Buddhismus und Jüngern verschiedener Schulen indischen Denkens aufgezeichnet haben. Als der Buddhismus in andere Kulturen Asiens übertragen wurde, besonders in die chinesiche, mussten die buddhistischen Konzepte in die dortige Sprache übersetzt werden. Dabei bedienten sich die Übersetzer bekannter taoistischer und konfuzianischer Begriffe zur Übertragung buddhistischer Schlüsselkonzepte. Erst einige Jahrhunderte später versuchten Buddhisten, ihre eigenen buddhistischen Vorstellungen klar gegen Elemente der taoistischen und konfuzianischen Tradition abzugrenzen. Debatten zwischen Anhängern der drei verschiedenen Traditionen werden in Abhandlungen angesprochen, die die Standpunkte der drei Religionen zu bestimmten Themen miteinander vergleichen. Trotzdem hat der Buddhismus besonders in der Ausformung des Zen Buddhismus taoistische Elemente aufgenommen, und die Harmonie von Konfuzianismus, Taoismus und Buddhismus wurde hochgehalten und als ideale Lebensführung praktiziert.

Auf ähnliche Weise hat der Buddhismus Elemente der Shinto Tradition integriert, als er in Japan Fuß fasste. Die heimischen Shinto Gottheiten wurden als Beschützer des Dharma einbezogen, und man findet bis heute im buddhistischen Tempel einen kleinen Shinto Schrein und umgekehrt. In ähnlicher Form wurden auch Elemente der Bon Tradition bei der Bildung des tibetanischen Buddhismus integriert.

Schon im 7. Jahrhundert gab es in Ostpersien, Afghanistan und China auch Begegnungen mit dem Glauben der Muslime. Muslimische Gelehrte, wie z.B. Al Sharistani, haben im 12. Jahrhundert den Buddhismus mit großem Wohlwollen und Verständnis diskutiert. Ein buddhistisch-christlicher Dialog begann schon im 16. Jahrhundert sowohl in China als auch in Japan, als die Jesuiten-Missionare dort ankamen.[30]

In den Theravada Ländern wie Sri Lanka geht der Buddhismus Hand in Hand mit der Verehrung der Hindu Gottheiten. Im 19. Jahrhundert hat man mit Erfolg christliche Elemente übernommen (Hymnen, Textbücher, Quellen, Katechismen, soziale Dienste, etc.), was aber ebenso wie die Verehrung der Hindu-Götter nicht als eine Vermischung der Traditionen empfunden wird. Im Buddhismus hat man das Einbeziehen von Elementen anderer Traditionen immer als „geschickte Mittel (Upāya)" für die Verbreitung des Dharma gesehen, ohne sich Sorgen zu machen, dass diese Elemente der grundlegenden Wahrheit der Lehre Buddhas schaden könnten. Daher ist Sykretismus nichts Beunruhigendes für Buddhisten.

---

30 Siehe M. von Brück/Lai, *op. cit.*

Im zwanzigsten und einundzwanzigsten Jahrhundert hat sich der Buddhismus in den verschiedenen Teilen der Welt weiter ausgebreitet, und seine tiefere Begegnung mit den abrahamischen Traditionen ist ein wichtiger Faktor in der Gestaltung seiner zukünftigen Richtung, insbesondere, weil viele der Lehrer, die heute das Dharma verbreiten, einen jüdischen oder christlichen Hintergrund haben.[31] Für Buddhisten besteht die Motivation für diesen jüngsten Dialog hauptsächlich in drei Überlegungen:

- Wohlwollen und Mitgefühl (Karuṇā) allen denkenden Wesen gegenüber zum Ausdruck zu bringen;
- Kommunismus und Materialismus auf einer gemeinsamen Ebene anzusprechen;
- Von anderen über soziales Engagement und die Praxis der Karuṇā in modernen Gesellschaften zu lernen.

Es ist eine vielfach bestätigte Erfahrungssache, dass Kontemplative verschiedener Religionen sich oft viel leichter miteinander verständigen können, als mit nicht kontemplativen Menschen der eigenen Tradition. Das zeigt, dass eine tiefere spirituelle Erfahrung den Geist von mentalen Grenzen und dem Festhängen an Wörtern und Ausdrücken befreit. Doch auch der Kontemplative muss sicher in seiner etablierten Tradition verankert sein, um Individualismus zu vermeiden. Der Buddhismus verfügt über Erfahrungsquellen, die es ermöglichen, das Verhältnis von individueller spiritueller Erfahrung und der Einbindung in eine Gemeinschaft Praktizierender zu verstehen, und das ist heute besonders wichtig.

Der Dialog wird die Identitäten nicht verwischen, sondern zu einer bewussten Annahme und Neugestaltung der traditionell ererbten Identitäten führen. Dialog bedeutet Austausch und wechselseitige Teilnahme auf allen Ebenen des Lebens: In gesellschaftlicher

---

31 Ein detaillerte Darstellung des christlich-buddhistischen Dialogs während der letzten zwei Jahrhunderte in unterschiedlichen Teilen der Welt ist enthalten in M. v. Brück, Wahlen Lai, *op.cit.* Noch detaillierter in der deutschen und französischen Ausgabe.

Beziehung, in der emotionalen Begegnung und in der intellektuellen Debatte. Das buddhistische Modell ist das des Kalyānamitra, des spirituellen Freundes und Wegbegleiters. Es ist wichtig, den Dialog von der Konferenzkultur herunterzubringen zu Basisaktivitäten. Religiöse Führer sollten ihre Leute bilden und dazu ermutigen, den Glauben auf kreative Weise mit den Nachbarn zu teilen. Und sie sollten Aktivitäten dieser Art vor denen beschützen, die Gesprächsbereite des Synkretismus und des Verrats der reinen Tradition bezichtigen. Koalitionen des Dialogs zwischen den Religionen sollten aufgebaut werden, und die religösen Führer selbst sollten an vorderster Front ihre Anliegen öffentlich vermitteln. Beispiele von Buddhisten, die den Dialog praktizieren, sind der Dalai Lama und andere buddhistische Führer wie Thich Nhath Hanh, Sheng-yen und Dharma Meister Hsin Tao. Auch das Friedensgebet des verstorbenen Papstes 1986 in Assisi bleibt in Erinnerung.

Obwohl er für den Buddhismus nicht neu ist, hat der intrareligiöse Dialog in den letzten etwa fünfzig Jahren signifikant zugenommen. Und während die Mischung von Mahayana Praktiken eine Eigenheit des chinesischen Buddhismus ist, wobei man nicht selten eine Kombination von Reines Land, Zen und tibetanischen Praktiken innerhalb der Mauern eines Klosters findet, hat diese Eigenheit doch durch den Prozess der Globalisierung weite Verbreitung gefunden und bezieht nun die Theravada und japanische buddhistische Tradition mit ein. Zum Beispiel wurde ein Gottesdienst der japanischen Reines Land Schule in den USA, mit hauptsächlich älteren japanischen Teilnehmern, vollzogen von einem japanischen Mönch in wallender schwarzer Robe, mit einer liebenden Güte Meditation (Mettā) aus der Theravada Tradition, eingebettet in eine Form des Yoga, beendet. Der Mönch erklärte, er habe diese Form der Mettā Meditation kennen gelernt, als er in New York lebte, und sie hilfreich für seine Gemeindemitglieder in der Übung der Aufmerksamkeit gefuden. Man könnte unschwer noch viele weitere Beispiele für das Mischen von Praktiken von verschiedenen buddhistischen Traditionen finden.[32]

---

32 Sumi Loundon, *op.cit*, S. 214.

Man könnte fragen, ob die wirtschaftlichen und kulturellen Globalisierungsprozesse auch zu einer globalisierten Form des Buddhismus in Asien beitragen; vielleicht ist er schon da. In Dharamsala, dem Hauptsitz der tibetanischen Exilgemeinde in Indien, werden Vipassana Kurse und Yoga Seminare zusammen mit den Kursen und Praktiken der Mahayana und tibetanischen Tradition angeboten. Dort gibt es auch Internet Cafes. In ähnlicher Weise sind Meditationszentren in Thailand und Burma in Anlehnung an westliche Bedürfnisse gebaut. Asien, wie es westliche Studenten des Buddhismus besuchen, ist auf so vielerlei Weise westlich beeinflusst, dass es sich deutlich vom Asien von vor vierzig Jahren unterscheidet.

Der inter- und intrareligiöse Dialog helfen, eine Basis für gegenseitige Verständigung und Solidarität zu schaffen. Die Herausforderung in der heutigen globalisierten Welt jedoch ist, die Unterschiede lebendig zu erhalten, ohne dabei dem Fundamentalismus zu verfallen, und damit einen Beitrag zur Kultur der kreativen Analyse, der gesunden Kritik und des Widerspruchs zu leisten, ohne den Religionen keinen Erfolg haben können.

2.6 Abschließende Zusammenfassung:
Von der Quelle zu den Mitteln

Der erste Teil dieser Arbeit stellte die zwei Aspekte der Krise als sowohl Gefahr wie auch Chance dar und erläuterte die historisch buddhistische Sicht der sieben Momente der Krise als den fortlaufenden Niedergang des Dharma. Danach unternahm sie den Versuch, die Bedeutung des Heiligen im Buddhismus zu analysieren. Wir haben gezeigt, dass die Lehre des Buddha eine Kritik an einem statischen oder exklusiven Begriff der Heiligkeit war, der keine dynamische persönliche Verwandlung in der Überwindung von Unwissen, Gier und Wut miteinschliesst. Beispielhaft für diese Dynamik ist der heilige Bodhisattva, ein erleuchtetes Wesen, das selbstlos in der Erfüllung seiner/ihrer Gelübde handelt, um alle empfindenden Wesen von Unwissen und Leiden zu erretten.

Im nächsten Teil der Arbeit richteten wir unser Augenmerk auf Momente der Krise im Buddhismus, wie sie die Beziehung von Individuum, Gemeinschaft und Führung sowohl in Asien, als auch im Westen betreffen. Wir haben gezeigt, dass die verschiedenen Krisen der traditionellen monastischen Institutionen eine Chance für Mönche und Nonnen geboten haben, ihre Sendung zu überdenken, und sich mehr im sozialen Bereich zu engagieren. Die Krisen der Institutionen boten auch den Laien Chancen, mehr Verantwortung zu übernehmen und neue Formen der Gemeinden und der Leitung aufzubauen. Aber, wie die Abhandlung über die Jugend gezeigt hat, sind weder die traditionellen monastischen Institutionen noch die modernen Laienbewegungen in der Lage, die Jugendlichen in der Krise anzusprechen oder zu lenken. Und während die buddhistischen Laienbewegungen in Japan oder Taiwan den Frauen größeren Zugang zu religiöser Beteiligung und Führungspositionen eröffnet haben, kämpfen Frauen, besonders in den Theravada und tibetanischen Traditionen, immer noch mit den Problemen religiöser und kultureller Diskriminierung. Im letzten Teil haben wir uns den buddhistischen Antworten auf die Herausforderungen der Pluralisierung in der andauernden Begegnung und dem Dialog mit anderen religiösen Traditionen zugewandt.

Zum Schluss möchten wir fragen, ob es in der buddhistischen Erfahrung der Krise Erkenntnisse gibt, die anderen Religionen hilfreich sein, oder ihnen Ressourcen eröffnen können. Die momentane Situation der Welt ist durch dramatische Veränderungen in allen Aspekten des Lebens, sowohl auf individueller als auch auf Gemeindeebene, gekennzeichnet. Veränderung ist für den Buddhismus selbstverständlich, da nichts Zusammengesetztes permanent ist. Daher muss Veränderung weder begrüßt noch abgelehnt werden. Sie ist die grundlegendste Tatsache des Lebens. Die buddhistische Lehre der Vergänglichkeit beinhaltet, dass man Veränderung und die Auflösung bestimmter Formen des Wissens, der Praxis oder der Institution nicht fürchten soll. Der Buddhismus ist sehr anpassungsfähig; somit spielen heute Laien und besonders Frauen eine größere Rolle als in der Vergangenheit. Es ist wichtig, diese Entwicklung nicht als Verlust oder Verfall zu betrachten, sondern als Chance für Wachstum.

Der Buddhismus kann unter den verschiedensten Umständen ge-
deihen und hat sich in der Vergangenheit einer Vielzahl verschiedener Situationen angepasst. Er kann jede Krise als Chance werten,
um seine Botschaft deutlicher herauszustellen, nämlich, den Geist
auf mehr Klarheit und Mitgefühl hin zu trainieren, um zum inneren
Frieden empfindender Wesen beizutragen und schließlich durch Erkenntnis, Weisheit und Mitgefühl alles Leid zu überwinden. Die Tatsache, dass Erkenntnis und Mitgefühl im Buddhismus eine größere
Bedeutung haben als Dogma und institutionelle Belange, ist in einer
Welt, die immer mehr von religiösem Fundamentalismus zerrissen
wird, eine dringend benötigte Ressource. Buddhismus als mentales
Training kann uns eine mehr ausgewogene und entspannte Sicht
auf alle unsere Traditionen bieten, der buddhistischem miteinge-
schlossen. Die vorrangigen Trainingsgebiete sind Geist und Sprache.
Wir können uns der versteckten Abläufe in unseren Argumenten
und unserem Handeln bewusst werden, und der Buddhismus lehrt
uns, dies zu tun, ohne unsere spezifischen Identitäten und Anliegen zu verlieren. Buddhismus verfolgt Ausgeglichenheit in Inhalt
und Modus der Sprache, was für alle kommunikativen Prozesse, einschließlich der interreligiösen, wichtig ist - es ist so wichtig, dass
die Sprache dem anderen immer eine sanfte Sympathie übermittelt,
auch dann, wenn man sich über gewisse Argumente nicht einig ist.

Am Anfang des Abschnitts 3.2. haben wir Fragen bezüglich der
Bedeutung und des Einflusses von Individualismus im Zusammenhang mit asiatischen und westlichen Gesellschaften gestellt, aber
wir haben es unterlassen, schnelle Antworten folgen zu lassen, da
allgemeine Antworten nicht möglich sind. Jede Situation ist anders
und bedarf einer klaren Analyse und eines genauen Verständnisses.
Der Buddhismus kann eine analytische Vorgehensweise und in solchen Fällen, wo Modernität für gewöhnlich abgelehnt wird und zu
simplistisch traditionalistische oder fundamentalistische Antworten konstruiert werden, auch eine Widerlegung ideologischer Aus-
wertungen beitragen. Fundamentalistische Tendenzen innerhalb
der Religionen sind immer bestrebt, der Einzelperson die Verantwortung für reifes Denken und das Treffen von Entscheidungen zu
entziehen, indem man fertige Antworten präsentiert. Der Buddha

hat seine Anhänger gewarnt, dies niemals zuzulassen. Seine letzten Worte, gerichtet auf dem Totenbett an seinen Jünger Ananda, könnten universelle Betrachtung verdienen: „Deshalb, Ananda, seid euch selbst Lampen. Vertraut auf euch selbst, und vertraut nicht auf Hilfe von außen. Haltet am Dharma fest als Lampe. Sucht Erlösung allein im Dharma. Schaut nicht auf irgendjemand außer euch selbst für Hilfe."[33]

---

33 *Dīgha Nikāya*, XVL, 2.26.

Kapitel 3
Die Krise des Heiligen und die Christen:
Eine römisch-katholische Sicht

Sidney H. Griffith

3.1 Die Dynamik des Heiligen

Die Erwähnung des Heiligen verbindet der Katholik sofort mit dem „Trishagion" der christlichen Liturgie, dem *Sanctus, Sanctus, Sanctus,* der Anrufung des allheiligen Einzigen, des Gottes Abrahams, Isaaks und Jakobs, des Gottes und Vaters Jesu von Nazareth, des einzigen Sohns des lebendigen Gottes (s. Mt 16,14). Der Christ kennt keine Krise oder kritischen Wendepunkt, der den Einen Heiligen betreffen könnte, ihn, dem Ruhm und Ehre gebührt, den Einen, den aus christlicher Sicht die ganze Schöpfung bezeugt, und den die Schrift, das Wort Gottes, am umfassendsten offenbart. Von einer Krise spricht der römisch katholische Christ bereitwillig nur im Bezug auf die Menschen, und zwar was ihre Wahrnehmung oder ihr Bewusstsein des „Einen Heiligen," oder ihrer Annahme seines Willens für sie, wie er im geoffenbarten Gesetz Ausdruck gefunden hat und ihnen durch das Lehramt der Kirche ausgelegt worden ist, betrifft. Diese menschliche Krise ist Gegenstand unserer hiesigen Untersuchung.

Aus historischer Sicht gewinnt man den Eindruck, dass die Christen in jedem Abschnitt ihrer zweitausendjährigen Kirchengeschichte immer in der einen oder anderen Krise waren, sei es wegen ihrer Institutionen, ihrer theologischen Formulierungen, ihrer Quellen göttlicher Offenbarung oder der Frage, nach welchen exakten Richtlinien ihr moralisches Leben gestaltet werden sollte. Diese Krisen entstanden häufig in der Begegnung mit Nicht-Christen, oder im Zusammenhang mit der Reaktion der Christen auf intellektuelle oder spirituelle Herausforderungen, die aus ihren eigenen Gemeinden erwuchsen. Aber der Gedanke einer ausgesprochenen „Krise des Heiligen" als solcher scheint sich nun gleichermaßen in den Köpfen moderner Christen und Nicht-Christen gebildet zu haben, und zwar als Folge der erkannten Seltenheit, mit der viele Menschen der modernen Zeit noch ein aktives Gespür für die allgegenwärtige Kraft und die Präsenz des „Heiligen" oder auch des „Einen Heiligen" haben.[1]

Da sich viele moderne Denker in Ablehnung eines metaphysischen Bewusstseins einer eher materialistischen Philosophie menschlichen Bewusstseins zugewendet haben, nehmen viele Beobachter an, dass den intellektuellen und technologischen Erfolgen der modernen Zeit eine psychologische Abkoppelung vom Gespür für das Heilige im Leben zugrunde liegt, die sich im modernen Menschen vollzogen hat.[2] Diese Trennung hatte ihren Ausgangspunkt in der Zeit der Aufklärung im Westen, stützte sich aber auf die althergebrachte Unterscheidung zwischen Natur und Übernatur. Einige innerhalb der christlichen Gemeinde haben die entfernte Vorbereitung für die Scheidung auch in der Hyperrationalisierung der Theologie im westlichen Hochmittelalter gefunden.[3] Viele Christen glaubten, die protestantische Reformation böte ein Mittel gegen dieses Problem. Doch aus römisch-katholischer Sicht scheint die *sola scriptura* Doktrin der Reformation, zusammen mit ihrer Zwillingsdoktrin der „Privatauslegung" der Schrift, die danach folgenden Probleme der Erkenntnistheorie, bis hin zum Urteil über die Bedeutung der Texte göttlicher Offenbarung und der Lösung dringlicher theologischer Probleme, einfach in die Hände des von der Aufklärung bevorzug-

---

1 Man denkt hierbei and die menschliche Warhnehmung des Numinosen und die Reaktion der religiösen Ehrfurcht, diskutiert von Rudolf Otto in *Das Heilige: Über das Irrationale in der Idee des Göttlichen und sein Verhältnis zum Rationalen (München: Biederstein, 1947)*

2 Vgl. Hans Urs von Balthasar, *The God Question and Modern Man* [*Die Gottesfrage des heutigen Menschen*] (transl. Hilda Graef; New York: Saebury Press, 1967).

3 Vgl. Michael Buckley, *At the Origins of Modern Atheism* (New Haven: Yale University Press, 1987). Siehe auch ders., *Denying and Disclosing God: The Ambiguous Progress of Modern Atheism*, (New Haven: Yale University Press, 2004)

ten Bezugs zu den Geisteswissenschaften zurückgegeben zu haben. Anders ausgedrückt wurde das Gefühl für „Das Heilige," wie Rudolf Otto es nannte, als Folge des Erfolgs der Reformation immer mehr zu einer Privatangelegenheit anstelle einer gemeinschaftlichen oder kirchlichen Sache. Aus der Sicht vieler Kommentatoren ist die Religion als Konsequenz dieser Entwicklung in Westeuropa und Amerika dazu bestimmt, nur noch individuelle oder persönliche Bedeutung zu haben, ohne jegliche öffentliche Relevanz für die Gesellschaft, während man im Privatraum eine Vielzahl religiöser Stimmen zu hören erwarten kann. Anders ausgedrückt, ein Ergebnis der wahrgenommenen „Krise des Heiligen" ist nicht nur die fortschreitende Marginalisierung der Religion in der Gestaltung der Grundsatzpolitik der westlichen Demokratien, sondern auch ihr Verschwinden als seriöses intellektuelles Thema unter der gebildeten Elite.[4]

Aus römisch-katholischer Sicht liegt die Gefahr dieser Entwicklungen in der vorherrschenden Haltung des Individualismus, der durch sie gefördert wird. Im Zusammenhang mit christlich religiösem Leben bedroht der Individualismus besonders bei Katholiken und Orthodoxen, für die die Sakramente, das liturgische Geschehen und vor allem die Eucharistie privilegierte Momente in der Erfahrung des Heiligen sind, die Gemeinschaft, die das Herzstück

---

4 In diesem Zusammenhang denkt man an einen bedeutungsvollen Abschnitt in *Die Erziehung von Henry Adams*: „Von all den Bedingungen seiner Jugend, die später den erwachsenen Mann erstaunten, erstaunte ihn am meisten das Verschwinden der Religion... Der religiöse Instinkt war verschwunden und konnte nicht wiederbelebt werden, obwohl man im späteren Leben viele Versuche dazu unternahm. Dass das stärkste Gefühl des Menschen, neben dem sexuellen, verschwinden sollte, könnte dessen eigener, persönlicher Fehler sein; aber dass sich die intelligenteste Gesellschaft eingeredet haben sollte, dass alle diese Probleme, die das menschliche Denken von Anbeginn der Zeit beschäftigt hatten, es nicht einmal wert seien, diskutiert zu werden, schien ihm das merkwürdigste soziale Problem zu sein, für das er in einem langen Leben Erklärungen finden musste." Henry Adams, The Education of Henry Adams (New York: the Library of America, 1983), S. 751.

kirchlichen Lebens ist.[5] Diese Dimension der Krise des Heiligen unter Christen wird in einer Anzahl der folgenden Abschnitte als entscheidende Überlegung diskutiert werden. Besonders akut tritt das Problem in Nordamerika in Erscheinung, wo der Individualismus in seinen unterschiedlichen Erscheinungsformen zusammen mit dem Aufruf, alten Traditionen, die man als beengend betrachtet, zu entfliehen, zur Antriebskraft in der Entstehung religiösen Bewusstseins geworden ist.[6]

3.2 Das Individuum in der Gemeinschaft

Die Trennung von Kirche und Staat ist ein politisches Prinzip, das allmählich aus dem eben beschriebenen Denken der Aufklärung entstand, vielleicht größtenteils als Reaktion auf die Schrecken der Religionskriege in Europa nach dem 16. Jahrhundert. Obwohl das Christentum immer eine zumindest theoretische Trennung von weltlicher und kirchlicher Autorität anerkannte, hat die Kirche mit Berufung auf das Wort der Schrift, wo Jesus seinen Jüngern sagt: „Gebt dem Kaiser, was des Kaisers ist, und Gott, was Gottes ist." (Mt 22,21) auch gelehrt, dass weltliche Herrscher und Staaten dem Gesetz Gottes, so wie die Kirche es auslegt, unterworfen sind. Folglich hat die katholische Kirche es historisch für richtig erachtet, dass man dort, wo die

5 Eine wichtige orthodoxe Aussage zu diesem Thema, die auch auf Christen großen Einfluss hat, findet sich bei John Zizoulas, *Being as Communion: Studies in Personhood and the Church* (Crestwood, NY: St Vladimir's Seminary Press, 1985.) Zu einer katholischen Perspektive siehe auch die „Ansprache von Johannes Paul II an die litauischen Bischöfe anläßlich ihres ad Limina Besuches – Communionis Notio," von der Kongregation für die Glaubenslehre am 28 May 1992 herausgegeben, Webseite des Vatikans, www.vatican.va.

6 Vgl. Harold Bloom, The American Religion: *The Emergence of the Post-Christian Nation* (New York, Simon & Schuster 1992), Leigh Eric Schmidt, *Restless Souls: The making of American Spirituality: from Emerson to Oprah* (San Francisco: Harper San Francisco, 2005)

Mehrheit der Bevölkerung katholisch war, die Kirche als Staatsreligion einsetzte. Aber im Dialog mit modernen Demokratien haben die Katholiken sich insbesondere in den USA die Doktrin der Trennung von Kirche und Staat zu eigen gemacht, um sich das Recht der der Religionsfreiheit zu sichern.[7] Während die Freiheit des individuellen Gewissens schon lange eine Lehre der Kirche war, wurde die Bekräftigung der Freiheit der Religionswahl jeder Person in jedem Staat in dieser Art und Schärfe erst im Vatikanum II herausgestellt, und zwar in dem Dokument der Erklärung religiöser Freiheit (Dignitatis Humanae), das am 7. Dezember 1965 herausgegeben wurde.[8] In der Folge haben die römisch-katholischen Autoritäten, darunter besonders die nach-konziliaren Päpste und Ortsbischöfe, dieses Prinzip unermüdlich auf der ganzen Welt vorangetrieben.

Die katholische Kirche erwartet von ihren Gläubigen, zu dem zu stehen, was die Kirche als wahr und gut in Glauben und Moral lehrt, und sich dort, wo sie leben, für die Akzeptanz ihrer moralischen Prinzipien als Bestandteil der öffentlichen Politik einzusetzen. Zwar bestreitet die Kirche nicht das Recht der anderen, das gleiche zu tun, erwartet aber von den Katholiken, dass sie sich in den Demokratien westlichen Stils für die Durchsetzung der Werte, die sie für wahr halten, einsetzen. Das Ringen, ihr eigenes Bekenntnis zur Wahrheit mit den Rechten der anderen, die ihnen die Verfassungen moderner, demokratischer Nationalstaaten zubilligen, in Einklang zu bringen, hat unter den Katholiken Krisen ausgelöst. Man könnte sagen, dass für Katholiken in dem Kampf um die Aufrechterhaltung ihres Glaubens in modernen Demokratien, in denen besonders im Bereich des Rechts auf Leben und der Familienwerte oft eine der Lehre der Kirche entgegengesetzte Politik betrieben wird, etwas von der Krise des Heiligen steckt. Katholiken

---

7 Vgl. John Courtney Murray, *We hold These Truths: Catholic Reflections on the American Proposition* (New York: Sheed and Ward, 1960); John T. Mc Greevy, *Catholicism and American Freedom* (New York: W.W. Norton, 2003).

8 Vgl. Marianne Lorraine Trouvé, *The Sixteen Documents of Vatican* II (Boston: Pauline Books & Media, 1999), S. 481-503.

glauben nicht, dass moralische Wahrheit per Plebiszit oder einfach durch Mehrheitsbeschluss ermittelt werden kann, und so kämpfen sie darum, der Öffentlichkeit darzulegen, was sie auf der Basis ihres Glaubens und der Lehre der Kirche für wahr halten, und für diese Wahrheit unter ihren Mitmenschen Zeugnis abzulegen. Es ist unvermeidlich, dass das Vertreten von unpopulären Wahrheiten, die den kulturellen, sozialen oder moralischen Werten der Gesellschaft entgegen gesetzt sind, in den eigenen Reihen der Kirche ein Maß an Uneinigkeit, Widerspruch und sogar Krise hervorruft, wenn es darum geht, in der postmodernen Welt die religiösen Werte auf bestmögliche Weise zu verteidigen.

Während sich Katholiken in der westlichen Welt häufig von dem, was sie als zunehmenden Relativismus, Materialismus und Säkularismus in den vorherrschenden Gedankenmustern der größeren Gesellschaft ansehen, entfremdet fühlen, ist ihnen gleichzeitig bewusst, dass viele gegensätzliche Lehrströmungen auch Mitglieder der eigenen Kirchen betreffen können. Zur Zeit existiert unter Katholiken eine ziemliche Unruhe und sogar Polarisierung über eine ganze Reihe von Themen, angefangen von Modellen der Kirchenleitung bis zur Morallehre, dem Eherecht, der Wichtigkeit der Kernfamilie, der geschlechtsbewussten Sprachregelung und den Beziehungen zu anderen religiösen Gruppen, einschließlich der doppelten Mitgliedschaft, d.h. Einzelne, die behaupten, zwei verschiedenen, dem Anschein nach nicht kompatiblen Bekenntnissen anzugehören. Und wegen der vorher so nie dagewesenen Ein- und Auswanderung im zwanzigsten Jahrhundert erleben Katholiken heutzutage häufig innere Spannungen unter den verschiedenen ethnischen Gruppen von Katholiken am gleichen Ort. Es gibt auch Spannungen zwischen den amerikanischen und westeuropäischen Katholiken, die ein Gefühl von Richtungslosigkeit und schwindenden Mitgliederzahlen haben, und den Katholiken in Asien, Afrika und Südamerika, denen das Wachstum und ihre zunehmende demographische Bedeutung für die universelle Kirche Vertrauen schenkt.[9]

---

9 Vgl. Philip Jenkins, *The Next Christendom: The Coming of Global Christianity* (Oxford: Oxford University Press, 2003).

Besonders die Konfrontation mit dem Islam betrachten die Katholiken zunehmend als eine der wichtigsten kulturellen und religiösen Herausforderungen, die sich ihnen im einundzwanzigsten Jahrhundert sowohl zu Hause als auch im Ausland stellt; sie sind geteilter Meinung darüber, was das Verarbeiten historischer Erinnerungen als auch die rechte Art und Weise, Muslimen zu begegnen, angeht. Von der Zeit der direkten Nachwehen der islamischen Eroberungen im siebten Jahrhundert bis zum ersten Viertel des zwanzigsten Jahrhunderts hatten sich Christen und Muslime in einem beinahe ununterbrochenem Zustand der Verfeindung befunden, die sich in Rivalitäten zwischen Ländern, in denen die eine oder die andere Religionsgemeinschaft dominant war, geäussert hatte. Diese Verfeindung hatte sich gegen Ende dieser Periode durch die Erfahrungen des Kolonialismus und des Imperialismus bis zum ersten Viertel des zwanzigsten Jahrhunderts noch mehr verschärft. Dann wurde 1965, in der „Erklärung zur Beziehung der Kirche zu nichtchristlichen Religionen" (Nostra Aetate) des 2. Vatikanums, folgende, etwas überraschende, Erklärung veröffentlicht:

> *Da es jedoch im Lauf der Jahrhunderte zu manchen Zwistigkeiten und Feindschaften zwischen Christen und Muslimen kam, ermahnt die Heilige Synode alle, das Vergangene beiseite zu lassen, sich aufrichtig um gegenseitiges Verstehen zu bemühen und gemeinsam einzutreten für Schutz und Förderung der sozialen Gerechtigkeit, der sittlichen Güter und nicht zuletzt des Friedens und der Freiheit für alle Menschen.*[10]

Seit den Tagen des zweiten Vatikanums ist die katholische Kirche ein unermüdlicher Verfechter des interreligiösen Dialogs und der Zusammenarbeit, nicht zuletzt mit Muslimen gewesen.[11] Trotzdem nehmen dort, wo immer Christen und Muslime außerhalb Europas

---

10 *Nostra Aetate, Über das Verhältnis der Kirche zu den nichtchristlichen Religionen,* Siehe die Webseite des Vatikans, Abschnitt 3.

11 Vgl. Byron L. Sherwin & Harold Kasimov (Hsg), *John Paul and Interreligious Dialogue* (Maryknoll, NY: Orbis Books, 1999).

und den beiden Teilen Amerikas zusammen leben, und besonders in Ländern, wo die Muslime in der Überzahl sind, die Spannungen und die Zahl der Vorfälle von Verfolgung und Verlust des Lebens zu. Dies trifft auch in zunehmendem Mass für Spannungen zwischen Hindus und Christen in Indien zu. Unter diesen Umständen nimmt die „Krise des Heiligen" eine ganz neue Dimension an, in der es sich weder um Theorie noch Epistemologie dreht, sondern um die Sache des glaubenstreuen Zeugnisses in feindlicher Umgebung. Im Zeitalter des Terrorismus ist die Krise des Heiligen zur Lebenskrise geworden. In diesem Zusammenhang sieht sich die Kirche vor die Aufgabe gestellt, die Doktrin der Religionsfreiheit nicht nur für Christen, sondern ebenso für Mitglieder anderer Religionen als menschliches Grundrecht zu empfehlen und sich mit den Führern anderer Religionen zu verbinden, um die Wahrheit zu erkennen und Frieden und Gerechtigkeit zu fördern; ein Prozess, der sofort die schwierige Frage aufbringt, wessen Gerechtigkeit angemessen ist, und wessen Vernunft obsiegen soll.[12] Die Relevanz dieser Fragen ist sofort ersichtlich und unterstreicht die Notwendigkeit eines fortlaufenden interreligiösen Dialogs als eines praktischen Mittels zur Bewältigung zahlreicher Krisen des Heiligen, mit denen Gläubige im 21. Jahrhundert konfrontiert sind[13], ein Thema auf das wir im Schlußteil noch einmal zurückkommen werden.

3.3 Kräfte mit Auswirkungen auf den Einzelnen und die Gemeinschaft

Gegenwärtig wirken sich sehr viele Kräfte auf die Beziehungen zwischen dem Einzelnen und der größeren Gemeinschaft in der katholischen Kirche aus, die jedoch in den verschiedenen Teilen der Welt unterschiedlich aussehen. Eines der dringlichsten Anliegen in USA

---

12 Vgl. Alasdair C. MacIntyre, *Whose Justice? Which Rationality?* (Notre Dame, in: University of Notre Dame Press, 1988).

13 Dieses Anliegen liegt Hans Küng's „Erklärung der Religionen zum Weltethos" zugrunde. Vgl. Hans Küng, Weltethos für Weltpolitik und Weltwirtschaft (München: Piper, 1997).

und Teilen Europas ist die andauernde Krise, die dadurch ausgelöst wurde, dass die Medien Fälle des Kindesmissbrauchs durch Kleriker und die mutmassliche Verschleierung dieser Verbrechen, angeblich auf Weisung von Kirchenoberen, überall ans Licht brachten. Kirchenmitglieder sind aufgebracht über die riesigen Summen für die Entschädigung der Opfer, die aus dem Kirchenvermögen gezahlt worden sind und einige amerikanische Diözesen an den Rand des Bankrotts gebracht haben. Diese Krise hat auch zu einiger Desillusion geführt und verschiedene Vorstellungen von Kirchenoberen und Mitgliedern über Verantwortlichkeit in der Leitung kirchlicher Gemeinden und ihrer Ressourcen zu Tage gebracht. Dies ist ein Fall der „Krise des Heiligen" auf praktischer und pastoraler Ebene in der heutigen katholischen Kirche, der dort, wo er ans Licht gekommen ist, auf dramatische Weise auf den Mangel gelebter Heiligkeit bei einem Teil der Priester und Gläubigen aufmerksam macht. Die Wahrnehmung dieses Mangels kann den Katholiken zum Katalysator werden, sich erneut dem Ziel zu weihen, ein heiliges Leben zu führen, und zwar als der besten und einzigen gesellschaftlich wahrnehmbaren Möglichkeit, das Heilige durch ihr Bekenntnis des Glaubens an Jesus von Nazareth als Herrn und Messias im Leben ihrer Gemeinden sichtbar werden zu lassen.

In der Geschichte der Kirche sind immer wieder Krisen dieser Größenordnung aufgetreten, die die Kirchenleitung traditionell dazu veranlasst haben, Programme der Reue und Reform auf den Weg zu bringen. Die gegenwärtige Krise ist da keine Ausnahme, wenn man die Gläubigen in dem Bemühen, allen Beteiligten Gerechtigkeit widerfahren zu lassen, dazu aufruft, die Sündhaftigkeit in ein Erlebnis der Gnade zu verwandeln und gleichzeitig danach strebt, jene Strukturen zu verbessern, die die Krise erst entstehen ließen.

Auch die Globalisierung hat in der katholischen Gemeinde etliche Krisen für das Kirchenleben mit sich gebracht. Die Kirche hat die Aufgabe, das katholische Christentum in Sprachen und Kulturen außerhalb der westlichen Welt zu inkulturieren, was nicht unproblematisch ist, da kirchliches Denken und Tun zuerst auf Griechisch und Latein artikuliert wurde und auf dem klassischen Erbe des alten Griechenlands und Roms aufbaut. Theoretisch ist die Kirche der Aussage verpflichtet, dass ihre Botschaft in jeder Sprache und Kultur verkündet werden kann, und dass ihre Glaubenssätze jedem adäquaten philosophischen System angepasst werden können. Aber die grundlegendenden Glaubensartikel und Sätze sind auf griechisch formuliert, ins Lateinische übersetzt und speziell im Westen auf der Basis der griechischen Sprache und der neoplatonischen und aristotelischen Philosophie dargestellt worden. Diese Formulierungen sind normativ geworden, und gelten allen anderen Ausdrucksformen christlicher Lehre als Maßstab.[14] Als Folge davon sind die Versuche, grundsätzliche Doktrin des Glaubens in eine andere Ausdrucksweise zu übersetzen, für mangelhaft befunden und letztlich nicht anerkannt worden. Die lange Geschichte dieses Ringens reicht vom sechzehnten und siebzehnten Jahrhundert, mit berühmten Figuren, wie Matteo Ricci (1552-1610) in China und Roberto de Nobili (1577-1656) in Indien, bis zum heutigen Tag, vornehmlich in Asien und in Afrika.[15]

Eine Anzahl moderner Theologen sind ebenfalls von der vatikanischen Glaubenskongregation (früher das heilige Offizium) zurechtgewiesen worden, weil es eben in einigen wichtigen Fällen schwierig ist, ihre Versuche, den katholischen Glauben in der Sprachen der modernen Philosophie auszudrücken, mit dem traditionellen Verständnis der griechischen Formulierungen der Orthodoxie, wie das Lehramt der Kirche sie über Jahrhunderte mit Autorität verkündet hat, zu vereinbaren.

14 Der Vorzug des Griechischen entbehrt nicht einer gewissen Logik. Für Christen ist Griechisch die Sprache der Offenbarung im Neuen Testament, und die Septuaginta, die der lateinischen Vulgata zugrundeliegt, war in den frühesten christlichen Gemeinden die autoritative Bibel. Die frühesten Konzilien schlugen die Grunddogmen des Glaubens auf griechisch vor. Daher wurden diese griechischen Formulierungen unvermeidlich zur Vorlage für den Ausdruck des Glaubens in anderen Sprachen. Aber wie Papst Johannes Paul II schrieb, „in der Verkündigung des Evangeliums begegnete das Christentum zuerst der griechischen Philosophie, aber dies bedeutet nicht, dass dies alle anderen Vorgehensweisen ausschliesst." *Fides et Ratio*, S. 91.

15 Vgl. Thomas C. Fox, *Pentecost in Asia: A New Way of Being Church* (Maryknoll, NY: Orbis Books, 2002).

Im Zusammenhang mit der Globalisierung des Christentums und der sie begleitenden Probleme der Inkulturation stellen sich heutzutage in Verbindung mit der Krise des Heiligen Fragen zur Missionsarbeit und Glaubensverbreitung. In diesem Fall ist es möglicherweise eine erkannte Krise der eigenen Bereitschaft, die Heiligkeit des anderen anzuerkennen. Während die meisten Christen gerne auf Glaubensverbreitung verzichten, wenn damit der aggressive, respektlose und rücksichtslose Versuch gemeint ist, Konvertiten von anderen Religionen, die als falsch oder sogar satanisch betrachtet werden, zu gewinnen, so wollen sie auf keinen Fall die Missionsarbeit einstellen. Die katholische Kirche hält die *missio ad gentes*, die Sendung zu den Völkern, für einen integralen Bestandteil ihres göttlichen Auftrags: „Darum geht hin und macht alle Völker zu meinen Jüngern, und tauft sie im Namen des Vaters, des Sohnes und des Heiligen Geistes." (Mt 28,19). Eine Mission dieser Art wird nicht als ein ungerechtfertigtes, bösartiges Eindringen in das Leben anderer Menschen und religiöser Traditionen verstanden. Vielmehr sieht man darin eine dem anderen aus Liebe zu ihm überbrachte Einladung, die in der Schrift verkündete und von der Kirche gepredigte Wahrheit anzunehmen. Und da sich die Kirche dem Prinzip der Religionsfreiheit in allen menschlichen Gesellschaften und Kulturen verschrieben hat, folgt aus diesem Verständnis des kirchlichen Missionsmandats, dass Katholiken bereit sein müssen, anderen missionarischen Religionen (z.B. dem Islam) dieselben Rechte und Pflichten zuzugestehen, nämlich sie dazu einzuladen, die religiösen Wahrheitsansprüche ihrer Verkündigung zu überdenken.

Papst Johannes Paul II nannte die Missionsunternehmungen der Kirche einen Prozess der Inkulturation:

Durch Inkulturation macht die Kirche das Evangelium in den verschiedenen Kulturen lebendig und führt zugleich die Völker mit ihren Kulturen in die Gemeinschaft mit ihr ein und überträgt ihr die eigenen Werte, indem sie aufnimmt, was in diesen Kulturen an Gutem ist, und sie von innen her erneuert.[16]

16 Vgl. die Enzyklika, "Redemptoris Missio, Über die fortdauernde Gültigkeit des missionarischen Auftrags," Webseite des Vatikans, Abschnitt 52.

So gesehen ist Missionsarbeit eine Aktivität, die aus wohltätigem Respekt für andere Kulturen und der Erkenntnis ihres Potentials hervorgeht, neue religiöse Wahrheiten anzunehmen und sie in ihre eigene kulturelle Ausdrucksweise zu übertragen. Sie wird von dem Gedanken getragen, dass Kulturen nicht statisch sind, sondern sich von Natur aus auf Stimuli von anderen Kulturen hin verändern, ganz besonders als Reaktion auf von andern eingebrachte neue Ideen.[17] Trotzdem darf man nicht bestreiten, dass christliche Missionsarbeit manchmal nicht im Geist der Gastfreundschaft und Einladung, sondern eher unter Drohungen ausgeführt wurde, nämlich unter dem Schutz kolonialer oder imperialistischer Unternehmungen, aus einer Position von politischer oder militärischer Gewalt über andere. In dieser Beziehung ist auch Missionsarbeit ein Teil der Krise des Heiligen. Und aus diesem Grund haben katholische Theologen in den letzten Jahren mit der Aufgabe gerungen, inwieweit sie die Sünden der Vergangenheit bereuen und gleichzeitig die Wahrheiten anderer religiöser Kulturen anerkennen können, ohne in einen unannehmbaren Relativismus oder Indifferentismus zu verfallen, der mit dem Gebot der Schrift "alle Nationen zu Jüngern zu machen" unvereinbar ist. Im Zusammenhang mit eben diesem Ringen, das längst noch nicht abgeschlossen ist, muss man die als *Dominus Jesus* bekannt gewordene, kontroverse Verlautbarung aus der vatikanischen Glaubenskongregation lesen, die Joseph Kardinal Ratzinger und Erzbischof Tarcisio Bertone am 6. August 2000 unterschrieben haben.[18] Sie erschien zu einer Zeit, als vorsichtige Theologen Wege erforschten, auf welchen römisch-katholische Denker Wahrheiten, die in anderen Religionen enthalten sind, innerhalb der katholischen Theologie positiv auswerten könnten.[19]

---

17 Vgl. J. Ratzinger, Glaube, Wahrheit, Toleranz. Das Christentum und die Weltreligionen, (Freiburg im Breisgau: Herder Verlag, 2003).

18 Kongregation für die Glaubenslehre, *Dominus Jesus, Über die Einzigkeit und Heilsuniversalität Jesu Christi und der Kirche*, Webseite des Vaticans.

19 Vgl. Jacques Dupuis, *Toward a Christian Theology of Religious Pluralism* (Englische Übersetzung, Maryknoll, N.Y.: Orbis Books, 1997); ders.,

Die Krise des Heiligen, die sich in der christlichen Begegnung mit nicht-christlichen Religionen im Zusammenhang mit der Globalisierung verdeutlicht, verlangt besonders nach einem erneuten Ansatz, Christen durch interreligiösen Dialog besser über andere religiöse Traditionen aufzuklären, ein Thema, das wir am Schluss dieser Arbeit noch einmal aufgreifen. Im gegenwärtigen Zusammenhang erscheint es wenig gewinnbringend, Diskussionen über die Begegnung mit anderen Religionen nur im Allgemeinen durchzuführen. Vielmehr müssen sie religionsspezifisch und für besondere Traditionen innerhalb einer jeweiligen Religion relevant sein. In dieser Weise könnte das Projekt der vergleichenden Theologie[20] dem Bedarf der Kirche dienen, sich nicht nur genaue Kenntnis anderer Traditionen unter deren Bedingungen zu verschaffen, sondern auch als Antwort auf die Formulierungen einer anderen Tradition eine differenzierte katholische Theologie zu erarbeiten, die sich mit den jeweiligen Postulaten einer speziellen Tradition auseinandersetzt, und dabei auf die Vermeidung von Karikaturen und polemischen Darstellungen achtet, um so einen gewinnbringenden Austausch zu fördern.

Bei der Anpassung der katholischen Lehre und Praxis an nicht-westliche Kulturen, in denen es keine althergebrachten christlichen Bräuche gibt, auf die man für die Bedürfnissen der relativ jungen christlichen Bevölkerung zurückgreifen könnte, hat es eine interessante Entwicklung gegeben. Es ist das Phänomen, dass der Vatikan oder Priester und Lehrer des Westens sich seit den theologischen und liturgischen Erneuerungen des 2. Vatikanischen Konzils nachdrücklicher für die so genannte Indigenisierung des Ausdrucks christlichen Glaubens am jeweiligen Ort eingesetzt haben, wobei dahinsteht, ob die Einheimischen, unter denen sie arbeiten, dies aus eige-

---

Christianity and the Religions: From Confrontation to Dialogue (Maryknoll, 2002).

20 Vgl. in dieser Hinsicht das Werk von Fancis X. Clooney, *Hindu God, Christian God: How Reason Helps Break Down the Boundaries between Religions* (Oxford: Oxford University Press, 2001); F.C. Clooney, *Divine Mother, Blessed Mother: Hindu Goddesses and the Virgin Mary* (Oxford: Oxford University Press, 2005).

ner Initiative begrüßen würden. Im Zusammenhang mit der Globalisierung stellt dieses Phänomen ein Eindringen westlicher kultureller Werte in den Raum einer anderen Kultur dar, und zwar innerhalb der Parameter christlicher Gemeinden.

Die moderne Technologie, die Methoden der Kommunikation und „cyber space" haben auch interessante Probleme aufgeworfen. Jedenfalls haben sie es ermöglicht, die zentrale Kontrolle kirchlicher Angelegenheiten weit über das früher Übliche zu erhöhen. Hier geht es nicht nur um die Sache römisch-katholischer Gemeinden, die die vatikanische Kontrolle der Ortskirchen lockern wollen. Einige örtliche Medien können heutzutage durch ihre technologische Macht und finanzielle Mittel das kirchliche Denken auf der populären Ebene dominieren. Zum Beispiel wird ein römisch-katholischer Sender, EWTN in Birmingham, Alabama, der im Besitz einer äußerst konservativen religiösen Frauengemeinschaft ist, weitgehend unabhängig von der amerikanischen Kirchenführung betrieben und hat einen enormen Einfluss auf Amerikas Katholiken. Seine Programme lenken die Aufmerksamkeit weg von den örtlichen Diözesen und deren Bischöfen und stellen stattdessen die Rolle Roms und des Heiligen Vaters deutlicher in den Mittelpunkt des Lebens der einzelnen Katholiken. Obwohl eine derartige Entwicklung noch nicht an sich einen Fall der Krise des Heiligen darstellt, ist sie doch ein klares Zeichen dafür, dass die Macht der Globalisierung bis ins Innere einer christlichen Gemeinde vordringen und das kirchliche Gemeinschaftsgefühl, worin Katholiken und andere Christen ihre Identität erleben, entscheidend verändern kann.

Des Weiteren fällt unter den Titel der Globalisierung auch all das, was mit virtuellen Raum und virtueller Realität zusammenhängt. Die bloße Existenz dieser neu entdeckten Dimensionen menschlicher Erfahrung wirft die verschiedensten kanonischen Fragen auf, von denen einige durchaus eine Krise des Heiligen in der konkreten Erfahrung religiösen Lebens auslösen könnten. Eine solche Frage könnte sein, ob Sakramente, die über Cybermedien empfangen oder gespendet werden, wobei die Teilnehmer sich nicht direkt körperlich gegenüberstehen, gültig sind? Innerhalb der römisch-katholischen Kirche ist ein jedes der Sakramente sowohl Zeichen als auch die tatsächliche

Verwirklichung des Heiligen, und somit ist es ein wichtiges Unterfangen, die Bedingungen, unter denen ihre Feier gültig ist, festzustellen. In diesem Zusammenhang ist noch viel zu erörtern, aber sowohl für Menschen, die an ihre Wohnung gebunden sind, als auch für andere ist die Mitfeier der Messe via Fernsehen zur Gewohnheit geworden.

3.4 Leitung, Individuum, Gemeinde

Vielfältige Fragen der Macht und Autorität haben das Potential, innerhalb der römisch- katholischen Gemeinde eine Krise des Heiligen in der Erfahrung des Kirchenlebens hervorzurufen. Sie drehen sich hauptsächlich um das, was wir Kollegialität und Subsidiarität beim Regieren der Kirche nennen. Dazu gehören die Beziehungen der Bischöfe zum Heiligen Stuhl, der Bischöfe zu den Ortspfarrern und ihren Gemeinden und die Rolle der Theologen im Lehrauftrag der Kirche. Auf lokaler Ebene hat die schrumpfende Zahl der Priester und Ordensleute besonders in Westeuropa und in Amerika zu alternativem Wachstum und Entwicklung von großen internationalen Bewegungen geführt. Diese sind sehr mächtig geworden und reichen von den sehr konservativen, wie Opus Dei, bis zu den relativ liberalen, wie der katholischen Arbeiterbewegung in den USA oder der internationalen Pax Christi. In vieler Hinsicht nehmen diese Gruppen den Platz der einst mächtigen Orden und Kongregationen im kirchlichen Leben ein, wodurch sie eine soziologische Veränderung im Profil des modernen Katholizismus bewirken.

Eine weitere soziologische Entwicklung im Zuge der abnehmenden Zahl der Priester und Ordensleute ist die wachsende Übernahme der Funktionen durch Laien, sowohl in der Kirchenverwaltung als auch in vielen Bereichen der katholischen Erziehung, von der Grundschulebene an bis hinauf zu den Universitäten, ja sogar bis zur Theologie und Seminarausbildung. Die Anzahl der Geistlichen, die in kirchlichen Fächern einen höheren akademischen Grad erreichen, hat abgenommen, während die Zahl der Laien, die in Europa und den beiden Teilen Amerikas akademische und auch kirchliche Grade erreichen, enorm zugenommen hat. In den Fakultäten finden sich immer mehr Laien. Das heißt, die Art und Weise, wie Katholiken unterrichtet werden, ist in einer dramatischen Änderung begriffen; häufig haben diese Laienlehrer höhere akademische Grade von nicht-katholischen Institutionen. Diese Situation birgt sowohl eine Herausforderung als auch Chance in sich; zumindest bietet sie die Möglichkeit, den Prozess der Übertragung der katholischen Lehre neu zu gestalten. Es steht zu hoffen, dass die Entklerikalisierung der katholischen Erziehung eine größere Bereitschaft für ökumenischen und interreligiösen Dialog mit sich bringt, und das schon auf der Grundschulebene der Religionslehrpläne und der örtlichen Pfarreien. Aber es hat sich schon herausgestellt, dass dieser Übergang zu den Laien keineswegs automatisch einen offeneren Umgang mit kirchlichen Anliegen mit sich bringt. Nicht selten sind Laien als Mitarbeiter der Kirche konservativer als es der Klerus in den Tagen seiner Dominanz jemals war.

In einigen Bereichen, besonders in der höheren Bildung, hat der Wechsel zu den Laien und ihr Einsatz von weltlichen Maßstäben akademischer Kompetenz und Freiheit in den Fakultäten der Religionsfächer in katholischen Institutionen dazu geführt, dass sich viele der Kirchenführung entfremdet haben, was eine Anzahl dieser Institutionen in eine katholische Identitätskrise gebracht haben. Manche von ihnen werden nicht einmal mehr von ihrem Ortsbischof als katholische Fachhochschulen oder Universitäten anerkannt; manche haben von sich heraus die Entscheidung getroffen, ihre katholische Identität abzulegen. Diese Entwicklungen, die tatsächlich einem historischen Trend bei den Hochschulen und Universitäten in den USA folgen,[21] stellen für die Kirche sowohl eine Herausforderung, als auch eine Chance dar. Sie werfen die Frage auf, ob eine Universität mit religiösem Bekenntnis dem akademischen Anspruch dieser Institution entsprechen kann.[22] Diese Angelegenheit stellt eine Krise des Heiligen dar, weil sie impliziert, dass der auf innerer Erfahrung basierende

---

21 Vgl. George M. Marsden, *The Soul of the American University: From Protestant Establishment to Established Nonbelief* (New York, Oxford University Press, 1994).

22 Vgl. George G. Marsden, *The Outrageous Idea of Christian Scholarship* (New York: Oxford University Press, 1997).

Zugang zum Heiligen nicht akademisch ist, und dass es nur aus der
Perspektive der Verhaltenswissenschaften, die es von außen her betrachten, beschrieben werden kann, so wie es William James (1842-
1910) vor mehr als einem Jahrhundert in seinem klassischen Werk,
The Varieties of Religious Experience (1902 herausgegeben) tat.[23]

Gleichberechtigung der Geschlechter ist offensichtlich in den
meisten Ländern zu einem Hauptthema im kirchlich katholischen
Leben geworden, und erstreckt sich über die ganze Bandbreite des
Anliegens, Männern und Frauen gleichen Zugang zu allen Ebenen
des kirchlichen Dienstes, einschließlich des Priesteramts, zu ermöglichen, bis zur beide Geschlechter berücksichtigenden Übersetzung
der Schrift und der offiziellen liturgischen Bücher. Diese andauernde Sorge ist noch immer in der Entwicklung begriffen. Die katholische Lehre kennt keine Minderwertigkeit der Frau, ganz im Gegenteil, aber die Vorstellungen bezüglich der richtigen Rollenverteilung
zwischen Männern und Frauen gehen weit auseinander.[24] Diese Vorstellungen werden nicht selten von den umliegenden Kulturen bestimmt, in die die Kirche eingebettet ist, und wo man sich auf die
Lehre der Kirche von der grundsätzlichen Gleichheit aller Menschen
beruft, um den vorherrschenden verletzenden und einfach lieblosen
Praktiken Abhilfe zu schaffen.

Aber im Bezug auf die Krise des Heiligen ist zur Zeit innerhalb
der katholischen Gemeinschaft das umstrittenste aller Geschlechterthemen die Kontroverse über die Ausschließlichkeit der Priesterweihe für männliche Kandidaten. Während die Lehramtsträger auf
höchster Ebene erklärt haben, die Kirche hätte keinerlei biblische
oder traditionelle Basis für die Zulassung von Frauen zum Priesteramt, und der Heilige Stuhl die weitere Diskussion dieser Möglichkeit
für beendet erklärt hat,[25] so bleibt nach wie vor eine Unruhe in den

23 William James, *The Varieties of Religious Experience: A Study in Human Nature* (Centenary Edition; London & New York: Routledge, 2002).

24 Vgl. das apostolische Schreiben *Mulieris Dignitatem, Über die Würde
und Berufung der Frau anlässlich des Marianischen Jahres* von Johannes
Paul II, 30 September 1988, Webseite des Vatikans.

25 Vgl. die Erklärung der Kongregation für die Glaubenslehre *Inter Insi-*

Gemeinden, wo man viele theologische Fragen über die angeblichen Gründe für die Nicht-Zulassung der Frauen zum Priesteramt stellt. Einige Theologen behaupten, dass die Offenbarung sehr wohl Stellen aufweist, die, richtig interpretiert, die Frauenpriesterweihe unterstützen würden. Für manche Katholiken löst dies eine tiefe Krise aus, denn die Sakramente, insbesondere die Eucharistie, sind eben die Momente im Leben der Kirche, in denen die katholische Gemeinde die Gegenwart des Einen Heiligen, der mitten unter ihnen lebt und herrscht, am unmittelbarsten erfährt. Eine unsichere oder falsche Auffassung von der Feier des Sakramentes der Eucharistie trifft somit die Gemeinde ganz direkt in ihrem Verständnis der Kommunion mit ihrem Herrn und miteinander. Aus diesem Grund räumen die Kirchenoberen und Theologen allem, was die Eucharistie und die anderen Sakramente betrifft, höchsten Stellenwert ein.

Es gibt in der katholischen Gemeinschaft auch einige Spannung bezüglich der Sexualethik, aber die Morallehre der Kirche ist in diesem Bereich eindeutig. Grundsätzlich sind alle Katholiken zur gleichen Sexualmoral aufgerufen, ganz gleich welche angeborenen Neigungen sie haben. Die Kirche lehrt, dass die Ehe zwischen Mann und Frau der einzig legitime Raum für das volle Ausleben der Sexualität ist, und innerhalb der Ehe wird sie zur Pflicht, den biblischen Auftrag – wachset und mehret euch – auszuführen und die gegenseitige Liebe und Zärtlichkeit zwischen den Partnern zu pflegen. Es gibt einige Kontroversen und unterschiedliche Auffassungen in Bezug auf Geburtenkontrolle; hauptsächlich handelt es sich dabei um die Rechtmäßigkeit oder Nicht-Rechtmäßigkeit der verschiedenen, zu diesem Zweck anwendbaren Mittel.[26] Zurzeit sorgt man sich un-

---

gnores, 27. Januar 1977; das apostolische Schreiben Papst Johannes Paul II, *Ordinatio Sacerdotalis*, 22 May 1994; und die Antwort der Kongregation für die Glaubenslehre über die bindende Autorität des Apostolischen Schreibens. Diese Haltung ist im Kathechismus der Katholischen Kirche, Abschnitt 1577, unterstrichen.

26 Vgl. John T. Noonan, *Contraception: A History of its Treatment by the Catholic Theologians and Canonists* (Cambridge, MA: Harvard University Press).

ter Katholiken um die Erhaltung der Unantastbarkeit der Ehe, indem man sie gesetzlich auf Mann und Frau beschränkt und jede Vorstellung einer homosexuellen Ehe ausschließt. Dem liegt zugrunde, dass eine Ehe zwischen einem getauften Mann und einer getauften Frau ein Sakrament ist. Für Katholiken ist das Sakrament der Moment, in dem das Heilige in den Alltag einbricht. Wenn die Validität oder die Integrität der Sakramentsfeier bedroht ist, entsteht daraus eine Krise des Heiligen.

In den letzten Jahren haben Jugendbewegungen im katholischen Leben eine herausragende Rolle gespielt, besonders während der langen Amtszeit von Papst Johannes Paul II, in der die Feier des Weltjugendtages zu einem jährlichen Event wurde. Dieser Trend wird allen Anzeichen nach weiter anhalten, und er hat sich tatsächlich unter Papst Benedikt XVI schon fortgesetzt. Das Anliegen dieses Events ist, junge Menschen anzuregen, die Kraft und Gegenwart des Heiligen im ganzen Universum und in ihrem eigenen individuellen Leben besser wahrzunehmen. In dieser modernen Welt, wo Jugendliche mit der ununterbrochenen Bombardierung von Ablenkungen von einem auch nur ansatzweisen Bewusstsein des Heiligen leben, sind ihnen häufig keine Mittel und Wege bekannt, wie man praktisch ein Gefühl dafür bekommen kann. Diese Situation stellt nicht nur für die einzelnen Jugendlichen sondern auch für die gesamte Kirchengemeinschaft eine Krise dar.

3. 5 Bildung und Kontinuität

Das katholische Bildungssystem erfährt zurzeit tiefgreifende Veränderungen. Bislang hatte die katholische Kirche in vielen Ländern die Kontrolle über die Grundschulausbildung, entweder in privaten kirchlichen Schulen, wie in den USA und andernorts, oder staatlich geförderten „katholischen" Schulen, wie in einigen anderen westlichen Ländern. In Afrika und Asien waren die Schulen unter kirchlicher Schirmherrschaft oft ein wichtiger Bestandteil der Evangelisierung. Es ist noch nicht lange her, dass die Kirchenoberen in den USA darauf drängten, dass jedes katholische Kind eine katholische Schule besucht. In jüngster Zeit ist diese Kampagne verschwunden. Die älteren Gemeindeschulsysteme, die in der Vergangenheit hauptsächlich von den Pfarreien und Männer- und Frauenorden unterstützt wurden, sind nun einem Netz privater Schulen gewichen, die unter der Schirmherrschaft der Diözese stehen und häufig noch in Pfarreien ansässig, aber heutzutage für die meisten katholischen Familien aufgrund der hohen Kosten außer Reichweite sind. Diese Entwicklung ist eine der Folgeerscheinungen des dramatischen Rückgangs der Zahl der Priester und Ordensleute, die zum Dienst für Verwaltung und Lehrkörper dieser Institutionen zur Verfügung stehen. Heute ist katholische Erziehung, im Sinne der Erziehung zum katholischen Glauben, weitgehend eine Angelegenheit der "Sonntagsschulen," manchmal in den Händen eifriger aber schlecht ausgebildeter Lehrer. Es gibt Programme für die Ausbildung von Religionslehrern, aber die sind von sehr unterschiedlicher Qualität, je nachdem, wo sie stattfinden, welche finanziellen Mittel zur Verfügung stehen, und wie viel Unterstützung sie von der Kirchenleitung erfahren.

Im Zusammenhang mit der Bildungskrise kann man auch von einer Krise des Heiligen sprechen, da die Dysfunktion im Bildungswesen offenbar einen sehr negativen Effekt auf die Vermittlung eines Gespürs für das Heilige an junge Menschen hat. Und dieser Aspekt der Sache ist zu einem Krisenmoment in der Gesellschaft im Westen geworden, und das besonders in den USA, wo es keine wirklich etablierte Religion gibt und praktisch jede religiöse Tradition der Welt vertreten ist. Da das Gesetz Religionsunterricht an öffentlichen Schulen verbietet, außer in ganz allgemein beschreibender Form, jedoch die Mehrheit der Amerikaner in gewisser Weise religiös sind, sorgt diese Situation für ein Maß an Frustration. Diese Frustration kommt durch die Kontroversen über Bildungspolitik an die Öffentlichkeit. Ein Beispiel dafür liefert zur Zeit die Flut der Argumente zwischen den "Creationists," den Anhängern der "Intelligent Design" Theorie und den Befürwortern der Evolutionstheorie in den USA darüber, was die Biologen von der Entstehung des Lebens, einschließlich des menschlichen Lebens, lehren sollen. Es handelt sich um eine Krise, die auf ihre Weise und auf niedriger Ebene die Probleme widerspiegelt, die wir weiter oben im Zusammenhang mit den Universitäten und der Rolle der Religion in der akademischen Welt diskutiert haben. Sollte das öffentliche Bildungswesen so religionsfrei sein, dass das Heilige im akademischen Diskurs keinen Platz mehr hat?

Eine tiefer liegende Krise im Feld der religiösen Bildung hat mit dem aufkommenden Relativismus im Bereich der Erkenntnistheorie und der Bestimmung der Kriterien für die Wahrnehmung und Weitergabe religiöser Wahrheiten, ja sogar dem Sinn für Wahrheit selbst, zu tun. Dies war das Hauptanliegen, dem Papst Johannes Paul II sich in seiner 1998 veröffentlichten Enzyklika *Fides et Ratio* zugewandt hat,[27] und es hat sich auch schon als eines der Hauptanliegen von Papst Benedikt XVI gezeigt.[28] Inwieweit müssen die Inhalte der göttlichen Offenbarung berücksichtigt werden? Dies ist eine philosophische Krise, die für die Moderne und Post-Moderne charakteristisch zu sein scheint. Die Wissensquelle der Religion ist im christlichen Rahmen eine zweifache, nämlich die Vernunft und der Schatz der Offenbarung, wobei der letztere in Schrift und Tradition bewahrt ist. Es gibt Krisen im Zusammenhang mit der Erkenntnis der Wahrheit in beiden Quellen. Wenn man Vernunft anwendet, gestalten sich die Ausdrucksformen der Wahrheit aus der Sicht der modernen Epistemologien und ihrer Form des Diskurses problematisch; im Studium der Inhalte der Offenbarung haben moderne, geschichtskritische Methoden und das Vorherrschen einer kritischen Theorie der Exegese Relativismus in die Auslegung der grundlegenden Texte gebracht, und zwar in einem solchen Umfang, dass ihre Anwendung auf Dogmatik und Morallehre schwierig geworden ist. Diese Situation wiederum führt zu Schwierigkeiten im allgemeinen Bildungsunterfangen, die das Ausmaß einer Krise annehmen. Auch hier zeigt sich dieses Problem wieder als Effekt der schon früher in dieser Arbeit diskutierten Krisen.

---

27 Papst Johannes Paul II, *Fides et Ratio: An die Bischöfe der Katholischen Kirche über das Verhältnis von Glaube und Vernunft.* Webseite des Vatikans.

28 Vgl. besonders die Aufsätze in Joseph Kardinal Ratzinger, *Glaube, Wahrheit und Toleranz.*

3.6 Die Integrität des Gemeindelebens

Die Integrität der Muster des Gemeindelebens unter Christen hat in den Kirchen der modernen Zeit beachtliche Veränderungen erfahren. Das hängt in westlichen Ländern im zwanzigsten Jahrhundert anscheined teilweise damit zusammen, dass eine Gemeindeversammlung, die im Cyberspace anstelle der physischen Wirklichkeit stattfindet, die Gestaltung einer Gemeinde radikal in Frage stellt. In der unmittelbaren Vergangenheit, besonders im zwanzigsten Jahrhundert, haben nationale und politische Ideologien offenbar mancherorts die Religion als Basis für das Gemeindeleben abgelöst, und diese Entwicklung hat zu verheerenden Folgen geführt. Wenigstens teilweise könnte man die begründete Aussage treffen, dass die Verbrechen gegen die Menschlichkeit, die durch den Marxismus-Leninismus der Sowjetunion und den Nationalsozialismus der deutschsprachigen Welt des letzten Jahrhunderts begangen wurden, erst durch das Versagen der Kirchen, die sozialen Gewissen der Völker an diesen Orten nach den Werten des Evangeliums zu gestalten, gesellschaftlich möglich gemacht wurden. Und diesem Versagen wiederum liegt höchstwahrscheinlich ein Integritätsverlust der christlichen Gemeinden zugrunde, die nicht in der Lage waren, sich der Verbreitung von zerstörerischen Ideologien, die die christliche Lehre untergruben und den Aufbau effektiver christlicher Gemeinden verbaten, entgegenzusetzen.

Auch heutzutage zeichnet sich für Katholiken und andere Christen eine Krise des Heiligen im Zusammenbruch der Gemeindeintegrität ab, da im Christentum die versammelte Gemeinde, die Kirche, einen tiefen Sinn verkörpert, nämlich, der „Leib Christi" in der Welt zu sein, was sie zum Mittelpunkt christlicher Zugehörigkeit macht, sogar vor jeglicher politischen Treue. Ein exzessiver Individualismus, der das Kernstück einer Anzahl moderner Philosophien und Ideologien ist, bedroht diese wichtige Dimension christlichen Lebens und löst diese Kommunion unter Christen, die eine notwendige theologische Basis der Identität der Kirche darstellt, auf. Für Christen ist die Kirche und ihr Sakramentsleben der Ort des Heiligen in dieser Welt; jede wesentliche Bedrohung der Integrität ihres Gemeindelebens ist daher für Christen eine schwere Krise des Heiligen, mit möglicherweise verheerenden Folgen für die Fähigkeit der Kirche, im menschlichen Moralverhalten das Gute zu fördern und das Böse zu untersagen.

3.7 Brücken zwischen Gemeinden

Mit den Herausforderungen des interreligiösen und interkulturellen Dialogs sind Katholiken und andere Christen an jeder Ecke des modernen Lebens konfrontiert, angefangen vom inneren Kern der Gemeinde bis in die Aussenbereiche. Es wird für wichtig erachtet, dass die Kirche Verbindung mit anderen christlichen Bekenntnissen halten sollte, und das verlangt nach ökumenischem Dialog. In ähnlicher Form gibt es eine treibende Kraft zu Gunsten des Dialogs mit nicht-christlichen Religionen, besonders nach dem 2. Vatikanum, wie wir oben schon erwähnten. Und die katholische Kirche ist schon immer ein starker Unterstützer dieser Unternehmungen gewesen, und ist es jetzt auf höchster Ebene. Es gibt jedoch ein Quantum des Widerstands in den Reihen der Katholiken und anderer Christen gegen den ökumenischen und interreligiösen Dialog, und häufig wird er auf der örtlichen Ebene weit weniger gefördert, als der Vatikan es auf der internationalen Ebene, und die nationalen und regionalen Bischofskonferenzen auf der nationaler Ebene tun. Daraus folgt, das eine innerkirchliche Bildung notwendig ist, nicht nur, um das Verständnis für den praktischen Wert des Dialogs für harmonische menschliche Beziehungen zwischen Glaubensgemeinschaften zu fördern, sondern sogar um der Fülle der Wahrheit auf der Spur zu bleiben. Es ist Tatsache, dass den religiösen Gemeinden ein großer Teil der Verantwortung für die Förderung von Frieden und Gerechtigkeit in der Welt zukommt, vielleicht sogar mehr als den politischen und militärischen Machthabern, weil so viele der Brennpunkte, an denen sich Krieg und Chaos zwischen den Völkern entzünden, dort liegen, wo es religiöse Teilung gibt, was bedeutet, dass religiöse Unterschiede für ganz andere Interessen ausgenutzt werden. Aus praktischer Sicht kann man sagen, dass die Arbeit, die durch die Förderung des ökumenischen und interreligiösen Dialoges den Aufeinanderprall der Theologien verhindert, das beste Gegenmittel wider den drohend heraufziehenden „Zusammenprall der Zivilisationen"[29] ist.

Die Betrachtung der Krise des Heiligen, die diesem Imperativ für Dialog zugrunde liegt, wirft sofort die Frage nach der Basis des Dialogs auf; was soll das Kriterium der Rationalität sein, das Maß der Gerechtigkeit zwischen den verschiedenen Gemeinschaften mit verschiedenen religiösen Traditionen und verschiedenen maßgebenden Texten? Aus römisch-katholischer Sicht muss die Antwort lauten, dass die Wahrheit das notwendige Kriterium ist.[30] Aber auch diese Antwort wirft weitere Fragen auf. Was sind die Kriterien für Wahrheit, und kann eine absolute Wahrheit in menschliche Begriffe gefasst werden? Wenn man als Antwort darauf behauptet, dass eine solche Wahrheit in der göttlichen Offenbarung in für Menschen verständlichen Worten verpackt erzählt wird, dann stellt sich die Frage, wie man rational die Zeichen der Glaubwürdigkeit einer speziellen Offenbarung erkennt, und wie man den Wahrheitsgehalt von Interpretationen eines offenbarten Textes mißt.

Mit anderen Worten, letztlich verlangt der ökumenische und interreligiöse Dialog auf praktischer Ebene nach einem Dialog der Philosophien. Diese Stufe „nach unten," von der Ebene der Offenbarung zur Ebene der Vernunft, impliziert keinen Widerspruch zwischen Vernunft und Offenbarung. Aber sie verweist darauf, dass die Wahrheiten der Offenbarung dem menschlichen Geist auf menschlicher Ebene mit Hilfe der Vernunft vermittelt werden müssen, ganz besonders im interreligiösen Zusammenhang, wo die Aussagen der Offenbarung nicht uneingeschränkte Zustimmung bei allen Dialogpartnern finden. In der römisch-katholischen Gemeinschaft wurde dieses Anliegen besonders deutlich in der Enzyklika Papst Johannes Paul II, *Fides et Ratio*, unterschrieben am 14. September 1998, angesprochen.

Die Erkenntnis, dass im Zusammenhang mit dem interreligiösen

---

29 In dem Sinne, wie der Ausdruck bei Samuel P. Huntington in *The Clash of Civilizations and the Remaking of the World Order* (New York: Simon & Schuster, 1996) benutzt wurde.

30 Vgl. besonders Ratzinger, *Glaube, Wahrheit und Toleranz*.

Dialog ein Dialog der Philosophien notwendig ist, beinhaltet die Anerkennung des Erfordernisses, dass die Teilnehmer eines solchen Dialogs die Konversation mit den Partnern apologetisch führen müssen, in dem Sinn, dass sie bereit sein müssen, eine *Apologia* für ihren eigenen Glauben anzubieten, d.h. eine begründete Verteidigung
ihrer Sicht der Wahrheit im Licht der Einwände, die die Partner dagegen setzen.[31] Dieses Unterfangen geht davon aus, dass es allen Dialogpartnern mit höchster Priorität daran gelegen ist, ein akkurates,
wenn nicht sogar erfahrungsgemäßes Wissen der jeweils anderen
Konfessionen zu erreichen, und das in der Originalsprache, in der
sie ausgedrückt sind. Es geht hier darum, die gegenseitigen Traditionen mit Wertschätzung zu studieren. Für einen Katholiken würde
das bedeuten, herauszufinden, worauf der Hl. Geist in den Lehren
der nicht-christlichen Religionen die Aufmerksamkeit der Kirche zu
lenken sucht. In eben diesem Geist lehrt das *Nostra Aetate* des 2. Vatikanums die römisch-katholischen Gläubigen wie folgt:

> *Die katholische Kirche lehnt nichts von alledem ab, was in*
> *diesen Religionen wahr und heilig ist. Mit aufrichtigem Ernst*
> *betrachtet sie jene Handlungs- und Lebensweisen, jene Vor-*
> *schriften und Lehren, die zwar in manchem von dem abwei-*
> *chen, was sie selber für wahr hält und lehrt, doch nicht selten*
> *einen Strahl jener Wahrheit erkennen lassen, die alle Men-*
> *schen erleuchtet.*[32]

Eine solche Idee wie die des interreligiösen Dialogs erfordert offene Konversationen und sogar Debatten über Religion zwischen Gelehrten aus mehreren Weltreligionen, und zwar in den Ländern der
Welt, wo die politischen Realitäten dies zulassen. Das Ziel derartiger Konversationen ist nicht die Konversion des anderen, sondern
die gegenseitige Klärung und Verdeutlichung der Formulierungen
des Bekenntnisses und der moralischen Prinzipien. Das geschieht in

---

31 Vgl. Paul Griffiths, *An Apology for Apologetics: A Study in the Logic of*
Interreligious Dialogue (Maryknoll, NY: Orbis Books, 1991).

32 *Nostra Aetate*, Punkt 3.

der Hoffnung, dass diese Konversationen es den religiösen Führern ermöglichen, eine Basis des gegenseitigen Einverständnisses zu finden, von der aus sie für die Rationalität von Gerechtigkeit und Frieden in unserer gemeinsamen Welt Partei ergreifen können.

Selbstverständlich sollte man bei öffentlichen Diskussionen über Religion zurückhaltend sein; die Geschichte lehrt uns, wie Machtstrukturen in der Vergangenheit auf vielfältige Weise öffentlich Debatten über Religion inszeniert haben, nicht um Klarheit und gegenseitiges Verständnis zu fördern, sondern um andere Religionen der Verfolgung auszusetzen, besonders im mittelalterlichen westlichen Christentum, und in diesem Zusammenhang hauptsächlich zum Schaden der Juden und Muslime. Aber in den modernen Demokratien, mit der Trennung von Kirche und Staat und der Religionsfreiheit als garantiertem Bürgerrecht, könnten religiöse Gruppen selbst nützlich sein, um solche Gespräche voranzutreiben, und zwar innerhalb ihrer eigenen Parameter und weit entfernt vom Sitz politischer und militärischer Macht, die für die Teilnehmer eines derartigen Unterfangens eine Bedrohung darstellen könnten. In diesem Zusammenhang könnte man durch die Erfahrung der Hindus, Buddhisten und Muslime im Indien früherer Zeiten ermutigt werden, wo die Debatte über sowohl bürgerliche als auch religiöse Bereiche zur Lebensart gehörte.[33] Die Herausforderung für heutige religiöse Führer wäre es, innerhalb ihrer Gemeinschaften das positive, sogar wertschätzende Studium anderer Religionen im Zusammenhang mit der apologetische Darstellung der Wahrheitsartikel ihres eigenen Glaubens voranzutreiben.

Aus römisch-katholischer Sicht sollten die philosophischen oder theologischen Kontroversen nicht der einzige, nicht einmal der größte Bereich des interreligiösen Dialogs sein. Der Dialog des Alltags und die Suche nach Weisheit, wo immer sie zu finden ist, ist in der so genannten abrahamitischen Familie besonders wichtig. Dieser Zusammenhang erinnert an die Erfahrung bekannter Persönlichkei-

---

33 Vgl. dazu das interessante Buch des Wirtschaftswissenschaftlers Amartya Sen, *The Argumentative Indian: Writings on Indian History, Culture and Identity* (New York: Farrar, Straus and Giroux, 2005).

ten, deren christlicher Glaube gerade durch die Begegnung mit anderen Religionen auf deren eigenem Boden neu erweckt, vertieft und anderen besser vermittelbar gemacht wurde. Jules Monanchin, Henri Le Saux und Bede Griffith machten solche Erfahrungen bei den Hindus[34]; Enomiya Lassalle, Donald Mitchell und viele andere hatten die gleiche Erfahrung bei Buddhisten.[35] Sogar bei Muslimen, mit denen Christen eher Schwierigkeiten haben, in den Dialog zu kommen, gibt es die eindrucksvollen Beispiele eines Louis Massignon und Kenneth Cragg.[36] Auf der anderen Seite, innerhalb der islamischen Welt, könnte man die Beispiele des Royal Institute for Interfaith Studies in Amman, Jordanien, erwähnen, auch die Bemühungen der Anhänger des Fethullah Gülen in der Türkei,[37] und, in Nordafrika, das fortlaufende Unternehmen christlicher und muslimischer Mitglieder der interreligiösen Studiengruppe, bekannt unter dem Akronym GRIC (Groupe de Recherches Islam-Chrétien), die ernsthaft Themen göttlicher Offenbarung miteinander diskutieren.[38]

Zum Abschluss kann man feststellen, dass die meisten Krisen des Heiligen, die wir in dieser Arbeit behandelt haben, in der einen oder anderen Form, mit dem Umgang von Völkern verschiedener

---

34 Vgl. Françoise Jacquin, *Jules Monchanin prêtre 1895-1957* (Paris: Cerf, 1996); André Gozier, *Le père Henri Le Saux: à la rencontre de l'hindouisme* (Paris: Centurion, 1989); Judson B. Trapnell, *Bede Griffiths: A Life in Dialogue* (Albany, NY: State University of New York, 2001).

35 Vgl. Enomiya Lasalle, *Zen: Weg zur Erleuchtung* (München: Herder, 1989); Donald W. Mitchell, *Spirituality and Emptiness: The Dynamics of Spiritual Life in Buddhism and Christianity* (New York: Paulist Press, 1991).

36 Vgl. Christian Destremau & Jean Moncelon, *Massignon* (Paris: Plon, 1994); Mary Louise Gude, *Louis Massignon: The Crucible of Compassion* (Notre Dame, IN: University of Notre Dame Press, 1996); Christopher Lamb, *The Call to Retrieval: Kenneth Cragg's Christian Vocation to Islam* (London: Grey Seal, 1997).

37 Vgl. Fethullah Gülen, *Advocate of Dialogue* (comp. Ali Ünal & Alphonse Williams; Fairfax, VA: The Fountain, 2000).

38 Vgl. Muslim-Christian Research Group, *The Challenges of the Scripture: The Bible and the Qur`ān* (Maryknoll: NY: Orbis Books, 1989).

religiöser Traditionen miteinander zu tun haben. Von den Diskussionen unter den religiösen Führern verschiedener Traditionen ist die Erkenntnis zu erwarten, dass ähnliche Momente der Krise alle religiösen Gemeinschaften der heutigen Welt betreffen. Im Zusammenhang mit dieser Beobachtung kann wohl die Ermutigung zum interreligiösen Dialog als der eine, praktikabelste Schritt nach vorne erscheinen, den ein religiöser Führer tun kann, um sich den vielfachen Krisen, denen ihre Gemeinden ausgesetzt sind, zuzuwenden. Und dabei könnte das eine, wichtigste, zu verteidigende Prinzip das des gottgegebenen Menschenrechts der Gewissens- und Religionsfreiheit sein.

Kapitel 4
Herausforderungen und Chancen
in der heutigen jüdischen Krise des Heiligen

B. Barry Levy

4.1 Einführung

Das Wort für „Krise" im modernen Hebräisch ist *mashber,* was auf eine Wurzel zurückgeht, die „brechen" oder „zertrümmern" bedeutet. Das legt nahe, dass jede Krise eine beträchtliche Dimension der Zerstörung und des Negativen einschließt, aber *masber* bezeichnete darüberhinaus auch schon in biblischen Zeiten das Platzen der Fruchtblase einer Schwangeren kurz vor dem Einsetzen der Wehen. Während das „Brechen" als wichtige Komponente bestehen bleibt, wird doch durch diesen Sprachgebrauch der semantische Umfang dieses Wortes erheblich erweitert und lässt vermuten, dass „Krise" einiges ernstzunehmendes Potential für das kreative Gute enthält. So schmerzhaft und fordernd eine Krise auch erscheinen mag, muss sie nicht unbedingt nur schlecht sein, sondern kann auch das Potential für durchaus positive Ergebnisse besitzen; vielleicht enthält sie auch die Vorstellung, vorübergehend zu sein. Schwere Krisen jedoch können verheerend sein, selbst wenn sie nur von kurzer Dauer sind.

Die Krise, von der ich hier spreche, ist eine moderne, die aus der andauernden Evolution des Judentums, den wechselseitigen Beziehungen zwischen seinen Anhängern untereinander und den Kulturen, in welchen sie sich befanden, geboren ist. Natürlich ist da nichts ausgesprochen Modernes an dieser Situation oder an der begleitenden Krise; seit dem Altertum ist dies schon immer eine Facette jüdischen Lebens gewesen. Kaum jemals hat es ein einheitliches Denken in irgendeiner wichtigen Angelegenheit gegeben, aber nur in wenigen Situationen ist das jüdische Volk in Dutzende polarisierter Sekten zerteilt gewesen. Das moderne Zeitalter hat seine eigenen Merkmale dazugefügt: das Zusammenschrumpfen der globalen Gemeinschaft; die Entwicklung extrem negativer Einstellungen der Nicht- Juden (und sogar einiger Juden) gegenüber den Juden und dem Judentum, die man für allgemein weit legitimer als jemals zuvor und auf das Land Israel übertragbar hält; und der Druck, der durch die in alle Dimensionen des heiligen Lebens eindringenden, neuen Technologien erzeugt wird. All dies wird durch die Medien noch weiter verschärft, die keine Grenzen in der Ausleuchtung der negativen Seite der Menschheit im Allgemeinen und der Religion im Besonderen kennen, aber anscheinend weder Zeit noch Interesse für die positiven Dinge in der Religionen haben. Stattdessen versuchen sie, komplexe und nuancierte Gedanken in dreißig Sekunden Audiohappen auszudrücken, wobei sie alles auf übersimplifizierte und polarisierte Extreme reduzieren. Viele andere Faktoren unterscheiden diese Krise sowohl quantitativ als auch qualitativ von allen vorangegangenen, so häufig sie auch aufgetreten sein mögen und so beunruhigend sie für die, die sie durchlebt haben, auch gewesen sein mögen.

Das Judentum hat Jahrtausende überlebt, nicht zuletzt deswegen, weil Juden mit Krisen umzugehen wussten. Um es mit einem durch Kenny Rogers populär gemachten Song zu beschreiben: sie haben gewusst, wann zu halten, wann zu falten, wann weg zu gehen und wann zu laufen. Vielleicht sind sie nicht immer schnell genug gelaufen, aber nach mehr als 3000 Jahren sind die Juden immer noch da. Was immer sie erreicht haben, und man muss ihnen da Etliches zuschreiben, ihr Überleben als Juden hatte immer erste Priorität. Während verschiedene Formen des Judentums sich verändert und entwickelt haben, ist die Verpflichtung dem Überleben selbst gegenüber geblieben; ja, sie ist sogar quasi ein Wappenzeichen des Judentums geworden.

Das Jahrzehnt zwischen 1939 und 1948 ist Zeuge der zwei wichtigsten jüdischen Ereignisse der letzten zwei Jahrtausende geworden, des Holocausts und der Gründung des Staates Israel. Das eine wird hauptsächlich negativ, das andere überwiegend positiv gesehen, obwohl wir an einen Punkt gelangt sind, wo sogar die Frage, welches was ist, ein Thema vieler öffentlicher Debatten darstellt, insbesondere bei einigen Nicht-Juden. Aber Juden wagen nicht, sich vorzustellen, das Erstere könnte die einzige Quelle der Krise sein, die das Judentum konfrontiert, oder dass das Letztere die einzig denkbare Lösung böte.

Die heutigen Kräfte, die in vielerlei Weise von diesen beiden Ereignissen herrühren, aber auf der anderen Seite auch weitgehend unabhängig davon bleiben, haben den Juden eine neue und ungewohnte Stellung zugewiesen, die ständige Aufmerksamkeit und Umsichtigkeit zur Vermeidung möglicher Fallgruben beinhaltet. Anstatt mich über Erfolge und Versagen der Vergangenheit auszulassen, was den zur Verfügung stehenden Raum sprengen und nicht viel bringen würde, möchte ich einige historische Beschreibungen, einige dazugehörige Analysen und einige Fragen anbieten, die geeignet sein könnten, den heutigen religiösen Führern zu helfen, spezifische Herausforderungen zu formulieren, denen sie ihre kurzzeitige oder längerfristige Aufmerksamkeit zuwenden wollen.

In seiner klassischen Form ist das jüdisch religiöse Leben eine Gemeinschaftsaufgabe, die alle Mitglieder der Gesellschaft zur Teilnahme einbezieht. Die Aufgaben sind für Priester und Laien, Männer und Frauen, Erwachsene und Kinder oder andere Kategorien der Gesellschaftsmitglieder nicht identisch; tatsächlich gehen die Erwartungen oft weit auseinander. Aber die überbrückende Annahme ist, dass die Summe ihrer Anstrengungen- nicht die einzelnen Teile- das ergibt, was den Bund Gottes mit dem jüdischen Volk aufrechterhält. Dieser Bund, ein Kernstück biblischer Religion und post-biblischer philosophischer Überlegung, ist sowohl ein persönlicher, als auch ein nationaler.

Auf den folgenden Seiten behandle ich viele Dimensionen „der Krise," die heutige Juden konfrontiert, und die man vielleicht besser als eine Serie von ineinander verzahnten Krisen und verwandten Herausforderungen und Stressfaktoren beschreibt. Viele verschiedene Kräfte wirken auf die gegenwärtige Situation ein, und in vieler Hinsicht ist es unmöglich, sie klar und systematisch zu unterscheiden. Die meisten meiner Anliegen drehen sich jedoch um diese zwei Themen: die Bedeutung des Individualismus in einem religiösen System, das nur teilweise individualistisch ist, und die ausufernde Zersplitterung und daraus resultierende Uneinigkeit der Juden und des Judentums. Spezifische Bildungs-und Führungskrisen, das Wesen und die Integrität der Veränderung, das Überleben kleiner, isolierter Gemeinden, der Konflikt zwischen Traditionalismus und Modernismus, das Wesen und die Qualität des öffentlichen Gottesdienstes, die Ausgrenzung der Frauen und die Qualität der religiösen Autorität betreffen beinahe jeden Aspekt des Judentums. Der äußere Druck zur Veränderung, der sich auf alle religiösen Gemeinschaften auswirkt, schliesst die Globalisierung, den Zerfall der Familie, die Macht der Medien, Verweltlichung, Modernität und die Entwicklung der Technologie mit ein.

Ganz sicher ist weder alles in der Krise, noch ist die jüdische Situation soweit zerfallen, dass keine Hoffnung auf Genesung bestünde. Und sicher sind die Dinge schon schlimmer gewesen, als sie heute erscheinen, sogar in der jüngsten Vergangenheit. Aber während sich noch positive Kräfte zur Lösung von Problemen sammeln, bringen andere neue Herausforderungen mit sich. Daher glaube ich, dass es eine vielschichtige, ausgesprochen jüdische Krise des Heiligen gibt, die ich jetzt zu beschreiben versuche. Der Einfachheit halber ist jedes einzelne Beispiel separat herausgestellt und nummeriert, um späteren Bezug darauf zu erleichtern, was aber nicht heißen soll, dass dies eine genaue, umfassende und ausschließliche Liste ist.

4.2 Die Krise des übermäßigen Individualismus

Die Moderne ist eine Kultur des Individuums. Individuen treten oft in Rudeln auf, aber letztlich drehen sich die westlichen Gesellschaften und deren Gesetze um die Individuen; sie befassen sich in erster Linie mit individuellen Rechten und Freiheiten und widmen sich kaum den Werten, Praktiken oder Bekenntnissen von Gruppen, oder einer Anpassung an solche Werte. Als ein einfaches Beispiel aus Kanada nehme ich die Beweislage einer Gerichtsentscheidung in einer jüdischen Angelegenheit, wie sie im Jahr 2004 gefällt wurde. Nach einer Reihe von Berufungen in einer Sache, in der es um das Wesen und die Verpflichtung gegenüber einer religiösen Vorschrift ging, entschied der Oberste Gerichtshof, mit fünf zu vier Stimmen, dass die Definition der religiösen Pflichten des Einzelnen nicht durch eine Gerichtskonsultation mit den formellen religiösen Führern bestimmt werden könne. (Tatsächlich haben in diesem Fall die religiösen Autoritäten zwei gegensätzliche Positionen bezüglich des präzisen Wesens dieser Pflicht bezogen, aber, darum ging es nicht). Vorrangig war in diesem Fall der Glaube des Einzelnen. Mit anderen Worten, in Kanada können weder formalreligiöse Vorschriften, Lehren der Schrift und Schriften anerkannter religiöser Autoritäten noch Aussagen heutiger Experten das Wesen der persönlichen religiösen Verpflichtung des Einzelnen bestimmen. Allein der jeweilige Ausübende hat das Recht dazu, was aus jedem Laien, und sei er in formal religiöser Bildung noch so unbedarft, seinen eigenen Gründer, Gesetzgeber, Theologen, Priester und Propheten macht. Die Absurdität dieses weltlichen und angeblich liberalen Urteils sei dahin gestellt; es ist offensichtlich, dass es die Stimmung der heutigen westlichen Welt reflektiert.

Unsere Generation ist eine der Individuen und Individualisten. Die Standards, Erwartungen, Regeln und Lehren der Gründer, Übermittler und der heutigen Führer sind allesamt denen jedes Einzelnen untergeordnet worden. Als Echo der gleichen Kräfte, die letztlich diese kanadische Situation hervorbrachten, haben sich während der letzten ein oder zwei Jahrhunderte viele Juden für die optionale Qualität der religiösen Observanz ausgesprochen. Für viele ist das Judentum ein immerwährendes, offenes Buffet, von dem man sich jederzeit so viel oder wenig nehmen kann, wo und wie man möchte. Bei einer solcher Denkweise ist zum Beispiel die Einhaltung des Sabbat schwierig und einschränkend; warum also nicht das biblische Prinzip, das dies als "Freude" herausstellt, zum übergeordneten Wert machen, und darauf zeitgenössische Standards der Freude anwenden, um damit gewisse Praktiken zu definieren und den Rest einfach ignorieren? Oder, warum nicht einfach die vorgeschriebenen Rituale einhalten, aber nicht die Verbote der verschiedenen Formen der Arbeit? Oder, warum nicht die Sabbateinhaltung auf den öffentlichen Bereich beschränken und den privaten ignorieren? Oder ihn auf Freitagabend oder Samstag beschränken, und nicht beides?

In gleicher Weise, so argumentieren einige, sind Speisevorschriften komplex und scheinbar unnötig; warum sollte man sie nicht aufgeben und durch Verpflichtungen zur gesunden Ernährung, vegetarischem Essen, oder dergleichen ersetzen? Aufgrund ihrer geschichtlichen Entwicklung sind die Speisevorschriften komplex und überall vorhanden, was sowohl an den Gesetzen als auch den heutigen Methoden der Nahrungsmittelproduktion liegt. Anstatt diese Gesetze im Detail zu befolgen, haben manche sich jedoch für die Vorstellung entschieden, dass sie nicht wichtig sind; sie nur zuhause zu beachten und im Restaurant unvorschriftsmäßig zubereitete Mahlzeiten zu essen; oder anzunehmen, dass alle Töpfe und Teller gleichermaßen benutzt werden können. Einige verlassen sich auf Etiketten, die nach Aussage der zulassenden Behörden den vorgeschrieben religiösen Standards nicht genügen. Sie bilden sich ein, dass eine „reine" Ingredienz 100% derselben bedeutet, wo doch das Gesetz eine ganz andere Definition hat und legal einen Ersatzstoff erlaubt, ohne nötige Änderung des Etiketts, und ohne überhaupt eine Aussage zu den erlaubten Inhalten machen zu müssen (es geht da eher um das Nicht-Vorhandensein von Verunreinigungen als die eigentliche Zusammensetzung des Produkts). Andere leben einfach als Vegetarier, obwohl auch das ohne Beachtung anderer Speisevorschriften geschieht. Nicht zu vergessen, das schließt viele ein, die vor sich selbst und bei anderen als gesetzestreu gelten. Jene, die offiziell das ganze Speisesystem oder das gesamte jüdische Gesetz abgelehnt haben, sind nicht in diese Diskussion mit einbezogen.

4.3 Die Krise des öffentlichen Gottesdienstes

Synagogengemeinden setzen sich aus Gruppen von Individuen mit verschiedenen Bedürfnissen, Erwartungen und Fähigkeiten zusammen, die häufig ihre örtlichen Gruppen unter Druck setzen, sich ihren individuellen Erwartungen anzupassen, wobei sie die Veränderungen Einzelner zu denen der Gruppe machen; andere kämpfen, um jegliche Veränderung zu verhindern, ungeachtet der Notwendigkeit. Manchmal werden *de facto* Veränderungen von denen eingebracht, die sie eigentlich vermeiden wollen. In den letzten Jahrhunderten hat es kaum einen größeren Bereich religiöser Veränderung gegeben als den des öffentlichen Gottesdienstes, ein Bereich, der die Entstehung ganzer Bewegungen von Juden erlebte, die in dem Versuch, das Gebet zu modernisieren und so für die Leute, die mit der traditionellen Form Schwierigkeiten hatten, akzeptabler zu machen die Gebete und Gebetbücher umschrieben und fast alles änderten, was mit dem öffentlichen Gottesdienst zu tun hat. Ob das letztlich gut oder schlecht ist, bleibt abzuwarten, aber trotz der Gefühle der Traditionalisten, die gegen die meisten dieser Veränderungen sind, versuchen die Modernisten weiterhin, den Gottesdienst sinnvoller zu gestalten. Aber was ist mit denen, die solche Veränderungen in ihrem eigenen Leben ablehnen, aber wenigstens verstehen, dass sie möglicherweise für andere sinnvoll sind?

In vielen Diasporasynagogen dauert der Morgengottesdienst am Sabbat bis zu vier Stunden; für viele Menschen eine sehr lange Zeit zu sitzen und dem Gottesdienst aufmerksam in einer fremden Sprache zu folgen. Viele nicht-orthodoxe Synagogen haben den Gottesdienst gekürzt, aber bei denen, die es nicht getan haben, findet sich häufig die folgende Situation, die in orthodoxen Synagogen außerhalb Israels endemisch ist. Als Folge des langen Gottesdienstes und der mangelnden Fähigkeit, sich mit ihm voll zu identifizieren, ist es für manche bequem, erst nach dem offiziellen Frühgottesdienst zu erscheinen (während der 2. von 4 Stunden); sich während der Thora Lesung zu unterhalten (der größte Teil der 3. Stunde); danach den „Kiddusch Klub" zu besuchen (ein kleiner Imbiss, der gegen Ende der Thora Lesung in einigen Synagogen von einer Gruppe von Einzelpersonen, die die Kosten übernehmen, angeboten wird); des Weiteren, während der Predigt zu lesen, oder zu schlafen, und den Rest des Gottesdienstes im engen gesellschaftlichen Austausch mit den anderen Teilnehmern zu verbringen. Dies ist weder Übertreibung noch Karikatur; ein derartiger Sabbatmorgen ist Routine für viele tausende regelmäßiger Synagogenbesucher; er ist eher gesellschaftlich als spirituell.

Wenn neue Situationen neue Gebete erfordern, dann bleiben die alten, die die meisten Leute nicht mehr sprechen, zwar ein Teil des offiziellen und formalen Gottesdienstes, sind aber vielen Teilnehmern nicht mehr bekannt. Somit hat sich zwischen der Mehrheit der Leute und ein paar wenigen ein immer größer werdender Riss entwickelt, der dazu führt, dass die meisten an den langsamen Stellen alles Mögliche tun, nur nicht beten. Einige studieren klassische religiöse Texte oder lesen Übersetzungen davon, andere lesen Bücher, Studienangebote oder die überall anzutreffenden Ausdrucke der täglichen oder wöchentlichen Nachrichten aus dem jüdischen Web. Andere pflegen gesellschaftliche Kontakte oder machen die Geschäfte, die am Freitag nicht fertig geworden sind.

Unabhängig davon, was die Leute selbst sagen, besucht ein großer Teil der religiösen Bevölkerung – und dabei muss ich betonen, dass diese Leute sich selbst als orthodox betrachten und auch von anderen so gesehen werden – den Gottesdienst, um Zeuge zu sein, d.h., um zu sehen, dass er richtig durchgeführt wird, und um in einem psychologischen Prozess, ähnlich dem der Teilnahme an Tempelopfern im Altertum, die nur von Priestern ausgeführt wurden, visuell an ihm teilzuhaben. Die meisten dieser Leute nehmen an dem vierstündigen Gottesdienst nur weniger als fünf Minuten teil. Das Gebet ist in der Krise, zumindest für viele, die durch ihre Teilnahme zum Ausdruck zu bringen scheinen, dass sie es ernst nehmen wollen. Und das System des formalen öffentlichen Gottesdienstes zerfällt für viele, die es schätzen. Jene, die deutliche Änderungen vornehmen, werden von den Traditionalisten kritisiert, aber der Traditionalismus hindert viele seiner Anhänger daran, das wirkliche Problem zu erkennen und sich mit ihm auseinanderzusetzen. Einzelne und auch Gruppen mögen versuchen, diese Situation zu korrigieren, aber ihre Lösungen führen oft zur Isolation von anderen. Diese Trennwände unter Juden und jüdischen Gruppen sind eine der ernstesten Folgen der systematischen Zersplitterung der Gemeinschaft, die im Folgenden behandelt wird.

4.4 Krise aufgrund der Nichtanerkennung der Legitimität verschiedener Formen der jüdischen Religionsausübung (Traditionalismus versus Modernismus)

Einige Personen und ihre Anhänger haben Identitäten und Haltungen geschaffen, durch die sie andere Gruppen innerhalb der jüdischen Konstellation herausfordern. Es wurde berichtet, dass die Polizei von Toronto einmal ein Treffen von Synagogenvorstehern organisieren wollte, um Angelegenheiten der Sicherheit zu diskutieren. Die lange Vorgeschichte hierzu ist die Weigerung mancher orthodoxen Rabbis, nicht-orthodoxe Synagogen zu betreten, was etliche ihrer nicht-orthodoxen Kollegen veranlasst hat, in geicher Weise zu reagieren. Dem zu Folge war es der Polizei nicht möglich, eine Synagoge zu finden, in der ein Treffen stattfinden konnte; schließlich mussten vier unterschiedliche Treffen anberaumt werden. Ähnliche Abkapselungen konnte man bei den Sitzungen des "National Bible Contest" sehen, wo Mitglieder der einen oder anderen Gruppierung sich weigerten, die heilige Stätte einer anderen, "Anstoß erregenden" Gruppe zu betreten. Im guten kanadischen Geist haben die Organisatoren Platz bereit gestellt, um sicher zu stellen, dass kein Student gezwungen würde, durch seine Teilnahme irgendwelche Prinzipien zu verletzen. Eine Kontrolle dieser Art hindert jedoch gutwillige Mitglieder von Gemeinden daran, sich so zu verhalten, wie sie wohl gerne möchten, und begünstigt Extremismus und Trennung zu einer Zeit, in der sie gerade vermieden werden sollten. So kontrolliert die etablierte Politik die individuellen Leben, vertieft den Antagonismus und teilt eine ohnehin schon kleine und zersplitterte Gruppe weiter auf.

Exklusivistische Bestrebungen nützen keinem und können vielen schaden. Sie werden aufrechterhalten, um offiziell den Mit-Gläubigen gegenüber kritisch zu bleiben. Während die Globalisierung die Welt zusammenschrumpft, werden religiöse Menschen überall dazu aufgerufen, ihre Haltungen anderen Religionen gegenüber neu bedenken. Dieser Prozess könnte mit einer innerjüdischen Betrachtung zum Thema, wie die individuellen Interessen die der Gemeinschaft dominieren, und wie alle Juden miteinander umgehen, beginnen, oder sie zumindest einschließen.

4.5 Die Krise der Ausgrenzung der Frauen

In den letzten Jahrzehnten haben einige Gruppen einen Frontalangriff auf das, was ein männliches Monopol im jüdischen Leben zu sein scheint, geführt, was allen möglichen Druck zur Veränderung und Verlagerungen in der Anhängerschaft und der Ausübung der Religion bewirkt hat. Dieses Anliegen zielt nicht direkt auf ein bestimmtes Ritual, obwohl es ernsthafte Widersprüche zu manchen Praktiken und der Art, wie sie kontrolliert werden, gibt, sondern, statt dessen anscheinend auf das ganze System, das traditionell dem Männlichen Priorität einräumt, sei das in Bereichen des öffentlichen Gottesdienstes, der rituellen Ausübung oder des Studiums. Die letzten Jahre haben sowohl bei orthodoxen als auch nicht-orthodoxen Gemeinschaften revolutionäre Veränderungen in Haltung und Praxis erlebt, wobei einige Gruppen eine ausgeglichenere Verteilung der Möglichkeiten für Männer und Frauen zulassen, während andere, mehr rechts gerichtete Kreise, sich in die Gegenrichtung bewegen.

Teilweise rührt dieses Problem von der Modernisierung des Familienlebens, dem Wandel der wirtschaftlichen und sozialen Erwartungen, dem Verlust vieler traditioneller Gebote und den radikalen technologischen Fortschritten her, die das jüdische Heim und die möglichen Rollen der Frau (und des Mannes) darin beeinflusst und somit ein ganz anderes Umfeld geschaffen haben, in welchem sich die Menschen befinden. Die Modernisierung des Heims hat das Wesen der Hausfrau und Mutter durch erhebliche Arbeitsentlastung verändert; als Begleiterscheinung haben sich viele spirituelle Komponenten und traditionelle Bräuche verloren, die mit diesen Aktivitäten in Zusammenhang standen, was für die moderne Frau die Notwendigkeit ergeben hat, eine andere Form religiösen Ausdrucks zu finden. Der Wunsch, innere und wertgeschätzte spirituelle Bedürfnisse zu befriedigen, hat zwangsläufig zur Imitation der männlichen Rollen geführt, während Männer sich gleichzeitig von der Basis der Verpflichtung und Observanz entfernt haben. All dieses hat sich hauptsächlich auf den Bereich des öffentlichen Gottesdienstes ausgewirkt, der sich ständig in einer Art weiterentwickelt, wie sie selbst vor kurzem noch nicht vorhersehbar gewesen wäre.

Das Gleichheitsideal der westlichen Demokratien stärkt diese Position und hält sie im Vordergrund der jüdischen Diskussion. Trotzdem haben einige traditionalistische Frauen sich den Status quo ante auf die Fahnen geschrieben, aber diese Verteidigung des Traditionalismus von Frauen ist in sich eine moderne Neuerung. Persönliche Beobachtung legt nahe, dass im Allgemeinen die orthodoxen Männer und Frauen sich ihre Verpflichtung gegenüber den religiösen Werten und der Ausübung der Religionspraxis teilen, während in den nicht-orthodoxen Gemeinden hauptsächlich die Frauen für das Überleben des Judentums verantwortlich sind. Wenn das so ist, dann dient diese eine Tatsache dazu, die Notwendigkeit und Wichtigkeit des weiblichen Einflusses auf den nicht-orthodoxen Bereich zu rechtfertigen. Die Unruhe jedoch, die dieses Problem und seine mögliche Lösung weiterhin auslösen, ist eine Krise größeren Ausmaßes.

4.6 Die Familie in der Krise

Die Familie ist traditionell immer die Grundeinheit der jüdischen gesellschaftlichen Existenz gewesen. Hier leben die Menschen zusammen, hier teilen sie Freud und Leid des Lebens, essen, schlafen, pflanzen sich fort und sterben. Sie ist auch der primäre Ort, an dem religiöses Leben und religiöse Erziehung stattfinden, obwohl beide auch zum Brennpunkt größerer Gruppenaktivitäten geworden sind. Jede moderne Einmischung in das religiöse Leben der Familie hat ihre Auswirkung auf den Verband von Individuum – Familie – Gemeinschaft und auf die globale jüdische Situation, ganz abgesehen von den religiösen Werten und dem Verhalten, die traditionell hier gelehrt und praktiziert wurden.

Viele Aspekte des persönlichen Lebens sind in der Familie begründet, und das Judentum ist für seine starken Familienbande bekannt. Kleine Kinder und die Alten gehören zu den vielen Dingen, um die die Familie sich kümmern muss, und in früheren Zeiten war die Familie die gesellschaftliche Einheit, wo viele der Herausforderungen und Entwicklungen des Lebens über die Bühne gingen. Die moderne Umorientierung der Erwartung, dass Menschen heiraten, eine Familie unterhalten, im Familienbund leben, und sowohl zur Familienstruktur beitragen als auch von ihr profitieren werden, beeinflusst nicht nur die Ausführung dieser Dienste, sondern auch jenen Mechanismus, durch welchen sie bereit gestellt wurden, und die Aussicht, dass er das auch in Zukunft weiter so tun wird. Die Rituale und vorgeschriebenen Bräuche, die in der Familie eingebettet waren oder sind, kommen gewöhnlich jenen, die sie außerhalb des Familienzusammenhangs zu befolgen versuchen, seltsam oder sogar bizarr vor; die althergebrachte Gemeinschaft der Tafelrunde, der Sabbat und die Festtagsmahle späterer Zeiten sind die augenfälligsten Beispiele hierzu. Interessanterweise haben neuere Studien bestätigt, dass das gemeinsame Abendessen die beste Möglichkeit ist, sicher zu stellen, dass die Werte der Familie an die Kinder weitergegeben werden, und dass dem Drogenkonsum, den schlechten schulischen Leistungen, dem Umgang mit unerwünschten Personen und Einflüssen, etc. etwas entgegengesetzt wird. Graduelle An- und Abstiege sind feststellbar für jeden Tag der Woche, an dem die Familien nicht miteinander essen. Die Familie ist ein äußerst gewichtiges, aber erst in jüngster Zeit wertgeschätztes Vehikel für das Lehren von Werten.

Natürlich hat nicht immer jeder im Familienverbund gelebt, aber es waren in der Vergangenheit weit mehr Menschen als heute, und diese Veränderung hat der heutigen jüdischen Gemeinschaft eine Krise bereitet. Dinge, die früher in und von der Familie getan wurden, sind jetzt in der Verantwortung der Gemeinde, einschließlich Ehen anbahnen, den Gemeindesabbat ausrichten, Festtagsmahle und Pascha Seder für die ganze Gemeinde arrangieren, Kinderkrippen anbieten, Bar und Bat Mitzvah Feiern organisieren, und vieles mehr. Die Gemeinde bietet diese Dinge an, weil es vielen Einzelpersonen nicht möglich ist, und weil deren Kontakt mit anhaltenden Familienaktivitäten oft verschwindend gering ist. Aus diesem

Grund sind Rituale, die traditionell in oder von der Familie durchgeführt wurden, unter heftigem Druck, sich zu verändern, oder zu verschwinden. Kinder werden in Familien erzogen, und selbst wenn sie in der Schule eine solide Grundlage bekommen, ist es nur durch die Verstärkung der Familie zuhause, dass das Kind die Wichtigkeit des Gelernten verinnerlicht. Die Reaktionen auf diese Veränderungen beschränken sich nicht auf bestimmte Bewegungen innerhalb der jüdischen Herde. Alle sind gleichermaßen betroffen; nur wer eisern die volle Verpflichtung zur Familie einhält, kann hoffen, dem zu entrinnen.

Die Sorge über den Verlust der Familie als Überträger religiöser Werte ist natürlich nur ein kleiner Teil der globalen Attacke auf die Familie als Institution. Veränderungen in der Einstellung zu außerehelichem Sex, zum Bekommen von außerehelichen Kindern oder keinen Kindern, zum Einzeldasein ohne irgendeinen weiteren Beitrag zur Gesellschaft ausser der Verpflichtung zu arbeiten und Steuern zu bezahlen, haben das Wesen der Familie vielerorts verändert. Heute wird empfohlen, dass man lebt, das Leben genießt und umgehend aus der Arena der Lebenden entfernt wird, bevor man einem Verwandten oder der Gesellschaft, in der man lebt, zur Last fallen könnte. Euthanasie ist die äußerste Beleidigung für den Einzelnen, der im gegenwärtigen System allen herausfordernden Kräften alleine Widerstand leisten muss. Familien helfen auch, aber die derzeitige Krise der Familie weist darauf hin, dass sie globale Unterstützung bräuchte, und genauso wie Eltern guten Willens neue Hilfestellung in der Erziehung ihrer Kinder benötigen, müssen auch Gemeinschaften nach Wegen suchen, Werte zu vermitteln, was man früher als Teil der elterlichen Verantwortung betrachtet hat.

4.7 Die Krise kleiner und kulturell isolierter jüdischer Gemeinden

Zu keiner Zeit der Geschichte haben alle Juden in Zentren gelebt, die alle idealen Formen des jüdischen Lebens angeboten haben, und als Folge davon haben sich verschiedene Ebenen kultureller Unabhängigkeit, Isolation, und Assimilation herausgebildet. In vielen modernen Zusammenhängen sind Normen und Muster klassischen jüdischen Lebens ständig unter Druck, sowohl von innen als auch von außen. Standards der religiösen Observanz in Jerusalem und in der Stadt New York sind in der Regel völlig verschieden von denen in anderen israelischen oder nordamerikanischen Gemeinden. Studenten, die beantragen, in Israel zu studieren, werden je nachdem, ob sie von New York oder woanders her kommen, unterschiedlich behandelt. Synagogenleiter tun alles Erdenkliche, um einen Posten in der New Yorker Gegend zu bekommen. Die dortigen Standards der Observanz unterscheiden sich von denen an vielen anderen Orten, besonders in kleinen, abgelegenen Gemeinden, wo es keine vergleichbaren jüdischen Konzentrationen gibt. Aus diesem Grund schicken Eltern ihre Kinder im High School Alter zum Schulbesuch an entfernte Orte und bereiten damit möglicherweise den Boden für weitere persönliche Krisen. Einige abgelegene Gemeinden sind schon fast verschwunden, weil dem Glauben verbundene Familien ihre Kinder in Städten erziehen lassen und ihnen nahelegt haben, dorthin zu ziehen. Diese Konzentration von Menschen und Reichtum bereitet den großen Zentren beneidenswerte Ressourcen, aber oft hat sie einen weniger positiven Effekt auf die demographischen Realitäten und deren politische Auswirkungen in den anderen Regionen, was dort zu einer Krise der Juden wird, wenn nicht zu einer Krise des Heiligen.

Umfangreiche Bemühungen, aktive Gemeinden außerhalb der Bereiche der großen Metropolen zu entwickeln und erhalten, sind erfolgreich. Ich kenne Orte, an denen Juristen, Mediziner und Agraringenieure im Lehrkörper vertreten sind, und wo die Ausbildung der Studenten in traditionellen Texten und Themen jedem Standard gewachsen ist. Einmal habe ich einem Samstagnachmittags Gottesdienst in der Synagoge einer ziemlich isolierten amerikanischen Stadt beigewohnt, in der mindestens ein halbes Duzend international bekannte (und praktizierende) Judaicagelehrte, die an den örtlichen Universitäten arbeiten, zu den regelmässigen Teilnehmern der Unterrichtsstunde des Rabbi zählten. Sie verfügten zusammen über eine so geballte intellektuelle Stärke und waren so Furcht einflößend in ihrem Wissen, dass der Rabbi es für nötig hielt, seine wöchentliche Präsentation schriftlich auszuarbeiten und wie einen Vortrag zu lesen. Und trotzdem haben sie ihm andauernd widersprochen, ihn korrigiert und seine Worte ergänzt.

Aber solche Situationen sind wirkliche Ausnahmen. Die Rhythmen jüdischen Lebens in kleinen, schlecht ausgebildeten Gemeinden lassen es oft zu, dass Riten von Buddhisten, amerikanischen Ureinwohnern oder Christen ihren Synagogendienst beeinflussen und als jüdisch betrachtet werden. An solchen Orten ist es überhaupt keine Ausnahme, dass man zum Beispiel den Beginn und das Ende des Sabbats an Dingen festmacht, die keinerlei Beziehung zu religiösen Definitionen wie Sonnenuntergang oder dergleichen haben, sondern der Bequemlichkeit halber von den Entscheidungsträgern bestimmt werden. Unter solchen Umständen ist das jüdische Leben zu etwas geworden, was Juden tun, um ihre Judensein zum Ausdruck zu bringen, ganz gleich, ob es dafür eine Basis in der Tradition gibt, oder sie damit kompatibel ist. Es ist deutlich erkennbar, dass der Druck der Isolation, die Entfernung von den Kerngemeinden, der Mangel an adäquater Ausbildung, das verwässerte Engagement, der Mangel an Führung und viele andere Faktoren das, was man als jüdisches Leben bezeichnet, beeinflussen.

Für einige ist der Verzehr von Bagels eine jüdische Tat, und es am Sonntagmorgen zu tun, ein Ritual; wenn es in der Synagoge geschieht, ein Akt tiefer Frömmigkeit. Die moderne Technologie hat das Potential, vieles davon zu ändern, aber nur dann, wenn die Menschen es wollen. Man kann argumentieren, dass Juden das existentielle Recht haben, zu beten wie sie möchten, und falls ihnen das essen von Bagels oder das Sitzen auf einer Fahnenstange heiliger dünkt als die Einhaltung des Sabbat oder der Essensvorschriften, dann können sie diese Entscheidung treffen; aber wäre das dann Judentum? Es ist vorstellbar, dass diese neuen Akte in wirklich weihevoller Form vollzogen werden können, aber es gibt wohl kaum eine größere Krise des Heiligen, als das Judentum sich in diese Richtung bewegen zu sehen.

4.8 Die Krise der Komplexität und die daraus hervorgehenden Krisen der Bildung und Führung

Für tausende von Jahren existierte das Judentum in einem oft für normativ gehaltenen Zustand, wobei es in Wirklichkeit jedoch eine sich ständig entwickelnde Konstellation von religiösen Gemeinschaften war, die viele Gedanken und Verpflichtungen gemeinsam hatten, und sich in anderen wieder voneinander unterschieden. Ungeachtet der vielen kleinen und großen Unterschiede in den Details der Praxis passten sich die Mitglieder einer einzelnen Gemeinde für gewöhnlich gemeinsam den örtlichen Normen an. Heutzutage ist das Recht des Einzelnen, zu entscheiden, ob er die Gesetze befolgt oder nicht, in Dtn 18:19 erkannt und zurückgewiesen (woran man sich aber nur selten hält), das weltliche Ideal des Westens geworden. Man hat den Einzelnen ermächtigt, zu wählen, anzunehmen oder abzulehnen, zu modifizieren oder zu ergänzen, und beliebige Aspekte der Religion unter den Tisch fallen zu lassen, wie es ihm oder ihr gerade passt.

Die meisten Einzelpersonen nehmen nicht die Mühe auf sich, ihrer neuen, persönlichen Religion einen neuen Namen zu geben; sie halten es einfach für eine personalisierte Version einer alt etablierten.

Solche Haltungen bereiten allen heutigen Religionen in ihren klassischen Formen eine wahre Krise; das ist für das Judentum nicht anders. Im Zuge dieser Entwicklung ist es so komplex geworden, dass viele potentielle Anhänger den Details nicht mehr folgen können, und viele andere nicht einmal motiviert sind, es zu versuchen. Im Westen ist jeder Mann König in seinem Haus, und egal ob jede Frau Königin ist oder nicht, haben sie beide das Recht, die Vorschriften zu halten, nicht zu halten, oder irgendeinen Aspekt irgendeiner Observanz auf beliebige Weise zu ändern. Zwar können wohl nicht alle die formalen, öffentliche Gottesdienste, die unter der Oberaufsicht von Amtspersonen gehalten werden, ändern, aber sie können ihre eigenen kreieren und dann so ziemlich tun, was sie wollen. Tatsache ist, dass nicht-orthodoxe Juden das schon seit Jahrhunderten recht erfolgreich praktiziert haben; manche würden sogar sagen, dass orthodoxe Juden das auch tun, aber weniger geneigt sind, es zuzugeben.

Zwei wichtige Faktoren, die diesen Trends entgegenstehen, und das nicht nur in isolierten Gegenden, sind angemessene Bildung und kompetente Führung. Die meisten Gemeinden haben Bildungsprogramme und Leiter, aber erfüllen die ersteren wirklich ihren Bedarf, und sind die letzteren bei allen Insidern einer Gruppe – ganz zu schweigen von den Outsidern – als legitim anerkannt?

Dies ist eine komplexe Angelegenheit, da die verschiedenen Segmente der jüdischen Religionsgemeinschaft fordern, von Leuten geleitet zu werden, mit deren Botschaften sie sich identifizieren können, wobei die generelle Tendenz dazu neigt, sich die Leiter eher aus dem ideologisch rechten Rand der Gruppe zu wählen; ganz selten aus dem linken. So stellen Reformschulen konservative oder orthodoxe Lehrer ein, aber das Umgekehrte trifft für Orthodoxe nicht zu. Moderne orthodoxe Synagogen suchen oft überwiegend traditionelle Rabbiner, um die eher liberal eingestellten, die sie früher beschäftigten, zu ersetzen. Nicht-hasidische Yeshivot mögen hasidische Lehrer einstellen, aber das Umgekehrte wird kaum geschehen. Die globale Religionsgemeinschaft hat keine durchgängig akzeptierten religiösen Führer, und die individuellen Gemeinden scheinen Leiter zu bevorzugen, die eher ihre Ideale als ihre Realität repräsentieren. In einigen Fällen hat dies zu einem verstärkten Interesse an und Sorge um das Heilige im Judentum geführt, aber mindestens genau so häufig hat es zu Spannung und Unmut beigetragen, wenn Menschen, die ihr Leben in einer bestimmten Weise geführt haben, plötzlich die einst vorgenommenen Änderungen oder die Standards, nach denen sie immer gelebt haben, nicht mehr akzeptabel finden.

Die frühe und umfassendere Identifikation potentieller Leiter unter den Laien ist entscheidend und muss von einer „grassroots" Bewegung begleitet werden, die diskutiert, wie fundierte jüdische Entscheidungen gefällt werden können, und die dies an alle Juden weitervermittelt. Ich spreche nicht nur von einem halakhischen[1] Entscheidungsprozess, den viele Leute ausschließlich den offiziellen

---

1   Die Halakha, das jüdisch-talmudische Religionsgesetz, regelt alle Alltagsentscheidungen eines orthodoxen Juden in kasuistischer Weise. (Anmerkung der Herausgeberin)

religiösen Führern zugestehen wollen, sondern von der Notwendigkeit, jedem, besonders aber der Jugend das Engagement einzuimpfen, die jüdischen Werte als globalen Teil aller Entscheidungen, die sie treffen, zu sehen. Entscheidungen, die auf persönlicher, familiärer, institutioneller, lokaler, nationaler und internationaler Ebene getroffen werden, müssen jüdische Werte reflektieren, und das kann nicht ohne den bewussten Versuch geschehen, alle Juden zu lehren, so zu denken, damit jene, die einmal Führungsrollen übernehmen, dem entsprechend handeln können.

4.9 Die Krise in der jüdischen Bildung

Das rabbinische Gesetz verlangt, dass eine neue Gemeinde vor der Synagoge erst eine Schule baut, und sofort in die Bildung der Jugend investiert, und jeder Einzelne ist angehalten, die Thora „Tag und Nacht" zu studieren, was eigentlich nicht heißt, den ganzen Tag und die ganze Nacht, aber doch oft so gehandhabt wurde. In einer jüdischen Gemeinde ist es selbstverständlich, lesen und schreiben zu können, und während das zu manchen Zeiten und an manchen Orten sich auf das Hebräische oder eine „jüdische" Sprache beschränkte, waren noch vor einer Generation Juden, die sechs bis zehn Sprachen beherrschten, keine Seltenheit (manchmal war dies wegen Verfolgungen und Migrationen unvermeidlich). Im Mittelalter haben Juden einen umfangreichen Beitrag zum internationalen und interkonfessionellen Austausch der Gedanken geleistet. Dazu zählen viele persönliche Bemühungen, in Arabisch, Hebräisch oder Latein geschriebene Bücher in eine oder beide der anderen Sprachen zu übersetzen. Viele heutige Orthodoxe können sich kaum das Ausmaß oder die geschichtlich verbürgte Tatsache dieser Aktivitäten vorstellen, obwohl sie einmal ein hoch geschätzter Aspekt der jüdischen Bildung waren. Das Studium ist zweifellos die klassische rabbinische Betätigung, in mancher Hinsicht kann nicht einmal das Gebet konkurrieren.

Daher ist es eine begründete Annahme, dass die jüdische Identität durch Studium und Bildung gestärkt und erhalten wurde, und dass das Versagen des einen oder anderen, das eine weit verbreitete Ignoranz nach sich ziehen würde, eine Pest ist, die viele für ernster halten als beinahe alle anderen. Wie wirken sich die Zwänge des heutigen Lebens auf die jüdische Bildung aus? In manchen Ländern steigt die Beliebtheit privater Schulen rasant an, und der Trend, der von den Orthodoxen ausging, ist längst nicht mehr auf sie beschränkt. Über die nordamerikanische Landschaft ist eine eindrucksvolle Bandbreite konservativer, Reform- und nicht-sektiererischer Schulen gesät, und ein neues Model, die „pluralistische" Schule, weitgehend eine Entwicklung konservativer Pädagogen auf der Suche nach breiterem Klientel, ist dabei, vielen anderen den Rang abzulaufen. An anderen Orten sind zionistische Schulen die Norm, oder auch hassidische.

Die orthodoxen Juden sehen sich gern als führend in der jüdischen Bildung, weil sie ihre Kinder einigermaßen erfolgreich im eigenen religiösen Stall behalten können, aber ich glaube, dass auf lange Sicht diese Rolle den Mitgliedern der konservativen Bewegung zukommt. Sicherlich, auch alle anderen sind der Bildung verpflichtet, und manche können ihre Ansprüche mit höchst erfolgreichen Laufbahnen untermauern, aber die konservative Bewegung hat alle anderen mit ihren kreativen, pädagogisch soliden, allgemein zugänglichen Formen der jüdischen Bildung übertroffen. In den sechziger Jahren, zum Beispiel, waren die „Ramah camps" vermutlich die eindrucksvollste Lehrinstitution in Nordamerika. Als sie sich immer mehr den Konservativen, insbesondere linksgerichteten konservativen Ideologien, anschlossen, verloren sie viel von ihrem Reiz in der breiteren jüdischen Gemeinschaft (ganz abgesehen von den eher traditionellen Elementen bei den Konservativen und den vielen Kindern, die sie einst so erfolgreich gelehrt hatten), aber einer ihrer Erfolge war, eine Reihe nicht-konservativer Institutionen hervorzubringen, die ihre Ziele in verschiedenen ideologischen Gemeinden verfolgten.

Die „Ramah camps" und USY (und NIFTY; NCSY und Bnei Akiva) haben auch die inoffizielle Bildung als wichtigen Beitrag zur jüdischen Bildung legitimiert. Tatsächlich ist eine Schwäche vieler jüdischer Tagesschulen, die heute die Rolle der einflussreichsten Bildungsinstitutionen beanspruchen, dass sie zu leger geworden sind und eher den Charakter eines Camps haben. Es wäre sinnlos, die „Ramah camps" für diese Entwicklung verantwortlich zu machen (die Lockerheit der heutigen Gesellschaft und der Mangel an einem differenzierten, auf Bildung basierenden Entscheidungsprozess in den Schulen trifft da ein viel größerer Teil des Vorwurfs), kann man diese Entwicklung letztlich auf den Lehrerfolg der Campbewegung zurückverfolgen. Die Möglichkeit, ein ganz oder auch nur teilweise jüdisches Leben zwei Monate des Jahres über viele aufeinander folgende prägende Jahre zu leben, hat für viele Studenten, die keine Tagesschule besucht haben, das Leben geprägt und ihnen oft eine solide Ausbildung in der hebräischen Sprache vermittelt. Es hat auch ein Alternativmodel für Lehrerfolge bereit gestellt, das in vielen Fällen während des Schuljahres und auch im Sommer vom gleichen Lehrkörper durchgeführt wurde. Für Schüler, die keine jüdische Tagesschule besuchten, war das Camp ein intensives Erlebnis jüdischen Lebens; für die, die eine solche Schule besuchten, war es eine religiös akzeptable Form der Sommerferien, die sich zwangsläufig auch in der Schule auswirkte.

In Nordamerika gibt es viele Grundschulen, und, obwohl weiterführende Schulen deutlich weniger vorhanden sind, sind viele Städte mit einer großen Bandbreite von Institutionen gesegnet, unter denen Schüler und Eltern auswählen können. Wenn man bedenkt, dass vielerorts eine Tagesschule für ein Kind mehr als $ 18.000 kostet und viele Familien drei oder mehr Kinder haben, dann ist ein jährliches Schulgeld von $ 50.000, vor Steuern, keine Seltenheit. Mit zwölf Jahren multipliziert kann man erkennen, warum manche Gemeinden nicht in der Lage waren, Highschools zu unterhalten (nicht nur, weil jüdische Eltern sehr besorgt um das Geldverdienen sind und darum, ihre Kinder darauf vorzubereiten, viel Geld zu verdienen.) Viele Eltern ziehen es vor, sich auf die öffentlichen Schulen zu verlassen, um ihre begrenzten finanziellen Mittel für die überaus wichtigen Collegejahre mit noch höheren Kosten zu sparen; andere wollen einfach die jüdische Erziehung, meinen, dass es dazu keine Alternative gibt, und bringen alle erdenklichen Opfer, um sie für ihre Kinder zu sichern. Sehr oft verdanken diese Schulen – besonders solche, die nicht in den Händen der ultraorthodoxen religiösen

Gruppen sind – ihr Überleben dem akademischen Erfolg in säkularen Fächern, nicht nur den jüdischen. Ob aber Familien das jüdische Studium akzeptieren, weil es von einer guten säkularen Bildung begleitet ist, oder umgekehrt, oder ob sie die oft als unerwünscht betrachtete Kultur der öffentlichen Schulen vermeiden wollen, sind sie doch gleichermaßen den beiden Aspekten des doppelten, oder irgendwie gemischten Lehrplans zugetan und sehen Priorität in der Zulassung zum College, vorrangig zu den Ivy League Institutionen oder anderen herausragender Schulen.

Theoretisch sollte jüdische Erziehung nicht dem Fortbestand der jüdischen Gemeinschaft gewidmet sein. Sie sollte die Sprachen und Texte des Judentums lehren und eine Verpflichtung zu den darin enthaltenen Werten und Praktiken, und zum jüdischen Volk einflößen. Das Ziel sollte sein, gebildete Juden hervorzubringen, die im Stande sind, die unvermeidlichen Herausforderungen, die das Leben ihnen in den Weg wirft, zu meistern und für sich und ihr Umfeld ein sinnvolles jüdisches Leben zu gestalten. Wir brauchen ernsthafte, denkende Juden, keine plüschig warmen. Meine größte Befürchtung gilt der Trivialisierung der jüdischen Erziehung, nicht der Möglichkeit, sie könnte zu rigoros sein. Es gilt nicht, den Fortbestand zu sichern, sondern es geht um etwas viel Wichtigeres – sinnerfüllte Verpflichtung und Engagement. Die Kontinuität ist dabei eine notwendige Begleiterscheinung, nicht das in erster Linie verfolgte Ziel. Wenn es der jüdischen Erziehung gelingt, sinnvolle Verpflichtung zu vermitteln, dann wird das Judentum weiterhin blühen. Wenn nicht, dann wird das nicht geschehen; und man könnte fragen, ob das unter solchen Voraussetzungen überhaupt wünschenswert wäre.

Die aufgegriffenen Forderungen nach mehr Bildung haben häufig eine ritualisierte Form des Studiums produziert, die in sich einen Teil der Krise, von der ich spreche, darstellt, allerdings von einer anderen Größenordnung. Vor weniger als einem Jahrhundert hat ein europäischer Rabbi einen Plan erstellt, nach dem Männer eine tägliche Seite des babylonischen Talmud studieren sollten (genannt *daf yomi*, hebräisch: tägliche Seite). Dieses Unternehmen, das in etwa sieben und einhalb Jahren vollendet sein wird, hatte einen zähen Anfang, aber mittlerweile identifizieren sich Hunderttausende mit diesem Programm, und etliche Zehntausende erfüllen es tatsächlich. Eine neue, dreiundsiebzig Bände umfassende englische Übersetzung mit Kommentar (hebräische, französische und spanische Übersetzungen sind in Arbeit) ist für die, die das benötigen, erstellt worden, und *daf yomi* Seminare findet man heute in Synagogen auf der ganzen Welt. Menschen aus allen Bevölkerungsschichten beteiligen sich an diesem Unternehmen, wenn sie auch nicht unbedingt jede einzelne Seite studieren, so bearbeiten sie doch viele. Um dieses Bestreben zu unterstützen, gibt es in manchen Städten Zugang zu einem „dial-a-daf" Telefonservice, den man jederzeit anwählen kann, um sich die Präsentation der täglichen Seite anzuhören. Kurse in Synagogen, manchmal zwei oder drei pro Tag, arbeiten sich durch den Text. Andere Kurse werden online angeboten, auf Webseiten, CDs und MCs. Einige Waggons der Long Island Railroad sind voll von Passagieren, die den Talmud täglich auf dem Weg zur Arbeit entweder alleine oder in Gruppen studieren.

Technologie, um zu unseren vorangegangenen Überlegungen zurückzukehren, leistet inzwischen einen großen Beitrag zur jüdischen Erziehung, die sich nicht auf Kinder eines gewissen Alters beschränkt, sondern tägliche Verpflichtung jedes Einzelnen ist. Die Vereinfachung des Publizierens, die koordinierten Bemühungen von Agenturen, Schulen, Rabbinern, Lehrern und finanziellen Unterstützern haben einen riesigen Markt und erfolgreichen Vollzug für das Studieren geschaffen. Zweifellos hat die Technologie das populäre Interesse am Talmudstudium erheblich vorangetrieben und die Bildung mancher Menschen unterstützt oder erst ermöglicht, die sie sonst nicht hätten und auch nicht geschätzt hätten. Neben all dieser Technologie bleibt die bohrende Frage, ob dieses hastige und routinierte Lernen, das beinahe ein Überblick ist, eher vergleichbar mit einer öffentlichen Schriftlesung als mit ernsthaftem Studium, wirklich einen notwendigen Zweck erfüllt, besonders für Anfänger. Die meisten räumen ein, dass es kein perfektes System ist, verteidigen es aber, da es besser als alle anderen verfügbaren Programme oder Antriebsmöglichkeiten sei. Man kann darüber diskutieren, ob diese Form des Lernens das bietet, was die Bevölkerung im Allgemeinen braucht, darüber hinaus, ob es für jemand anderen als den Lehrer förderlich ist, der die Seminare mehr als sieben Jahre lang sieben Tage in der Woche vorbereiten und abliefern muss.

4.10 Die äußeren Komponenten der Krise

Versagen in Bildung und Führung sind interne Probleme, die auch andere Religionen betreffen können, aber deren Korrektur nur von Juden selbst bewirkt werden kann. Äußere Kräfte gestalten jedoch diese Belange mit und tragen zu diesen und anderen Formen der Krise bei. Was sind nun die genauen Arten und Formen der Kräfte, die die Beziehungen von Individuum und Gemeinschaft beeinflussen, und wie tragen sie zu der heutigen Krise bei? Globalisierung übt ihren Druck von allen Seiten aus. Gemeinschaften, die in früheren Zeiten damit rechnen konnten, unabhängig, oder sogar isoliert zu überleben, werden nun mit wachsender Geschwindigkeit in die globale Flutwelle gespült. Theoretisch erlaubt die Technologie allen Menschen, überall alles zu sehen, und zwar gleichzeitig. Jeder, alles und allerorten ist jetzt im Grunde eine Ware. Privatsphäre, Abgeschiedenheit und geruhsame Stille gehören der Vergangenheit an; sie müssen kultiviert und aktiv erhalten werden, um sie erfahren zu können. Wie viele Urlaubs- und Wohnraumreklamen suchen Kunden über das Versprechen, dies zu gewährleisten? Der öffentliche Raum definiert und kontrolliert mittlerweile den größten Teil des privaten.

Einige Gottesdienstformen, die auf bestimmte Gebetshäuser beschränkt waren, stehen jetzt über Fernsehen oder Internet zur Verfügung. Man kann sich da einwählen und eine persönliche Identität annehmen, die völlig anders ist, als die tatsächliche biologische Persona. Wir haben sogar schon Schwierigkeiten, von der „wirklichen" Persona noch zu sprechen, und nehmen als erdachte, nur der Vorstellung entsprungene Person teil. Die Juden sind in dieser Hinsicht noch nicht so kreativ gewesen wie so manche andere Religionen, aber sie lernen schnell; und sogar einige Orthodoxe haben Webseiten für das gelegentliche Gebet und routinierte Studienangebote erstellt. Wo ist also die Krise?

Während der neun Tage im August, vor dem neunten Tag des Monats Av, wird traditionell kein Fleisch gegessen, außer im Rahmen einer religiösen Feier. Die Vollendung des Studiums eines Buches der Bibel oder eines Traktats des Talmud wäre ein solcher Anlass, und vielerorts ist es zur Gewohnheit geworden, dass Einzelne monatelang studieren, um in dieser Woche fertig zu werden und dazu Freunde einzuladen. Diese Praxis ist von denen unterstützt worden, die dem Studium, das offensichtlich durch diesen Prozess verstärkt und gefördert wird, erste Priorität einräumen. In diesem Jahr haben eine Reihe von Restaurants und Bildungsinstitutionen damit geworben, dass man per Telefon oder Internet teilnehmen kann, und das zu praktisch jeder Zeit. Während solche Dienste unmittelbaren Zugang zu mechanisiertem und ritualisiertem Lernen bieten und technisch die Erlaubnis, an diesen Tagen Fleisch zu essen beinhalten, so gibt es doch keine Rechtfertigung für den Schaden, den das Lernsystem dadurch genommen hat. Zweifellos wird man beim Ausschluss des Erstgeborenen vom Fasten am Morgen des (ersten) Pascha Seders für ein ähnlich geartetes Muster des Zugangs sorgen.

Die Entwicklung der Technologie ist mit tiefgehenden Auswirkungen auf das religiöse Leben einhergegangen. Man kann nicht nur überall hin reisen, um an praktisch jeder Art von Zeremonie oder Event teilzunehmen, sondern auch alles, was da geschieht, unverzüglich in die ganze Welt hinaus senden. Erinnerung wird durch Aufzeichnungen ersetzt und immer unbedeutender. Es wird nicht nur laufend eine potentiell unbegrenzte Menge an zeitgenössischer Information gespeichert, sondern ihre Erhaltung für die Zukunft (falls in haltbarer und wieder aufrufbarer Weise organisiert) bedeutet auch, dass die Menge der zur Verfügung stehenden Daten alles übersteigen wird, was der Einzelne oder eine Gruppe kontrollieren kann. Über kurz oder lang wird ihre bloße Quantität das System überwältigen. Schon jetzt schaffen wir eine ständig wachsende Arbeitskraft, um sie aufzubauen und zu erhalten.

Die vorangegangenen Überlegungen betreffen alle, aber möglicherweise sind sie den Juden eine besondere Herausforderung. Seit mindestens zweitausend Jahren, und wahrscheinlich noch viel länger, haben die Juden dem Studium ihrer religiösen Texte mit die höchste Priorität eingeräumt. Und weil gebildete Menschen diese Texte studierten und lehrten, haben sie eine riesige Literatur der Erläuterungen und daraus entwickelter Lehren bewahrt. Dank technologischer Fortschritte ist die Verfügbarkeit jüdischer Textquellen weit umfangreicher als jemals zuvor. Noch vor einer Generation hielt man eine Sammlung von hundert Büchern für eine gute Hausbibliothek. In besonders gut ausgestatteten Häusern konnte man tausende finden (die Grenze war bei etwa zehntausend erreicht), und zehntausende in den wichtigeren Universitäten und Seminarbibliotheken, aber ein paar hundert Bände waren eine schöne Sammlung, und die Besitzer behandelten die Bücher und ihre Inhalte mit Stolz. Heute kann man für ein paar tausend Dollar eine CD kaufen, die eine riesige Bibliothek der rabbinischen Standardtexte enthält, einschließlich tausender Einzeldokumente, die noch vor einer Generation kaum jemand gelesen hat, und einem hard drive, der mehr als fünfzehntausend Texte enthält, die ständig erweitert werden. Die erste Gruppe von Texten kann man mittels einer Konkordanz auswählen und belegt so gut wie keinen Platz; bei der zweiten ist das nicht möglich, und sie hat etwa die Größe eines Buches; für die Bearbeitung beider benötigt man einen Computer, ein praktisch allgegenwärtiges Werkzeug.

Der Zugang zu dieser Bibliothek von Materialien ist nun nicht nur universelle Gelegenheit und Möglichkeit, kein Privileg der Reichen oder Gelehrten; er bietet denen, die ermitteln oder praktizieren wollen, was die jüdische Tradition von ihnen in jeglicher Situation verlangt, ungeahnte Herausforderungen. In so mancher Beziehung sind die mündliche Überlieferung, die Familientradition und die Gemeindemodelle den Textsuchen gewichen, die in ein paar Sekunden ganze Literaturen nach Informationen durchforsten, und sie in brauchbarer Form präsentieren. Da braucht man den Experten nicht mehr, der sein Leben lang dieses Material studiert hat; vorbei ist es auch mit der Einschränkung, sich auf wenige Standardtexte und Handbücher, aus denen man die notwendigsten Informationen bezog, verlassen zu müssen. Wichtiger noch, vorbei ist es mit dem Vertrauen in jegliche Form des jüdischen Lebens, das sich hauptsächlich auf die Lebenstraditionen und Ausdrucksformen des Judentums stützt, und mit der früher vorherrschenden Zuversicht im Bezug auf ihre Authentizität und Autorität. Diese sind ersetzt durch den Verlass auf „Quellen," ein schlecht definierter Begriff, der schlicht ein Buch, oder ein verfügbares elektronisches Datum bezeichnet, unabhängig von seiner traditionellen Bedeutung, seiner Relevanz und seiner Rangordnung in der Hierarchie der Texte und Argumente. Darüber hinaus, wenn man die theoretische Verpflichtung zum Studium und das Vertrauen in diese Materialien bedenkt, sind die aus Informationssuchen mittels Computer gezogenen Schlüsse eigentlich unangreifbar.

Jeder kann sowohl suchen und Antworten finden, als auch Entscheidungen treffen, oder zumindest die in Frage stellen, denen ihr professioneller Status traditionell diese Macht zubilligte. Texte, die noch vor einer Generation kaum jemand ansah, werden jetzt täglich abgerufen, und deren Inhalte, so unbeachtet und unterbewertet sie auch gewesen sein mögen, werden jeder Zeit von jedem, der geneigt ist, frei zu Rat gezogen. Rabbinischer Konsensus wurde früher aus den Lehren von sechs bis zwölf bedeutenden Schreibern bezogen. Diese Zahl wurde um ein Vielfaches multipliziert, als auch andere, vielleicht nicht weniger wichtige, aber weniger herangezogene, erreichbarer und einflussreicher wurden. Zu wissen, wie man mit dieser Flut von Informationen und Texten umgeht, ist jetzt genau so wichtig, oder vielleicht sogar wichtiger, als zu wissen, was man in einer bestimmten Situation zu tun und wie man zu entscheiden hat. Wissen ist zur universellen Ware geworden; Autorität liegt nicht bei denen, die Information besitzen, sondern bei jenen, die den Eindruck erwecken, zu wissen wie man es korrekt anwendet.

4.11 Die Krise der Medienaufmerksamkeit, Prüfung und Falschdarstellung

Ein weiterer, alle Bereiche religiösen Lebens (und auch nicht-religiösen Lebens) durchdringender Einfluss sind die Medien. Da die Medien Zugriff auf alle Aspekte jüdischen Lebens haben, sind sie in der Lage, diese ununterbrochen zu präsentieren und zu kritisieren. Fällt die Kritik günstig aus, bietet sie der jüdischen Sache politische Unterstützung; ist sie negativ, wird die Gemeinschaft schnell argwöhnisch und einer Welt voller suchender Augen und kritischer Münder überdrüssig.

Die Medien können aus Maulwurfshügeln Berge machen und tun dies auch. Problemlösungsversuche, neue Ansätze in der Sorge und Unterstützung Bedürftiger, archäologische Entdeckungen, Korrekturen früher eingenommener, irrtümlicher Positionen, und ähnliches könnte man leicht an alle verbreiten, aber oft geschieht das nicht. Probleme, politische Fehler, Schwächen, das persönliche Versagen von Führungskräften, Konflikte unter politischen Gruppen, die eigentlich einer Meinung sein sollten, und kleinere Vorkommnisse, die in früheren Zeiten möglicherweise unbeachtet und unberichtet geblieben wären und denen man keinen Handlungsbedarf zugemessen hätte, werden jetzt in der Öffentlichkeit behandelt, manchmal mit der Sensitivität und Feinfühligkeit eines Tornados.

Ebenso wie Politiker ein Gespür für die Macht der Medien erlernt haben, müssen dies auch religiöse Führer und Religionsgemeinschaften tun. Doch das ist häufig schwer. Findet man ein Verbrechen oder eine Bloßstellung, die man der Aufmerksamkeit wert hält, dann wird das unverzüglich und flächendeckend von den Medien verbreitet, und wenn es gar religiös motiviert sein sollte, stösst es auf noch größere Aufmerksamkeit als sonst. Unglücklicherweise erhalten bedeutendere Ereignisse mit positivem Charakter viel weniger oder gar keine Aufmerksamkeit, was dem durchschnittlichen Leser oder Hörer guten Willens den Eindruck vermittelt, dass das Böse in der Welt das Gute bei weitem übertrifft, und dass die Mächte der Religion hauptsächlich zum ersteren beitragen. Diese Dimension der Krise betrifft alle Religionen, und die Juden sind keinesfalls dagegen immun.

4.12 Die Krise der jüdischen Identität

In früheren Generationen kannte man Juden als Ashkenazim, Sefaradim, Litvacken oder Galitzianer. Der Grund dafür ist unschwer auszumachen. Als jüdische Gemeinden sich an verschiedenen Orten herauskristallisierten, haben unterschiedliche kulturelle und ethnische

Einheiten Gestalt angenommen. Natürlich waren wesentlich mehr als diese vier Bezeichnungen in Gebrauch; jede nordafrikanische, nahöstliche, europäische und asiatische Gemeinde oder Gemeindegruppe hatte ihre eigene. Obwohl man Unterschiede annahm, die manchmal eine Quelle internen ethnischen Stolzes und externen Spottes wurden, waren sie echt. Sogar im Altertum gab es eine Bandbreite verschiedener jüdischer Identitäten über den ganzen Mittelmeerraum und den nahen Osten. Es gab kulturelle, sowie auch religiöse Unterschiede zwischen den Juden, die der babylonische Talmud repräsentiert, und denen des palästinensischen, und in aller Wahrscheinlichkeit noch größere zwischen ihnen und jenen in den verschiedenen Außenbezirken, die weniger Verbindung zur rabbinischen Kultur hatten. Und wenn wir in eine Zeit kurz vor der christlichen Ära zurückschauen, war das hellenistische Judentum deutlich verschieden von dem, was man das parallel existierende semitische Äquivalent nennen könnte. Die Juden des Mittelmeerraums, der Elephantine, der Levante, Indiens, der Länder rund um Mesopotamien und vieler anderer Orte erzählen alle eine unterschiedliche Geschichte über ihre ethnische und religiöse Verschiedenheit. Dasselbe trifft für biblische Zeiten zu. Sogar die nördlichen und südlichen Königreiche der biblischen Könige waren sich nicht in allen Dingen einig, besonders nicht in religiösen.

Lokale Differenzen in der Aussprache des Hebräischen, in religiösen Bräuchen (*minhagim*), in klimatischen Reaktionen auf jahreszeitliche Feste, in der Wahl der Speisen und Ähnliches sind weitgehend eine Funktion der kulturellen Gegebenheiten, in denen Juden lebten. Der Brauch ist übermächtig, er erweitert, verstärkt oder stellt halakhische Gesichtspunkte in Frage, wie es die jüdische Behandlung des amerikanischen Thanksgiving demonstriert. Die meisten liberalen Juden und zahlreiche Orthodoxe feiern Thanksgiving, und die Anzahl der orthodoxen Rabbiner, die noch vor einer Generation aktiv daran beteiligt waren, scheint nach heutigen Standards erstaunlich. Sie haben dies getan, um formal die vielen edlen Taten amerikanischer Güte, von der sie und ihre Gemeinden profitierten, anzuerkennen, und in ihren Reihen befanden sich Rabbi Joseph Soloveitchik, Rabbi Pinhas Teitz, und eine Anzahl von Mitarbeitern von Rabbi Moses Feinstein. Heutige Kritiker sehen dies als Übernahme nicht-jüdischer religiöser Praktiken, und ihr Widerspruch wird von Jahr zu Jahr stärker. In manchen Kreisen wird das Feiern von Thanksgiving als, um es milde auszudrücken, unpassend betrachtet; in anderen jedoch ist die Feier wichtig. Viel weniger enthusiastisch ist die Feier von Thanksgiving in Kanada (und einen Monat früher); nach Kanada eingewanderte Juden feiern gewöhnlich, wenn überhaupt, am folgenden Sabbat. Anderswo lebende Juden kennen diesen Brauch nicht.

Ebenso wie die amerikanischen Juden Thanksgiving übernommen haben, haben andere verschiedene jüdische Werte und Verpflichtungen solchen aus dem sie umgebenden Kultur- oder Staatsraum gegenübergestellt, die ihnen zwar verwandt, aber manchamal geradezu entgegengesetzt waren. Waren die Juden in Deutschland und anderswo deutsch genug, um Militärdienst zu leisten? Waren frühe kanadische Juden kanadisch genug, um ein politisches Amt inne zu haben, und wenn ja, konnten sie den Amtseid auf die hebräische Bibel leisten, oder nur eine christliche? Es gab Zeiten, da kämpften Juden für kulturelle Gleichheit, während ihre religiösen Führer beteten, dieses Streben möge erfolglos bleiben, weil sie befürchteten, dass ein derartiger jüdischer Erfolg letztlich die Gemeinde und ihre religiösen Werte untergraben würde.

Im zwanzigsten Jahrhundert akzeptierten die meisten westlichen Demokratien die Auffassung, Juden könnten ordentliche, produktive und loyale Diener des Staates sein und handelten auch positiv auf der Basis dieser Annahme; dies ging einher mit einer Verstärkung der jüdischen Verpflichtung zu dieser Auffassung. Ob man sie nun jüdische Amerikaner oder amerikanische Juden nennt, besteht wenig Zweifel, dass sich die meisten beiden Identitäten verpflichtet fühlen. Gibt es eine so geartete Unterscheidung zwischen israelischen Juden oder jüdischen Israeli? Zwischen Israeli und Juden?

Israel ist die traditionelle Heimat des jüdischen Volkes. Während viele seiner Werte den klassischen jüdischen Wurzeln entstammen, und es viele andere mit westlichen Demokratien gemeinsam hat, sind andere kulturelle und ethnische Elemente in seiner Gesellschaft weder das eine noch das andere, und von keinem erkennbaren Wert für das jüdische Leben. Was für eine Rolle, wenn überhaupt, können sie in einem jüdischen Werte- und Kultursystem einnehmen?

Und wie können sie, wenn das ein Ziel sein sollte, aus der totalen Mischung von Haltungen und Bräuchen, die wir mit diesem Land in Verbindung bringen, herausgetrennt werden?

Und was ist mit der unvermeidlichen Mischung der Kulturen, die die Zurückführung der ins Exil gegangenen hervorgebracht hat, und die außerhalb Israels täglich wächst, wo sogar noch mehr Kulturformen und Identitäten regelmäßigen Kontakt haben? Bei Familien, die zum Beispiel aus einem Ashkenazi Mann und einer Sefardi Frau bestehen, handelt es sich um eine jüdische Mischehe, wobei die Rabbiner zu solchen Verbindungen kaum Einwände haben. Mittelalterliche Texte bezeugen Ehen zwischen Rabbaniten und Karaiten, begleitet von einem Ehevertrag, der genau aufführte, was die beiden zu tun und zu lassen hätten, damit sowohl ihre Ehe funktionieren, als auch sie den verschiedenen Gesetzen und Bräuchen ihrer Heimatgemeinden und religiösen Praktiken treu bleiben könnten. Heutige jüdische Familien sind oft aus vielen verschiedenen ethnischen Teilen zusammengesetzt, und sogar, wenn eine halakhische Konversion stattgefunden hat, das heißt, dass ein vorher nicht-jüdischer Partner jetzt zweifellos jüdisch ist, treten doch immer wieder Fragen der multiplen Identität auf. In traditionellen Gesellschaften wurde der religiöse Vollzug des Mannes zu dem der Familie, aber wer sagt, dass das ideal ist? Man kann sicher sein, dass wenn eine Frau eine andere Sprache hatte als der Mann, die Kinder sie gelernt haben; der Einfluss der Mutter hatte immer Vorrang.

In manchen Fällen war es das Beste, alle Aspekte des eigenen kulturellen Hintergrunds so sichtbar wie möglich zu erhalten. Und wenn so, um ein erfundenes aber realistisches Beispiel anzuführen, ein Amerikaner, dessen Eltern aus Russland und Marokko kamen, eine Israeli heiratet, deren Eltern aus Äthiopien und Italien stammen, welche der sechs vorhandenen ethnischen Hintergründe sollen dann in einer jeweiligen Situation zum Tragen kommen? Und, für unsere Überlegungen noch wichtiger, wie wird die Entscheidung zustande kommen? Das Problem ist weit davon entfernt, neu oder unlösbar zu sein, aber während das globale jüdische Dorf schrumpft, und die Menschen immer weniger rassisch und ethnisch limitiert sind, steigt die Anzahl und Komplexität der Abwandlungen des Problems weiter an.

So lange wie andere Nationen und religiöse Gruppen sich laufend weiter mit jüdischen vermischen (entweder durch formale Konversion, oder auf andere Art), und es der jüdischen Kulturlast eines Partners gelingt zu überleben oder sich zu entwickeln, wie weit kann da eine neue, symbiotische Beziehung zwischen zwei oder mehr Religionen im jüdischen Leben eine Rolle spielen? Es ist längst nicht mehr ungewöhnlich, einen Universitätsstudenten mit Eltern aus verschiedenen Religionsgemeinschaften zu finden; es hat, zum Beispiel, Mischehen zwischen Hindus und Muslimen oder Christen und Juden gegeben, aber das sind keine neuen Nachrichten. Jetzt sehen wir Studenten, deren Mutter jüdisch ist (von einer jüdischen Großmutter und einem christlichen Großvater) und dessen Vater, zum Beispiel, Muslim ist (mit einem Muslim und einem Hindu als Großeltern). Nach jüdischem Gesetz ist die Studentin in diesem Beispiel jüdisch; was aber ist ihre kulturelle Identität? Und wen wird sie heiraten? Und sollte sie sich dafür entscheiden, als praktizierende Jüdin zu leben, was ist dann? Dies ist keine Frage der Legitimität oder der Akzeptanz; in jedem Fall wird das *ad hominem* sein. Es besteht die Frage nach der kulturellen und religiösen Identität der Frau und ihrer Kinder.

Die oben beschriebene Situation kann zu einer Bandbreite symbiotischer Beziehungen führen und diese bestärken, aber aus mancher Sicht wirken sie synkretistisch. Ist das gut oder schlecht? Um die Frage anders zu formulieren, kann das Judentum ohne den sozialen Klebstoff, der seine vielen, religiös engagierten Anhänger zusammenhält, ganz gleich wie viele Verschiedenheiten sie haben, und ohne die Mauern, die unerwünschte Einflüsse aussperren, auf dem globalen Spielfeld überleben?

4.13 Die Krise der Religion ohne Spiritualität

Viele der oben erwähnten Krisen überschneiden sich. Ihre Signifikanz verblasst jedoch im Vergleich zu den vielschichtigen Krisen, mit denen das Judentum im Bezug auf Spiritualität konfrontiert ist. Viele Menschen mit guten Absichten, aber wenig oder keinem Verständnis für die Hintergründe der verschiedenen Aspekte des jüdischen

Lebens, verlassen oder ändern es, sobald sie mit Herausforderungen oder Problemen konfrontiert werden. Und, dem „Nike"-Slogan nachempfunden, könnte man die heutige religiöse Reaktion auf diese bevorzugte Haltung von Änderung und Vermeidung als eine Verschmelzung von „lerne es einfach," „tu es einfach," und „mach einfach weiter" beschreiben, was bedeutet, ändere nichts. Alle religiösen Verhaltensweisen, auch die intellektuellen, sind ritualisiert worden; wenige Reaktionen zielen auf das Bedürfnis: „fühl' es einfach" (ohne Berücksichtigung von irgendetwas anderem), und nur außergewöhnliche Menschen können der Aufforderung nachkommen: „versteh' es einfach" (was einmal der Slogan sogar der nicht praktizierenden Säkularen war, die klassische Bildung schätzten, auch wenn sie nicht an eine Verpflichtung in der Praxis gekoppelt war).

Man hat eine Richtung der menschlichen Psychologie, die versucht, spezifische Verhaltensweisen einzuordnen, mit der mystischen Annahme verbunden, diese Verhaltensweisen hätten kosmische Signifikanz. Während das Judentum theoretisch ein Weg ist, der Gottheit zu dienen und sie anzubeten, wird es tatsächlich rapide zu einem mechanischen Dienen und Anbeten seiner Vorschriften für religiöse Praxis. In der überstürzten Wiederherstellung der im Holocaust verlorenen europäischen Gemeinden und dem Versuch, möglichst viele Rückkehrer zum religiösen Leben einzufangen (eine wirklich unvorhergesehene positive Entwicklung des späten zwanzigsten Jahrhunderts), sind Sinn und Zweck hinter manchen Handlungen verloren gegangen, und die Beziehung zu Gott ist vom Ziel des religiösen Lebens auf den Status eines Katalysators für das, was man als vorgeschriebenes jüdisches Verhalten bezeichnet, zurückgestuft worden. Einmal, nachdem ich über einige, verhältnismäßig obskure mittelalterliche Gedichte, die jährlich in der Tisha B'Av Liturgie[2] rezitiert werden, aber von den meisten Synagogenbesuchern nie richtig verstanden werden, doziert hatte, schockte mich ein regel-

---

2 Tisha B'Av bedeutet „der neunte Tag of Av." Er findet normalerweise im August statt und wird in Erinnerung an die an diesem Tag stattgefundene Zerstörung des ersten Tempels im Jahre 586 B.C., und des zweiten Tempels im Jahre 70 A.D. gefeiert (Anmerkung der Herausgeberin).

mäßiger Teilnehmer mit der Feststellung, dass er überrascht war zu hören, dass diese Texte überhaupt etwas bedeuteten. Er ging davon aus, er hätte sie nur jedes Jahr zu murmeln, um damit eine religiöse Verpflichtung zu erfüllen. Hat die Modernität die Juden überzeugt, dass die letzten Worte von Kohelet das Beste sind, was wir tun können: „Hast du alles gehört, so lautet der Schluss: Fürchte Gott und achte auf seine Gebote! Das allein hat der Mensch nötig." Das ist die Gesamtheit dessen, wozu die Menschheit fähig ist?

Spirituelle Belange sind authentische und alles durchdringende Aspekte des religiösen jüdischen Lebens, die in Hinsicht auf seine Erhaltung hin noch stärkere Gewichtung erfahren müssen. Die Resonanz auf heilige Zeiten und Räume, auf das Studium, auf die Pilgerschaft und viele weitere Aspekte des religiösen Lebens müssen im Licht ihrer neuerlich entwickelten Stärken und der sie in mancher Beziehung begleitenden Schieflagen neu überdacht werden. Sabbate und Feiertage sind Zeiten religiösen Wachstums – und damit meine ich nicht nur das Studium und die Entdeckung vorgeschriebener oder verbotener religiöser Verhaltensweisen, so wichtig sie auch sein mögen.

4.14 Die Krise des Landes Israel

Das Land Israel, das ideale jüdische Heimatland seit weit mehr als dreitausend Jahren, wurde im zwanzigsten Jahrhundert wiederhergestellt als spirituelle Oase, als Mittelpunkt der Heiligkeit; und es sollte real werden, nicht nur ideal, vielleicht sogar ein Modell dessen, was eine geisterfüllte Gesellschaft sein könnte. Jeder gibt zu, dass es dieses fast unmögliche Ziel nicht erreicht hat, aber der Besucher sollte diese Ideale wenigstens als vorhanden erkennen und ihnen in seiner Touristenrealität einen Platz einräumen. Wenn die heiligsten Stätten mit Geräten und Versorgungsgütern umlagert sind, geplagt von den Geräuschen und Gerüchen der Busse und Autos (ganz abgesehen von den vielen schon vorhandenen Fahrzeugen), und Wachen aufgestellt sind, um alle Besucher zu inspizieren, damit es sich nicht um Überbringer wahlloser Zerstörung handelt, da bleibt es eine gewaltige Aufgabe, diese Heiligkeit zu sichern.

Der physische Verhau, den wir zärtlich Tempelberg nennen, ist eine Metapher für die israelische Gesellschaft als Ganzes, woran auch die rabbinischen Führer nicht ohne Schuld sind. Während viele alles in ihrer Kraft Stehende tun, um denen zu helfen, die auf sie angewiesen sind, tun sie es doch oft nur nach ihrem Gutdünken, wobei sie die Religion viel weiter als notwendig, ja sogar noch weiter als der durchschnittliche Israeli es wünscht, aus der heutigen Kultur verdrängen. Die Krise hat eine Trennung zwischen dem religiösen und dem säkularen Israeli hervorgebracht, die nichts weniger als erstaunlich ist. Einige religiöse Leute wollen mit den nicht religiösen nichts zu tun haben, außer, dass sie denen erlauben, in der Armee Dienst zu tun; und manche haben sogar hier Einwände. Manche wirklich frommen Leute weigern sich gegen die Bezeichnung religiös, weil sie die negativen Assoziationen nicht ertragen. Die israelische Gesellschaft ist in zwei Lager gespalten.

Die eine Seite stellt Studium und Gottesdienst in den Vordergrund, verlegt sich auf die Erfüllung der Gebote, erhält eine Position der kulturellen und religiösen Isolation aufrecht, und behauptet gegen Veränderung jeglicher Art zu sein. Viele Männer widmen ihr ganzes Leben dem Studium und tun wenig für den Unterhalt ihrer Familien; indem sie den heutigen Materialismus meiden, können sie dadurch zum anderen Extrem hin irren, dass sie ihren Frauen und Kindern die Notwendigkeiten des Lebens und sich selbst die physischen und psychologischen Vorteile einer Erwerbsarbeit verweigern. Oder es gelingt ihnen, sich mit dem säkularen Staat gerade lange und oft genug abzugeben, um von ihm unterhalten zu werden. Sie fordern den Staat an allen Ecken, beeinflussen seine Entscheidungen zu ihrem Vorteil, und mögen wohl den Staat im In- und Ausland „de-legitimiert" haben.

Die zweite, größere Gruppe hat sich auf der Gegenseite polarisiert. Die meisten grundlegenden Klassiker der jüdischen Literatur sind ihnen unbekannt, weit verbreitete religiöse Rituale kennen sie nicht, heilige Stätten, sogar Jerusalem, werden nie besucht, es herrscht ein unbegrenzter Materialismus, und eine Offenheit für die meisten Dinge, die der anderen Gruppe so teuer sind, ist kaum noch Teil ihrer Kultur, obwohl das vor nur einer Generation noch der Fall war. Die israelischen Schulsysteme wurden eingerichtet, um Möglichkeiten für sowohl religiöse als auch säkulare Studien zu bieten. Die Ultra-orthodoxen schufen ihr eigenes System, um sich von dem bloß „religiösen" abzusetzen, was die Säkularen noch ein Stück weiter von jeglichem Niederschlag religiöser Aktivität entfernte. Eine mittlere Gruppe, die Orthodoxen, die noch in der wirklichen Welt verwurzelt sind, haben einmal ein Modell des Kompromisses und der Synthese geboten; man meinte, sie hätten alles. Heute verweigern die Ultraorthodoxen in vielen Fällen den Kontakt mit ihnen, weil sie den Kompromiss mit der Modernität eingegangen sind, während die Säkularen ihr religiöses Engagement nicht ertragen. Aus Extremismus erwächst Extremismus. Das vielleicht am meisten Beunruhigende hieran ist, dass diese Situation in Israel normalisiert und institutionalisiert worden ist, und dass sie seit mehr als zehn Jahren in andere jüdische Zentren der Welt exportiert wird.

Die Krise der Juden ist zu einer Krise ihrer Judaismen und auch dessen geworden, was man als „das Heilige" definieren mag, - heilige Bücher, heiliges Volk, heiliges Land. Sehr anthropomorph formuliert, müsste sogar „Der Heilige, der Gebenedeite" über dieses Sakrileg in der Krise sein. Irgendwie sollte uns die unausgeformte Abstraktion, die wir „das Heilige" nennen, helfen, die heutigen Juden zu vereinen, aber sie ist bislang nur benutzt worden, um sie weiter auseinander zu treiben. Welche Krise könnte größer sein? Außerhalb Israels sind die Spannungen vielleicht geringer, aber das trifft hauptsächlich da zu, wo es wenig Juden gibt und sie einander dringend brauchen. Wenn sie sich erst einmal in größeren Gemeinden positioniert haben, wo die Gruppendarstellung als Norm akzeptiert ist, entstehen daraus alle möglichen weniger positiven Situationen.

4.15 Die Krise der spirituellen Zersplitterung

Die Zersplitterung des jüdischen Volkes, die Zuordnung von Verpflichtungen zu unterschiedlichen religiösen und antireligiösen Haltungen, die Zwänge der heutigen Gesellschaft und ihrer Führung, die im allgemeinen der Religion feindlich gegenüber steht, die Ablenkungen – die neutralen, wie die negativen – sie alle sind verschworen, die Juden und ihre Judaismen auf nie da gewesene Weise unter Druck zu setzen. Und das Versagen in der Entwicklung einer starken Mitte, in der alle sich als Teil des Ganzen fühlen könnten, verschärft eine ohnehin schon schlimme Situation. Was über Jahrtausende zu einem kompletten religiösen System und einer spirituell hoch entwickelten Einheit gewachsen ist, ist fragmentiert und umgestaltet worden. Die Zustände seiner Religion, seines Landes, seiner Praktiken, seines Glaubenssystems und seiner Anhänger sind den Wegen fortschreitender Evolution anheim gegeben worden, aber in auseinanderdriftenden anstatt zusammenführenden Richtungen. Die äußeren Zwänge, die religiöse Vielschichtigkeit, die internen Konflikte und die auseinander laufenden Interessen derer, die ihnen verpflichtet sind, bewirken, dass wenige Menschen jemals die Gelegenheit haben, den Reichtum des Judentums auf theoretische oder praktische Weise zu erfahren.

Die Vergangenheit ist eine wertvolle Komponente in der Erstellung von Zielen für die Gegenwart und die Planung für die Zukunft. Höchstwahrscheinlich wird ein Gleichgewicht unter allen diesen Bedürfnissen, Potentialen und Herausforderungen auf vielfache Weise ausgehandelt werden, was zumindest die Vermutung zulässt, dass, während einige Modelle versagen, wieder andere erfolgreich sein mögen. Einige werden sich dafür entscheiden, alles nur Mögliche zu ändern und den Rest einzumotten, andere werden alle Hebel in Bewegung setzen, alles, was sie haben, zu bewahren, ja in Fossilien zu formen, um den unvermeidlichen Kräften des Wandels das Handwerk zu legen. Was auch immer, ob besser oder schlechter, das Ziel und die Aufgabe des Judentums ist es, weder die Vergangenheit zu demontieren, noch sie zu konservieren. Es geht darum, die Juden zum Aufbau engerer Beziehungen zu Gott, zu sich selbst, untereinander, mit anderen Menschen und der Welt, die wir teilen, zu befähigen. Vielleicht wäre es an der Zeit, sicher zu stellen, dass diese Ziele zunehmend wechselseitig kompatibel sind.

Kapitel 5
Die Entstehung und Transformation des Hinduismus: Eine Krise des Heiligen

Deepak Sarma

5.1 Einleitung

In jüngster Zeit hat sich die globale Landschaft unwiderruflich verändert. Viele dieser Veränderungen haben die Wahrnehmung der Religionen und die Art und Weise, wie religiöse Menschen sie in die Praxis umsetzen, herausgefordert. Diese Herausforderungen stellen sich allen Religionen und Völkern der Welt. Welcher Art sind die Krisenmomente, denen sich die Hindu-Gemeinschaften gegenüber sehen? Welche Reaktionen waren erfolgreich? Welche nicht? Wie wurden alle diese Herausforderungen und Bedrohungen neu interpretiert als Chancen für Wachstum?

Um diese Fragen zu beantworten, möchte ich ein breites Bild dieser Krisenmomente zeigen, wie sie, sowohl in Indien als auch in der ständig wachsenden Diaspora, mit dem Hinduismus zu tun haben. Ich möchte zuerst das wichtigste Thema ansprechen, und das ist die Geschichte und die Verwendung der Bezeichnung „Hindu." Danach möchte ich mich damit beschäftigen, wie die globale Entwicklung im Zusammenhang mit Reformbewegungen die gesellschaftliche Welt der Hindus in Indien und darüber hinaus verändert hat. Drittens möchte ich die Fragen untersuchen, die mit Bildung und der Verbreitung der Lehren in den Diaspora Gemeinden zu tun haben. Viertens werde ich mein Augenmerk auf den sich rapide verändernden Sektor von Medien und Technologie und seine Auswirkung auf den Hinduismus richten. Fünftens komme ich zurück zu der Trennung zwischen dem Säkularen und dem Heiligen. Zum Schluss werde ich ein paar Vorschläge anbieten, wie religiöse Führer diese Krise angehen und lösen könnten.

5.2 Hinduismus, „Hinduismus" und Hinduismen

Wahrscheinlich ist die folgenschwerste Krise, mit welcher der Hinduismus heute konfrontiert ist, sein Name, eben die Kategorie „Hindu." Was die meisten Insider und Outsider nicht wissen, ist, dass die Bezeichnung keine ganz einheimische ist.[1] Anders als Christentum, Buddhismus und Islam, hat der Hinduismus keinen Gründer oder einen bestimmten Geburtsort. Es gibt keinen „Hindu," der als Erster eine Zugehörigkeit zur Hindu Tradition verkündet hätte, oder der eine Figur der Orientierung für Anhänger darstellt. Wie uns das Studium des Gebrauchs dieses Begriffes zeigt, wurde er zuerst als geopolitische Bezeichnung entwickelt, der von Outsidern für die Gebiete östlich des Indus erfunden wurde. Nach von Stietencron haben Autoren des 8. Jahrhunderts den Begriff benutzt, um zwischen Hindus und Muslimen zu unterscheiden.[2] Hindus haben sich tatsächlich bis vor kurzer Zeit selbst nicht so genannt. In der Kolonialzeit wurde der Terminus auch als Ergebnis eines dynamischen Austauschs zwischen „Hindu" Intellektuellen, wie Rammohan Roy, und ihren britischen Gegenspielern erfunden.[3] Ihr gemeinsamer Wunsch, die Vielzahl der Traditionen zu reformieren und zu einen, führte zur fortgesetzten Erfindung und Verbreitung dieses Dachbegriffs, eine Rubrik, unter der man die Verschiedenheit reduzieren und den Synkretismus erreichen konnte. Das war besonders nach 1947 problematisch geworden, als die Verfasser der Indischen Konstitution die jeweiligen Belange der „Hindus" und Muslime zu berücksichtigen suchten, und dabei diesen künstlichen Begriff weiter verfestigten. Das Endresultat war die Etablierung des „Hindu" als einer verhältnismäßig breiten Kategorie. So bietet die indische Regierung im Hindu-Ehegesetz

---

1 Vgl. von Stietencron, Heinrich, "Hinduism: On the Proper Use of a Deceptive Term," in G. Sontheimer and H. Kulke (eds.) *Hinduism Reconsidered* (Delhi: Manohar, 2001), S. 32-53 and Pennington, Brian K. *Was Hinduism Invented? Britons, Indians, and the Colonial Construction of Religion* (New York: Oxford University Press, 2005).

2 von Stietencron, S. 33.

3 Pennington, S. 60.

von 1955 eine Definition an, die jede Person einschließt, die „der buddhistischen, Jaina oder Sikh-Religion angehört, und jede andere Person, die nicht Muslim, Christ, Parsi oder Jude ist."[4]

Die erste wichtige Herausforderung für den Hinduismus ist somit seine Selbstdefinition. Bei einer solchen Vielzahl (dem Ehegesetz entsprechend) von Glaubensrichtungen und Religionszugehörigkeiten ist der Gebrauch dieser Bezeichnung als sinnvoller, signifikanter und kennzeichnender Begriff in Frage gestellt. Was sollte eingeschlossen sein? Was ausgeschlossen? Was verbindet all diese „Hindu"-Gruppen? Man könnte sagen, dass alle Hindus an die Mechanismen des *karma* glauben. Obwohl das richtig ist, trifft es auch für Buddhisten und Jaina zu; somit wäre diese Definition zu breit. Wenn man die Geschichte der „Hindus," die den Subkontinent verlassen haben, berücksichtigt, kann man auch kein definierendes Kriterium darin sehen, dass die Anhänger in Indien zu finden sind. Gibt es Glaubensbestandteile, die alle Hindus verbinden, und sie von Buddhisten und anderen unterscheiden (was natürlich irrelevant ist, solange man die Definition des Ehegesetzes annimmt)?

Ein anderer Vorschlag wäre, dass von allen Hindus der Glaube an die Autorität der Vedas verlangt wird. Doch das trifft nur auf manche Hindus zu; nicht alle sehen die Vedas als Autorität an. Viele Menschen, die sich als Hindus betrachten, schenken diesen Texten kaum Beachtung, da sie sie als, in erster Linie, *Brahmin*-orientiert einstufen (das *Varna* oder vierfältige Klassensystem war um die *Brahmins*, oder Priesterklasse, *Ksatriyas*, Kämpfer- oder Herrscherklasse, *Vaisyas*, Händlerklasse, und *Sudras*, die Arbeiterklasse herum organisiert). Obwohl alle Hindus sich an den Vedas orientieren,

---

4 Hindu Marriage Act of 1955. Anwendung: "This Act applies-to any person who is a Hindu by religion in any of its forms or developments, including a Virashaiva, a Lingayat or a follower of the Brahmo, Prarthana or Arya Samaj, to any person who is a Buddhist, Jaina or Sikh by religion, and to any other person domiciled in the territories to which this Act extends who is not a Muslim, Christian, Parsi or Jew by religion, unless it is proved that any such person would not have been governed by the Hindu law or by any custom or usage as part of that law in respect of any of the matters dealt with herein if this Act had not been passed."

bedeutet das bei manchen nur die Ablehnung, nicht die Akzeptanz des sakralen Charakters dieser Texte.

Die Bandbreite und Ungenauigkeit, die in der Kategorisierung liegt, hat viele Fragen aufgeworfen. Wer, zum Beispiel, spricht für den Hinduismus?[5] Gibt es zu einem beliebigen Thema eine Hindu-Sichtweise? Diese Herausforderungen, mit denen sich die Hindu-Bevölkerung seit 1947 konfrontiert sieht, sind in Anbetracht der vielen Hindus, die Indien verlassen haben und im Westen oder anderen Ländern leben, wo Identifikation bekannt und definierte religiöse Zugehörigkeit die Norm ist (ich bin Jude, Christ, etc.), noch zentraler geworden. Manche würden gerne die *Svamis* (religiöse Führer), oder *Brahmin*-dominierte Gemeinden als Sprachrohr des Hinduismus sehen, aber die *Svamis* sprechen nicht für diejenigen außerhalb ihrer Gemeinde, und besonders nicht für diejenigen außerhalb der *Brahmin*- Kreise. Die Ausbildung der *Svamis* beruht oft auf den Vedas und anderen Texten, die wie schon erwähnt, nicht von allen als heilig betrachtet werden.

Während dies Herausforderungen sind, die alle Traditionen der Welt in ihrem Streben, eine einigende, allumfassende „Essenz" zu finden, betreffen, so ist sie für den Hinduismus durch die Geschichte seines Namens noch umfassender. Wenn die indische Regierung darüber hinaus diese Belange aufgreift und versucht, eine Agenda aufzustellen, die angeblich auf einer vereinten Hindu Bevölkerung basiert, dann werden die Angelegenheiten immer verwirrter.[6] Solche aufgesetzte religiöse Identitätsbildung hat zu Spannungen zwischen Muslimen und Hindu-Gruppen geführt, und viele religiöse Streitigkeiten in Südasien verursacht.

Diese andauernde Krise ist der Kern vieler heutiger Probleme. Sie ist untrennbar mit einer Menge anderer Komplexitäten verbunden, wie der Relevanz mancher kontroverser Glaubensanteile (Klassen,

---

5 Mehr hierzu findet sich in der Sonderausgabe des *Journal of the American Academy of Religion*, 2000, vol 68, "Who Speaks for Hinduism?"

6 Ausführlicher dazu Thapar, Romila, "Syndicating Hinduism" in G. Sontheimer and H. Kulke (eds.), *Hinduism Reconsidered* (Delhi: Manohar, 2001), S. 34-81.

Kasten, etc) im globalen Kontext, und den oft gegensätzlichen Vorstellungen über individuelle und kollektive Freiheit. Weiter hängt sie mit den Schwierigkeiten zusammen, die aus dem Wunsch nach Führung und Bereitstellung von religiöser Erziehung, besonders in den Diasporagebieten, erwachsen. Mit diesen untergeordneten Herausforderungen möchte ich mich nun beschäftigen.

5.3 Reformieren oder nicht reformieren? Integrität und Wandel

Es hat schon viele Versuche gegeben, den Hinduismus zu reformieren, erst von den Briten, dann von den Hindu Intellektuellen (hauptsächlich Rammohan Roy), und schließlich den Schreibern der indischen Verfassung. Zum Beispiel befassen sich Artikel 15, 17 und 25 der Verfassung mit der Abschaffung der Demütigungen und der Diskriminierung, die mit dem Klassensystem verbunden sind. In einem Versuch der Antwort auf das Prinzip der Gleichheit, das von den Aufklärungsdenkern angenommen und entwickelt, und von den Europäern übernommen wurde, haben Hindu-Führer und andere nach Möglichkeiten gesucht, alles das, was sie bei Doktrin und Praxis von *Dharma* (Gehorsam) für nebensächlich hielten, zu modifizieren oder abzuschaffen.[7] Roy machte zusammen mit den Briten dem *Sati*, der kontroversen Praxis der Selbstverbrennung der Witwen auf dem Scheiterhaufen des verstorbenen Mannes, ein Ende.[8] Neuere Anliegen haben mit der Relevanz von Klassen und Kasten im Hinduismus zu tun. Vor 1947 war das gesellschaftliche System Indiens auf der *Varna* (Klasse) und *Jati* (Kaste) aufgebaut, ein System, das sich um die eigene Reinheit im Vergleich zu den anderen drehte. Die drei unteren Klassen und die, die aufgrund der geringsten Reinheit als

---

7 Vgl. Derrett, J. D. M., *Religion, Law and the State in India* (New York: The Free Press, 1968).

8 Vgl. Pennington, S. 97-98, 140, 155-156 and Paul B. Courtright, "Sati, Sacrifice and Marriage: The Modernity of Tradition," in Harlan and Courtright (eds.) *From the Margins of Hindu Marriage* (New York: Oxford University Press, 1995).

außerhalb des Klassensystems eingestuft wurden, waren von Aktivitäten und Stätten ausgeschlossen, wo sie die Reinheit höher Gestellter wie z.B. der *Brahmins* hätten beschmutzen können. Die sogenannten „Unberührbaren," von Ghandi umbenannt zu „Harijans" oder Kindern Gottes, die sich heute als *Dalits* (die Unterdrückten/ Gebrochenen) identifizieren, sind Teil der Reformbewegung. In Voraussicht einer Krise haben die Verfasser der Konstitution und andere bezweifelt, dass Indien oder auch der Hinduismus den westlichen Mächten (Erste Welt, Länder auf Basis der Aufklärung, und ein allumfassendes, angeblich egalitäres Christentum) standhalten könnten, und stellten so die Artikel 15, 17 und 25 der Verfassung auf, die sich gezielt gegen Diskriminierung auf der Basis von Klassenzugehörigkeit richten.[9]

9 Artikel 15. Verbot der Diskriminierung aufgrund von Religion, Rasse, Kaste, Geschlecht oder Geburtsort: (1) The State shall not accept discrimination against any citizen on grounds only of religion, race, caste, sex, place of birth or any of them. (2) No citizen shall, on grounds only of religion, race, caste, sex, place of birth or any of them, be subject to any disability, liability, restriction or condition with regard to – (a) access to shops, public restaurants, hotels and places of public entertainment; or (b) the use of wells, tanks, bathing ghats, roads and places of public resort maintained wholly or partly out of State funds or dedicated to the use of the general public. Artikel 17. Abschaffung der Unberührbarkeit: "Untouchability" is abolished and its practice in any form is forbidden. The enforcement of any disability arising out of "Untouchability" shall be an offence punishable in accordance with law. Artikel 25. Gewissensfreiheit, Freiheit der Religionsausübung: (1) Subject to public order, morality and health and to the other provisions of this part, all persons are equally entitled to freedom of conscience and the right freely to profess, practice and propagate religion. (2) Nothing in this article shall affect the operation of any existing law or prevent the State from making any law – (a) regulating or restricting any economic, financial, political or other secular activity which may be associated with religious practice; (b) providing for social welfare and reform or with throwing open of Hindu religious institutions of a public character to all classes and sections of Hindus. Siehe Derrett, Seervai, H. M., *Constitutional Law of India: A Critical Commentary* (Bombay: N. M. Tripathi Pvt. Ltd., 1967); Smith, Donald E., *India as a Secular State* (Princeton: Princ-

Die Reaktion auf diese Krise war die Entwicklung einer neuen: wie sollten Gemeinden, deren Identitäten an ihre Stellung im Klassensystem gebunden waren, funktionieren? Ein gesellschaftliches System, das bemüht war, umfassend zu sein, wurde mittels dieser Verfassungsartikel geändert, um seinen Umfang und seine Auswirkung zu reduzieren. Wie sollten jene, deren Lebensunterhalt untrennbar mit den Praktiken verbunden war, die nur den Reinsten erlaubt waren, sich selbst sehen? Diese Krise führte zu unwälzenden Veränderungen in allen Hindu-Gemeinschaften, und ist durchaus nicht allein eine Krise der *Brahmin*-Gemeinschaften. Immerhin kann jetzt jede(r) in jeglicher Funktion tätig sein, und ist nicht auf die Arbeit und das Verhalten beschränkt, die traditionell Angehörigen einer bestimmten Klasse, Kaste oder eines bestimmten Geschlechts vorbehalten waren. Ein männlicher *Brahmin* muss nicht Priester sein und eine weibliche *Sudra* keine Arbeiterin. Der Versuch, gesellschaftliche Gleichheit zu schaffen, ließ ein Moment der Krise entstehen, als eine allumfassende Weltsicht verändert wurde und nicht länger so vollkommen war.

Entwicklung ist mit Sicherheit ein zweischneidiges Schwert. Würde der Hinduismus Reformen nicht zulassen, würden die Ideale der Gleichheit und die Visionen der Macht und Würde des Individuums ihn überrennen. Wenn er sie auf der anderen Seite, zuläßt, so wie es geschehen ist, dann sind die erforderlichen Änderungen solche, die an erster Stelle die Doktrin und, wie manche meinen, die Essenz dieser amorphen religiösen Tradition berühren. Was bleibt ohne diese zentrale Doktrin und ihre Vorschriften? Könnte man, beispielsweise, Jesus Christus aus dem Christentum entfernen? Den Papst aus dem Katholizismus?

Man bedenke zum Beispiel, wie diese Reformen die Madhva Gemeinschaft, eine traditionelle, im dreizehnten Jahrhundert im südwestlichen Indien entstandene Gedankenschule, verändert haben und weiter verändern.[10] Wie andere Traditionen des Vedanta hat die

eton University Press, 1963); and Pylee, M. V., *India's Constitution* (New York: Asia Publishing House, 1967).

10 Siehe Sarma, Deepak, *An Introduction to Madhva Vedanta* (Great Britain: Ashgate Pub. Ltd. 2003), *Epistemologies and the Limitations of Philo-*

Madhva Schule des Vedanta historisch den Zugang zu den Lehren der Madhva Doktrin für nicht Initiierte, und wichtiger noch, nicht Zugelassene beschränkt. Nicht-*Brahmins* und Frauen aller Klassen und Kasten war der Zugang zu der Doktrin der Madhva Gemeinschaft nicht gestattet, da sie in heiligen Texten enthalten ist. Eine kleine ausgewählte Gruppe von Männern lehrte wiederum eine kleine Gruppe männlicher Studenten in vorgeschriebenen Stätten, wie den *Mathas* (Klöster) und ähnlichem. Andere, die keine *Adhikara* (Aufnahmeberechtigung) hatten, durften an diesen Stätten (oder irgendwo anders) nicht lernen. Madhvacarya schrieb, „Frauen und unwürdige *Brahmins (brahmabandhus)* sind nur zur Weisheit der Tantras zugelassen, sofern ein Teil davon gesprochen wird, nicht aber zum Textstudium."[11]

Frauen waren nur zu einem Teilstudium der Tantras zugelassen. Der Madhva Kommentator Jayatirtha schreibt „der Begriff ‚*Tantra*' bezieht sich auf die *Pancaratras* etc."[12] Diese *Pancaratras* waren sektiererische Texte, die nichts anderes beinhalteten als Vorschriften für rituelles Verhalten, Tempelbau und ähnliches.[13] Trotzdem durften Frauen nicht direkt aus dem Text lernen; sie bedurften der *Brahmin* Lehrer für eine begrenzte Unterweisung in Teilen des Madhva Kanon. So schränkten diejenigen, die über die Macht des Wissens verfügten, das Wissen und den Grad des Verständnisses, der bei Zuhörern erreicht werden konnte, ein. Obwohl Frauen nur teilweise ausgeschlossen waren, hat doch der begrenzte Zugang zu den Texten den Umfang und die Tiefe ihrer Studien sehr limitiert.

Durch die verfassungsmäßigen Reformen wurden diese Einschränkungen geändert, ganz besonders durch den Artikel 25, 2b,

---

sophical Inquiry: Doctrine in Madhva Vedanta (Great Britain: Routledge Curzon Limited. 2005), "Regulating Religious Reading: Access to Texts in Madhva Vedanta," *Journal of Indian Philosophy*, 1999, vol. 27, S. 583-635, "Modernity and Madhva Vedanta: The Beginning or the End of an Esoteric Tradition?" *Journal of Vaisnava Studies*, 2005, vol. 13, no. 2, S. 5-22.

11 Madhvacarya, *Brahma Sutra Bhasya*, 1.1.1.

12 tantram pañcaratradi | Jayatirtha, Tattvaprakasika, 1.1.1.

13 Sarma, *Epistemologies*, S. 27-28.

der „religiöse Hindu-Institutionen öffentlichen Charakters für alle
Klassen und Teile der Hindus" öffnete.[14] Das Resultat hiervon ist
letztendlich, dass früher esoterische Doktrinen nun per Gesetz allen
zugänglich gemacht worden sind; was den Grad, zu welchem Lehrer ihre Funktion gemäß der traditionellen Rolle ausüben können,
etwas vermindert. Die Auswirkung zeigt sich jetzt in der Theologie
und Pädagogik von Maghva Vedanta. Möglicherweise wird in den
nächsten zehn Jahren die Frage der Zulassung obsolet, und Aus-
senseitern Zugang zu den Wurzeltexten und geheimen Lehren gewährt werden. Somit würde es für Aussenseiter keine Einschränkungen in Art und Umfang der Studien mehr geben. Diese Aussicht
ist jedoch bittersüß; werden die Veränderungen so massiv sein, dass
die neue Version dessen, was Tradition war, der Vorangegangenen
kaum noch ähnelt?

Gleichzeitig riskieren Traditionen, die wie Madhva Vedanta re-
striktiv sind, auszusterben oder irrelevant zu werden. Die Zahl der
Studenten in den Madhva-Klöstern schwindet, und damit auch die
Zahl der entsprechend der Überlieferung in der Tradition ausgebildeten Experten. Das logische Ende dieser Entwicklung ist eine Zeit,
in der es den letzten Experten nicht mehr gibt, und keiner mehr üb-
rig ist, der behaupten könnte, über ein umfassendes Verständnis der
Madhva-Wurzeltexte zu verfügen. Der virtuose Leser der Madhva-
Texte könnte wie die Dronte (dodo bird) aussterben. Die Restriktionen könnten so der Grund für den Untergang der Tradition sein.

Das Dilemma der Madhva-Gemeinschaft ist nur ein Beispiel unter vielen, mit denen die Hindu-Gemeinschaften in Indien konfrontiert ist. Reformieren, oder nicht reformieren? Individuelle Rechte
verbessern auf Kosten der kollektiven? In jedem Fall ist die Auswirkung so zerstörerisch, wie sie fruchtbar ist. Die Spannung steigt
aufgrund der Einführung von neuen Technologien, die die Integrität
der religiösen Traditionen noch weiter verändern werden, ein Thema, mit dem ich mich im Folgenden befassen werde.

Obwohl diese Reformationen sich hauptsächlich im Hinduismus
in Indien abspielen, sind solche Veränderungen für die indische Ge-

---

14 Artikel 25 (2b) der indischen Konstitution.

meinschaft in der Diaspora noch größer, noch gewichtiger und noch herausfordernder.

5.4 Diaspora-Führung und die Suche nach Einheit in der Verschiedenheit[15]

Die Hindu-Diaspora Gemeinden, besonders die in den USA, sehen sich einem ständigen Druck der Reformen ausgesetzt. Hindus sind aus einem gesellschaftlichen Zusammenhang, in dem solche Glaubensvorstellungen wie Klasse und Kaste einen Sinn hatten, herausgenommen worden. Sie waren gezwungen, sektiererische Unterschiede in den Hindu-Gruppen zu ignorieren und den Gedanken eines geeinten, synkretistischen „Hinduismus" anzunehmen. Individuelle und gemeinschaftliche Identitäten, die früher auf den Unterschieden von Klasse und Kaste und der damit assoziierten Reinheit beruhten, wurden zurück- gewiesen, zu Gunsten einer Identifikation mit „Hinduismus" und „Indien." Viele dieser Probleme gehen auf die Unterschiede zwischen „weltlich" und „heilig," oder auch zwischen „Kirche" und „Staat" zurück. Wie ich schon erwähnte, ist es klar, dass Unterscheidungen nach Klasse und Kaste nur in einem umfassenden gesellschaftlichen Zusammenhang, der von Klasse und Kaste dominiert ist und durch sie definiert wird, sinnvoll sein können.[16] In Amerika, wo es angeblich eine Trennung von Staat und Kirche gibt, hat das tägliche Bürgerleben nichts mit einem religiösen Konzept wie Kaste zu tun. Es ist nahezu unmöglich, eine Trennung, wie sie das Klassensystem verlangt, dort einzuführen, wo Hindu-Gemeinschaften selten, weit auseinander und isoliert sind. Obwohl ich noch darauf zurückkommen werde, ist es wichtig, festzuhalten, dass Klas-

---

15 Eine Studie der unterschiedlichen Typen von Hindu-Führern in Nordamrika findet sich bei Deepak Sarma, "Hindu Leaders of North America?" in *Teaching Theology and Religion*, in Vorbereitung.

16 Zum Aspekt der Umfassendheit in den Religionen, siehe Paul Griffiths' *The Problems with Religious Diversity* (Oxford: Blackwell, 2001).

se und Kaste einer der wenigen gemeinsamen Glaubensbestandteile der Prä-Hindu Religionen Indiens, in einer nicht indischen Landschaft keine Relevanz haben.

Die wahrscheinlich größte Krise, mit der die Hindu-Diaspora Gemeinden konfrontiert ist, betrifft die Frage, inwieweit der Hindu-Glaube der zweiten und jetzt dritten Generation noch eingeflößt werden kann. Das Problem kreist um die unbestimmte Natur des Begriffs „ Hindu" und die Art von Leitungsfunktionen, die in Nordamerika zwangsläufig von Laien übernommen werden. Schon die Bezeichnung „Hindu" ist keine gute Definition, weil sie keinen Satz bestimmter Praktiken beinhaltet, dem generell alle Hindus Folge leisten würden. Die Kinder von Hindu Einwanderern finden sich ständig ihren verwirrten Identitäten gegenüber, wenn sie mit den systematisierten Doktrinen der Weltreligionen bombardiert werden.[17] Ungezählte Hindu-Kinder kommen für die Weihnachtsferien von der Schule heim, unfähig, im Hinduismus eine Parallele zu der Zentralität der Feier der Geburt Jesu Christi im Christentum zu finden. Die Kinder sind ständig in einen interreligiösen Dialog eingetaucht, und zwar auf vereinfachtem Niveau, wenn Gespräche mit christlichen und jüdischen Altersgenossen sie dazu zwingen, erfolglos nach vergleichbaren Festen und Feiern in der eigenen Religion zu suchen. Aus der enormen Anzahl der Traditionen, die als Hindu gelten, sind nur wenige Rituale und Feste allen gemeinsam. Etliche Feiertage, die nun dazu benutzt werden, um alle Hindus zusammenzubinden, sind Divali, Navarati, Ganesa-*Caturthi* (Feier des Gottes Ganesa), Ugadi (Neujahr) und Holi. Obwohl es viele andere heilige Tage, wie Krishna-*Jayanti* (Geburtstag Krishnas) gibt, stehen diese oft im Zusammenhang mit besonderen Göttern, die nicht allen Hindus gleich wichtig sind. Erfreulicherweise werden einige Feste momentan von vielen gemeinsam begangen.

Hindu-Eltern haben in heroischer Weise versucht, alle gegebenen Unterschiede zu synthetisieren, um für ihre Kinder einen Hindu- Katechismus zu erstellen. Fast alle diese Hindu-Eltern sind Laien, und

---

17 Siehe Padma Rangaswamy's *Namaste America: Indian Immigrants in an American Metropolis* (University Park, PA: Pennsylvania State University Press, 2000).

bestimmt keine autorisierten Experten des Hindu-Glaubens und der Praktiken. Es verwundert nicht, dass angebliche Kulturgruppen in Indien, wie die Vishva Hindu Parishad, die auch bestrebt sind, Elemente verschiedener Hindu-Formen in eine zu verbinden, daraus Kapital geschlagen und Hindu-Lehrbücher für die Laien in der Diaspora herausgegeben haben, die eine Essenz davon bieten, was natürlich nie eine Essenz hatte. Das Resultat davon ist andauernde Erfindung und zweifelhafte Konkretisierung des Hinduismus. Während andere Gruppen, Katholiken, zum Beispiel, sich an die Priester wenden können, wenn es um die autorisierte Lehre geht, sind Hindu- *Purohits* oder Priester hauptsächlich Experten des Ritus, nicht der Doktrin. Obwohl viele von ihnen von eifrigen Eltern dazu angehalten worden sind oder selbst den Bedarf für geregelte Katechismen gesehen haben, sind sie oft aufgrund ihrer mangelnden Fähigkeit, mit der Jugend zu kommunizieren und der Tatsache, dass ihre Ausbildung auf der Seite des Ritus und nicht der Philosophie liegt, nicht viel besser als die Eltern. Die Eltern von Einwanderern dienen auch in ähnlicher Weise als Vermittler des Glaubens, wenn sie ihre Kinder und Enkelkinder besuchen.

Diese Vielschichtigkeiten werden noch dadurch gefördert, dass Mitglieder der indischen Diaspora zum Bau von gemeinschaftlich genutzten Tempeln und Kulturzentren Ressourcen zusammenlegen. Die weitaus meisten der Tempel in Nordamerika sind ein Konglomerat aus verschiedenen Strängen des „Hinduismus." Zum Beispiel finden sich Gottheiten und deren sektiererische Anhänger, die in traditionellen Tempeln Indiens niemals zusammenleben würden, Seite an Seite in den Tempeln Nordamerikas. Dort, wo einst ein Gott unangefochten herrschte, gibt es nun etliche. Der oben schon erwähnten Definition von „Hindu" aus dem Ehegesetz entsprechend, gibt es sogar Hindu-Tempel, in denen sich Bilder finden, die mit dem Jainismus assoziiert sind. Das ist schon deswegen merkwürdig, weil die Anfänge des Jainismus in der Ablehnung des Hinduismus liegen! Der Schmelztiegel Amerikas manifestiert sich im Kleinformat im Tempel. Dieser Tempel ist nun überflutet von verdünnter „indischer" Spiritualität. Verschiedenheit ist durch ausdruckslose Einheit ersetzt worden. Auf der einen Seite werden Religionen und religiöse Menschen zusammengebracht und können interreligiösen Dialog entwickeln. Auf der anderen Seite verlieren die Religionen ihre Besonderheiten. Religiöse Identität wird dabei durch eine breitere ersetzt, die ethnische Züge trägt.

5.5 Medien, Technologie und Veränderung

Hindus in Indien und in Nordamerika haben in der Entwicklung neuer Formen von Medien und Technologie eine wichtige Rolle gespielt, und diese Technologien haben wiederum Einzug in den Hinduismus gehalten, was nicht verwundert. Sie haben sich sowohl positiv als auch negativ auf den Hinduismus ausgewirkt. Nehmen wir das Beispiel der Reisetechnologie und ihrer Auswirkung auf die Bedeutung der Wallfahrt nach Tirupati, eine zentrale Pilgerstätte für die Mitglieder der Sri Vaisnava Sekte des Hinduismus. Der Sri Venkatesvara Tempel in Tirupati steht auf der siebten Spitze, Venkatachala (Venkata Hügel) der Tirupati Hügel. Erst in jüngster Zeit ist der Zugang zum Tempel durch Autos und Busse, die die Pilger zur Spitze fahren, erheblich erleichtert worden. In der Vergangenheit legten die Pilger einen 11km langen Weg bis zur Spitze zurück, und diese Anstrengung war ein Zeichen ihrer Hingabe (*Bhakti*). Der technische Fortschritt hat die Schwierigkeiten, hinaufzukommen, deutlich gemindert, hat aber auch den von einem glühenden Anhänger geforderten Einsatz sehr stark abgeschwächt. Wie verändert diese Technologie die religiösen Erfahrungen der Pilger? Ändert sich die Bedeutung der Pilgerschaft aufgrund des leichten Zugangs? *Darsan (*Sicht, Vision) von Sri Venkastevara, früher die Erfahrung einiger weniger Erwählter, ist jetzt nicht mehr exklusiv wie einst und hat dadurch vielleicht verloren. Auf der anderen Seite erlauben solche Annehmlichkeiten jenen den Zugang, denen er aus körperlichen Gründen sonst verwehrt wäre. Während die Gruppe derer, die Tirupati auf dem Fußweg erreichen, abnimmt, wächst die Zahl derer, die *Darsan* empfangen haben.

Aber, muss man denn Tirupati überhaupt besuchen? Der Einzug des Internet macht es möglich, dass man im eigenen Wohnzimmer, in Indien oder anderswo, *Sevas* (gottesdienstliche Zeremonien) halten und von dort aus *Darsan* des Sri Venkatesvara erreichen kann.

Wallfahrt wird so durch Technologie verändert. Die gleiche Technologie bietet deutliche Vorteile, indem sie Hindus in der Diaspora mit den indischen Tempeln verbindet. Die tatsächlichen und metaphorischen Entfernungen sind erheblich verringert, was besonders jenen Diaspora-Hindus hilft, die, dort wo sie leben, mit verschiedenen Kulturen zurechtkommen müssen.

Man kann noch einmal auf die oben beschriebene Madhva- Gemeinschaft zurückkommen, um weitere Dimensionen der Krise aufzuzeigen. Der restriktive Charakter der Tradition wurde durch die Technologien der Publikation und des Internets gemildert. Auf dem südasiatischen Subkontinent hat sich seit dem dreizehnten Jahrhundert sehr viel verändert, und es sollte niemand verwundern, dass die heutige Madhva Tradition diese Neuerungen widerspiegelt und sich den Herausforderungen der Modernisierung gestellt hat. Das gilt ganz besonders für das, was die unvermeidliche Veränderung der Technologie der Vervielfältigung und Verteilung von Texten angeht. Sie hat die Madhva-Tradition gezwungen, die Strenge ihrer Restriktionen lockern, was zur Untergrabung ihres Fundamentes der Wissenskultur führte. Eine Elitewelt mündlicher Überlieferung von Texten und Kommentaren ist für die Massen geöffnet worden. Seit die Technologie der Buchveröffentlichung nach Indien gekommen ist, haben die Madhvas Texte publiziert, die vorher eingeschränkt waren. Die größte Anzahl der Veröffentlichungen von Madhva-Basistexten ist seit Indiens Unabhängigkeit im Jahre 1947 erfolgt.

Seit Mitte der 90er Jahre haben sich die Madhvas auch der neuesten Form der Publikation, des Internets, bedient. Zahlreiche Webseiten, die Madhva-Material enthalten, sind von praktizierenden Madhva in Indien und in der indischen Diaspora eingerichtet worden. Manche wurden von Gelehrten der *Mathas* (Klöster) und unter Aufsicht ihrer *Svamijis* entwickelt. Diese Seiten enthalten, in Englisch und Kannada, Einführungen in die Madhva-Doktrin, Übersetzungen und Zusammenfassungen der Madhva-Basistexte, Aufnahmen von Reden religiöser Führer und Madhva Lehrer, und sogar Kopien von Madhva-Basistexten, die man vom Internet herunterladen kann. Sie sind für jedermann zugänglich und in keiner Weise eingeschränkt; es ist kein Password notwendig, und für den Zugriff werden keine

Gebühren erhoben. Im Gegensatz zu „hard copies", ist weder die Anzahl dieser Bücher limitiert, noch ist ihre Verbreitung in irgendeiner Weise kontrollierbar. Jeder, Outsider natürlich eingeschlossen, kann Madhva-Basisdoktrin lernen und ihre Basistexte herunterladen. Den Gelehrten, die die erste Seite 1995 installierten, waren die potentiellen Probleme im Zusammenhang mit dem Zugang der Massen zu den Texten wohl bewusst. Folgendes fand sich 1999 auf einer Seite: „Es wird empfohlen, dass Sie das *Brahma-Suutra* oder den *BalitthA Suukta (sic)* nicht rezitieren, ohne vorher von einem Guru (Lehrer) in der richtigen Vorgehensweise unterwiesen worden zu sein. Selbstverständlich ist es Vorschrift, dass keine *Stotra (*Hymnus), einschließlich dieser und anderer auf dieser Seite, in einer launigen, respektlosen oder gedankenlosen Weise rezitiert werden dürfen."[18] Seitdem sind die Madhva-Einschränkungen ohne Nennung eines Grundes entfernt worden. Das könnte ein Zeichen sein, dass die Tradition ihre Einschränkungen aufgegeben hat.

Man hat den Eindruck, dass die Madhva-Einschränkungen zusammengebrochen sind, und dass die Grenzen durchlässig oder nur nominal sind. Dieses Krisenmoment hat der Madhva-Gemeinschaft sowohl Herausforderung als auch Chancen gebracht. Auf der einen Seite mussten sie ihre strikten Vorschriften neu überdenken. Auf der anderen Seite haben sie ihre Lehre viel mehr Menschen zugänglich gemacht, was vielleicht das Überleben einer neuen *Avatara* (Inkarnation) der Tradition selbst sichert.

5.6 Die eine, ganze Welt

Es scheint, dass Religionen ihren Anhängern eine jeweils umfassende Sicht des Universums bieten. Das heißt, dass die Religion für Anhänger „alles miteinbezieht" und „nichts unerklärt bleiben läßt."[19]

---

18 So konnte man auf der Dvaita Homepage http://www.dvaita.org lesen, was aber inzwischen gelöscht wurde. Klammern im Zitat vom Autor.
19 Griffith, S. 7.

Das würde natürlich auch die Zeiteinteilung einschließen. Es gibt unzählige tägliche, wöchentliche, monatliche und jährliche Rituale, an denen sich Hindus orientieren. Einige Hindus orientieren sich, zum Beispiel, am Mondkalender, der ihnen alle paar Wochen einen Fasttag vorschreibt. Andere entscheiden den Beginn eines Projekts aufgrund günstiger oder ungünstiger Zeiten. Da Indien immer weltlicher wird, nimmt die Bedeutung solcher Zeitrahmen ab. Diese Situation ist noch verschärft für Diaspora-Hindus, die sich der Zeitorientierung ihres Gastlandes anpassen müssen. Die Hindus in Nordamerika imitieren ihre christlichen Mitbürger, indem sie den Sonntag als den besten Tag für den Tempelbesuch festlegen. So ist der Sonntag *de facto* zum religiösen Tag in Nordamerika geworden. Jedoch nicht alle Nichtchristen unterwerfen sich den christlichen Strukturen. Die Juden, zum Beispiel, haben die Bedeutung ihres religiösen Kalenders bewahrt und feiern ohne Berücksichtigung der vorherrschenden Zeitrahmen. Die Stärke einer religiösen Tradition, ob Hindu oder sonstige, wird durch dominantere religiöse Paradigmen beeinflusst. Diese Herausforderungen sind ziemlich entmutigend und betreffen fast alle Traditionen in ihrem Versuch, sich in eine Weltwirtschaft zu integrieren. Wie es die Juden gezeigt haben, ist diese Herausforderung jedoch nicht unüberwindbar.

Die Hindu Gemeinschaft in Nordamerika beginnt langsam, dieses Bedürfnis zu erkennen. Eine Gruppe hat zum Beispiel beim US Postal Service eine Petition eingereicht, eine Divali (unten „Diwali" geschrieben) Briefmarke in ihr Sortiment aufzunehmen:

An das Citizens Stamp Advisory Committee
c/o Stamp Development, US Postal Service, Washington, DC

Lieber Herr Dr. Norlke,
Vorsitzender des Citizens Stamp Advisory Committee

Wir ersuchen Sie, eine US-Briefmarke zum Gedenken von "Diwali", dem alten, freudvollen Lichterfest, das von allen Hindus und einigen anderen Religionen gefeiert wird, und das die Einheit und multikulturelle, reiche Vielfalt der Menschen in

USA und in Indien reflektiert, herauszugeben. Religionsfreiheit
ist ein Gütesiegel der Vereinigten Staaten. Das US Postal De-
partment hat Weihnachten, Hanukkah, Kwanzaa und Eid an-
gemessen geehrt, indem es Briefmarken mit einer Darstellung
dieser Feste herausgab. Wie der frühere Präsident, William J.
Clinton sagte, bietet „Diwali" uns allen eine Möglichkeit, dar-
über nachzudenken, auf welch mannigfache Weise das Talent,
die Geschichte und die Traditionen der indischen Menschen
zu unserem nationalen Leben und kulturellen Erbe beigetragen
haben. Präsident George W. Bush hat dieses Jahr, obwohl er in
Asien unterwegs war, dafür gesorgt, dass im Weißen Haus „Di-
wali" gefeiert wurde, und er hat seine persönlichen Grüße und
Glückwünsche an die Gemeinschaft geschickt. „Diwali" stellt
ein Mittel dar, Dankbarkeit und Anerkennung für die außer-
ordentliche Vielfalt zum Ausdruck zu bringen, die die größte
Stärke unserer Nation ist. „Diwali" symbolisiert unsere unab-
lässigen Gebete und Bemühungen, von der Finsternis (Igno-
ranz) ins Licht (Wissen) geführt zu werden. Es wird gefeiert,
um den Sieg der Wahrheit und Rechtschaffenheit über das Böse
aufzuzeigen. Wir ersuchen Sie, der Herausgabe einer Briefmar-
ke zum Gedenken an das Lichterfest „Diwali" zuzustimmen.[20]

Ihre Hartnäckigkeit führte dazu, dass der Kongress am 20. April
2005 ein entsprechendes Gesetz auf den Weg brachte. Seitdem liegt
es in der Schublade, hat aber immerhin die Aufmerksamkeit derer
erreicht, die dazu beitragen können, dem Hinduismus einen Platz in
der amerikanischen Landschaft zu verschaffen.

5.7 Vorschläge für die Zukunft

In dieser kurzen Arbeit habe ich eine Vielzahl von Herausforderungen
umrissen, mit denen heute die Hindus und den Hinduismus konfron-

---

20 http://www.petitiononline.com/diwali03/petition.html

tiert sind. Gibt es nun Vorschläge, wie man mit diesen Herausforderungen umgehen sollte? Wie man sie zu Chancen anstatt Bedrohungen macht?

Der erste Schritt auf dem Weg zur Lösung ist, die Herausforderungen anzunehmen und zu analysieren. Vermutlich ist dieser Essay selbst ein Teil dieses Prozesses, wenn auch nur ein Katalysator. Wie ich schon aufgezeigt habe, betrifft die größte Herausforderung die Definition von Hinduismus. Da dieser Terminus sich nun einmal etabliert und somit ein Eigenleben hat, kann er nicht ersetzt oder eliminiert werden. Meine Empfehlung ist, dass die religiösen Führer der Hindus die Verschiedenheit dieser Traditionen annehmen, statt weiterhin den Mythos der Einheit und des Synkretismus zu vertreten. Die Notwendigkeit, eine „Hindu-Stimme" zu entwickeln, verringert sich, je mehr man die Vergeblichkeit einer solchen Suche erkennt. Viele der von mir hier umrissenen Herausforderungen werden sich von selbst erledigen, wenn die Führer die Integrität ihrer eigenen Traditionen entwickeln, anstatt die Integrität einer erfundenen zu erfinden.

Eine mögliche Reform des Hinduismus hängt von der Einigung darauf ab, welche Doktrinen essentiell sind und welche nicht. Das zentrale und umstrittenste Thema betrifft die *Varna* und die *Jati* (Klasse und Kaste). Man kann zwar durchaus behaupten, dass Klasse nicht vererblich ist, aber das zu beweisen macht Schwierigkeiten. Auf jeden Fall ist Vererblichkeit Teil des allgemeinen Bewusstseins geworden. In der Geschichte des Hinduismus war *Bhakti* (Hingabe) ein Teil einer komplizierten Reaktion, die aus Klassen- und Kastenausschlüssen hervorging. Religiöse Systeme, die auf Texten beruhten, die nur Wenigen zugänglichen waren, wurden erheblich verändert, als sie sich neu auf *Bhakti* hinorientierten. Der Hingabe an die Gottheit, und nicht bloßem Textwissen, wurde eine gleiche oder größere Bedeutung beigemessen. Sicherlich kann man die durch die Medien hervorgebrachten Veränderungen, die früher eingeschränkte Praktiken allen zugänglich gemacht haben, als parallel zu der Revolution in der Hindu Ideologie sehen, die *Bhakti* hervorgerufen hat. Somit kann die Bedrohung eine Chance sein.

Auch die Führungsmuster in der Diaspora verändern sich mit der wachsenden Zahl der Hindu-Studenten, die Hinduismus in zweiter oder dritter Generation an westlichen und nicht westlichen akademischen Institutionen studieren. Wenn diese jungen Leute von ihren Gemeinden in Indien und in Amerika unterstützt werden, dann werden sie mit Sicherheit Führungsrollen in Diaspora Tempeln und ähnlichen Einrichtungen übernehmen. Die Entwicklung eines Hindu Katechismus ist nach wie vor mit Schwierigkeiten behaftet, die im direkten Verhältnis zu Definition und Inhalt des Terminus „Hinduismus" stehen.

Es gibt natürlich viele Möglichkeiten, auf diese Herausforderungen zu reagieren, und ich habe hier nur einige wenige aufgezeigt. Ich bin zuversichtlich, dass die Führer der verschiedenen Hindu-Gemeinschaften Wege finden werden, um an diesen Herausforderungen zu wachsen und die Chancen zu nützen. Ich stelle hier nur ein paar Fragen in der Hoffnung, dass sie den Dialog zwischen Hindu und anderen Oberhäuptern inspirieren mögen.

Kapitel 6
Die Krise des Heiligen: Islam

Vincent J. Cornell

6.1 Die erkenntnistheoretische Krise

Die Krise des Heiligen ist im Islam in erster Linie eine erkenntnistheoretische. Der Begriff „erkenntnistheoretische Krise" wurde von dem Philosophen Alasdair MacIntyre geprägt, um das zu beschreiben, was geschieht, wenn eine Tradition der Frage und Suche - wie die theologische und philosophische Tradition einer Religion - ihrem eigenen Standard der Vernunft gemäß keinen Fortschritt mehr macht. In der Situation einer erkenntnistheoretischen Krise werden die früher vertrauten Methoden der Suche steril, „Konflikte über rivalisierende Antworten zu zentralen Fragen können nicht mehr vernünftig gelöst werden," und Formen der Argumentation, die früher funktionierten, beginnen „den Effekt zu haben, vermehrt neue Unzulänglichkeiten, bislang unerkannte Widersprüche und neue Probleme für eine Lösung, der das etablierte Glaubenssystem keine oder nur ungenügende Ressourcen bietet, aufzudecken."[1]

Nach MacIntyre ist „die Auflösung historisch fundierter Sicherheiten" das Kennzeichen einer erkenntnistheoretischen Krise. Soll die Krise gelöst werden, dann müssen neue Konzepte und Rahmenbedingungen für die Tradition entwickelt werden. Diese Konzepte und Rahmenbedingungen müssen den folgenden drei Kriterien entsprechen. Erstens, sie müssen ihre eigene *Tradition* konstituieren: sie müssen eine systematische und schlüssige Lösung für die Probleme

---

1 Alasdair MacIntyre, *Whose Justice? Which Rationality?* (Notre Dame, Indiana: University of Notre Dame Press, 1988), S. 361-362. Der Begriff „epistemologische Krise," ist zuerst erschienen in *op.cit.*, "Epistemological Crises, Dramatic Narrative and the Philosophy of Science," *The Monist*, 69, 4, 1977.

bereitstellen, die sich in der Krisensituation als unlösbar gezeigt haben. Zweitens, sie müssen *kritisch* sein: sie müssen eine Erklärung dafür liefern, was die ursprüngliche Tradition steril, widersprüchlich oder beides gemacht hat, bevor sie sich neue Ressourcen erschliessen konnte. Schließlich müssen sie *authentisch* sein: sie müssen Kontinuität mit den gemeinsamen Glaubensinhalten aufweisen, die dazu dienten, die ursprüngliche Tradition zu definieren. Authentizität bedeutet jedoch nicht, dass die in die überarbeitete Tradition eingebrachten neuen Konzepte notwendigerweise Derivate der früheren Tradition sind. Vielmehr wird ihre Rechtfertigung in ihrem Vermögen liegen, sich mit der früheren Tradition einzulassen und Widersprüche, die vorher unlösbar waren, zu lösen.[2] Die durch eine erkenntnistheoretische Krise gebotene Chance liegt in der Aussicht, neue Zugänge zur Tradition zu eröffnen, die durch eine kritische Beschäftigung mit der Vergangenheit neuartige Lösungen bieten können. Mit den Worten des christlichen Historikers, Jaroslav Pelikan, ist „ein ‚Sprung des Fortschritts' kein Weitsprung aus dem Stand, sondern einer mit Anlauf durch das, wo wir gewesen sind, bis dahin, wohin wir als nächstes gehen werden."[3]

Eine erkenntnistheoretische Krise stellt sowohl eine Bedrohung als auch Chance dar. Nicht alle erkenntnistheoretischen Krisen können erfolgreich bewältigt werden. Wenn eine historisch gewachsene Tradition mit einer ebenfalls historisch gewachsenen, aber fremden Tradition konfrontiert wird, dann kann es sein, dass die Wahrheitsansprüche der ursprünglichen Tradition nicht mehr aufrechterhalten werden können. Das bedroht die Tradition als ganze. Eine solche Situation der radikalen Krise kann durch die Konfrontation mit einer gänzlich neuen Erkenntnistheorie hervorgerufen werden, oder sie kann auftreten, wenn sich die gesellschaftlichen oder historischen Bedingungen derart verändert haben, dass die Lehren einer rivalisierenden Tradition neue, überzeugende und erhellende Erklärungen dafür bieten, warum die eigene Tradition unfähig gewesen ist, ihre

---

2 *Op.cit.*, S. 362.

3 Jaroslav Pelikan, The Vindication of Tradition (New Haven and London: Yale University Press, 1984) S. 81.

Probleme zu lösen oder ihren ursprünglichen Zusammenhang wiederherzustellen. In manchen Fällen kann die begriffliche Sprache einer fremden Tradition, mit den Worten von MacIntyre, „eine neue und zweite erste Sprache" der Tradition in der Krise werden.[4] Dies geschah zum Beispiel im zweiten und dritten Jahrhundert des Islam, als wegen der durch die christlich theologische Polemik gegen den Islam hervorgerufenen erkenntnistheoretischen Krise die griechische Logik neue begriffliche Mittel für die neue Tradition der islamischen Theologie bot (*,ilm al-kalam*). Damals bearbeiteten muslimische Theologen die logischen Formulierungen griechischer Denker wie Aristoteles und der Stoiker auf eine Weise, die sie „islamisch" machten. Ein ähnlicher Prozess fand in der islamischen Philosophie statt, wo die philosophische Sprache des Platonismus und Aristotelianismus zu den „koranischen" Diskursen umgeformt wurden.

Ein ähnlicher Prozess geschieht heute. Muslimische Gelehrte, die im Westen leben oder dort studiert haben, suchen nach Möglichkeiten, kritische Strukturen und Rahmenbedingungen der Forschung in eine neue Vision der islamischen Tradition zu inkorporieren: Mohammed Arkoun, Khaled Abou El Fadl und Ebrahim Moussa bedienen sich der Mittel der kritischen Theorie, um die Traditionen des islamischen Denkens und Autorität zu befragen; Feisal Abdul Rauf und Vincent Cornell (Mansur Moujahid) erproben philosophische und theologische Grundlagen für einen islamischen Pluralismus innerhalb des Koran und der Arbeiten der Sufis. Farid Esack, Omid Safi, und Abdolkarim Soroush entwickeln ein Model des „progressiven Islam" in Anlehnung an die Befreiungstheologie; Amina Wadud, Scott (Siraj al-Haqq) Kugle, Abdullahi Naim, und Aminah McCloud untersuchen überlieferte Traditionen im Bezug auf Geschlecht, Menschenrechte und Minoritäten.

Die ganze islamische Geschichte hindurch haben viele Muslime nur Konfrontation zwischen dem offenbarten Wissen des Islam und dem intellektuellen Erbe des Westens (obwohl man ihn vor der Kolonialzeit noch nicht als „Westen" bezeichnete) gesehen. Sie haben zum Beispiel nicht erkannt, dass die Begegnung zwischen Pla-

4 Ibid, S. 364

to, Aristoteles und dem Koran der griechischen Philosophie dadurch eine neue Bedeutung gab, dass man sie in islamischen Begriffen ausdrückte. Stattdessen haben muslimische Puristen die griechische Philosophie abgelehnt, weil man ihre Wurzel nicht direkt auf den Koran und die Traditionen des Propheten Mohammed zurückverfolgen konnte. Diese negative Reaktion erforderte das Verschleiern der neuen „zweiten Sprache" der griechischen Logik und Erkenntnistheorie hinter den traditionell islamischen, in „erster Sprache" verfassten Diskursen der Authentizität. Zum Beispiel entdeckt man, dass aristotelische Logik eine wichtige aber nicht anerkannte Grundlage der islamischen Jurisprudenz ist. Ähnlich sind auch die Lehren des Neoplatonismus in den Schriften von Sufis wie Ibn 'Arabi (+ 1240) und Rumi (+ 1273) vorhanden, aber nicht als solche identifiziert. Die Namen vor-islamischer aristotelischer, stoischer und neoplatonischer Denker wurden von muslimischen Schriftstellern, die sich ihr Image der Authentizität erhalten wollten, nur selten erwähnt. Es war ein Fehler von *Falsafa,* der philosophischen Tradition des Islam, dass man öffentlich anerkannt hat, den fremden Erkenntnistheorien der Griechen einiges zu verdanken, ohne genügend darauf hinzuweisen, dass die gleichen oder ähnliche Erkenntnistheorien auch im Koran vorhanden sind. Diese Unaufmerksamkeit gegenüber der wechselseitigen Beziehung zwischen Erkenntnistheorie und Kultur hat *Falsafa* dem Vorwurf der mangelnden Authentizität seitens muslimischer Juristen ausgesetzt, die sich ironischerweise selbst auf die Logik und das Rechtsverständnis des Aristoteles stützten.

Eine ähnliche Situation findet sich heute dort, wo die Authentizität derjenigen, die nach einer neuen Vision islamischer Tradition suchen, in Frage gestellt wird, weil moderne kritische Methodologien eine erkenntnistheoretische Bedrohung darstellen. Das gleiche gilt für Muslime, die an glaubensübergreifenden Studien, die von nicht-muslimischen Organisationen, wie dem Elijah Interfaith Institute, dem Shalom Hartmann Institute, oder der Church of England organisiert werden, teilnehmen. Viele Muslime glauben (vielleicht zu Recht), dass vergleichende Religionswissenschaften zu religiösem Pluralismus führen, der den exklusiven Anspruch des Islam auf Wahrheit erodiert. Wenn muslimische Denker sich der Mittel bedienen, die die modernen Methodologien der historischen und vergleichenden Analyse bieten, wird der kritische Ansatz dieser Methodologien als Bedrohung für die Integrität des Islam wahrgenommen. Es ist daher kein Zufall, dass die meisten der oben genannten kritischen muslimischen Gelehrten im Westen wohnen, wo der politische Druck der traditionalistischen oder fundamentalistischen Gegendiskurse weniger bedrohlich ist.

Jedoch haben mit Ausnahme von Mohammed Arkoun nur wenige muslimische Gelehrte die islamische Krise des Heiligen als eine erkenntnistheoretische identifiziert. Im Allgemeinen wird die Krise des Heiligen dort, wo eine spezifische Bedrohung der Integrität auftritt, als ein oder mehrere „Momente der Krise" gesehen. Solche Momente der Krise können in allen muslimischen Gesellschaften ausgemacht werden, sind aber unter den Muslimen in Europa und den Amerikas besonders deutlich vorhanden. In diesen Regionen kämpft eine große Minderheitsbevölkerung von beinahe 50 Millionen Gläubigen (russische Muslime mitgezählt) darum, ihren Sinn für Tradition in einem Umfeld zu bewahren, das eine doppelte Bedrohung darstellt, nämlich eine dominante Missionsreligion (Christentum) und eine Verweltlichung mit Missionscharakter. Der Säkularismus, der in seiner extremsten Form eine Art gottloser Fundamentalismus geworden ist, hat seine Kanonen vom Katholizismus abgewandt und in seiner Kritik an der institutionalisierten Religion auf den Islam als den Erzfeind gerichtet. Für den säkularen Fundamentalisten stellt der Islam den Gipfel der sozialen Unterdrückung und des religiösen Obskurantismus dar, den doch die säkulare Vernunft der Aufklärung zerstreuen sollte. In einem solch feindlichem Umfeld werden unterschiedliche erkenntnistheoretische Ansätze zu kriegerischen Fronten, und viele Muslime betrachten die Konfrontation von islamischen Werten mit der säkularen Weltsicht als einen Zustand der Belagerung. Bei dieser Kasernenmentalität muss man sich nicht wundern, dass die Politik der Identität, wie sie in den Schriften von Tariq Ramadan zum Ausdruck kommt, in den muslimischen Minderheitsgemeinschaften eine so große Rolle spielt. Man wundert sich auch nicht weiter, dass sich in diesen Gemeinschaften nicht nur liberale und postmoderne Intellektuelle finden, sondern auch Salafisten und viele andere, die die Moderne ablehnen.

6.2 Korporativer Charakter, Tradition, und Kultur

Unter Muslimen kommt die „Krise des Heiligen" oft nicht als Krise
der Erkenntnistheorie, sondern als Krise der Kultur zum Ausdruck.
Typischerweise wird diese Krise als Wertekonflikt zwischen dem Islam und dem Westen, und zwischen der religiösen Kultur des Islam
und der säkularen Kultur der Modernität gesehen. Bemerkenswert
ist, dass keine der beiden Konfrontationen sich direkt auf Gott oder
das Heilige bezieht. Sie haben auch nichts mit der Beziehung des
Gläubigen zu Gott zu tun. Statt zu einer erneuten Beschäftigung
mit dem Transzendenten aufzurufen, sind sie ganz mit kulturellen
und zeitlichen Dingen befasst, die ein mittelalterlicher Denker eher
als zufällig und nicht als substantiell bezeichnen würde. Sie impli-
zieren, dass die Unterwerfung unter den Islam in erster Linie eine
Unterwerfung unter die Tradition ist, wobei Religion und Kultur ineinander verwoben sind wie die Struktur eines nahtlosen Gewan-
des. Der erkenntnistheoretische Aspekt dieses Kulturmodells des Islam liegt in der Tatsache, dass man den Islam nicht einfach als eine
Tradition unter anderen betrachtet; vielmehr wird er als die *einzige*
Tradition gesehen, die normative Wahrheit enthält. Wie Jaroslav Pelikan es formuliert haben könnte, ist das eine Sicht der Tradition, die
„eine frontale Lobotomie erfahren hat".[5] Ihr fehlt sowohl die Transzendenz, als auch die weltliche Perspektive. Man zeigt wenig oder
gar kein Interesse an der Geschichte, die der Islam mit anderen Zivilisationen gemeinsam hat, oder an den Problemen, die der Islam sich
angesichts der Modernität mit anderen Religionen teilt. Stattdessen
begreift man den Islam als etwas, das im Ottomanischen Reich *millet* genannt wurde: eine in sich geschlossene Gemeinschaft, die zur
selben Zeit wie andere *millets* der gleichen Art, aber getrennt von
ihnen existiert.[6]

---

5 Pelikan, *op.cit*, S. 80.

6 Das türkische Wort *Millet* stammt von dem arabischen Wort *Mill*. Anhänger der gemeinschaftlichen und kulturellen Sicht des Islams rechtfertigen sich anhand der folgenden Passage aus dem Koran, in der der Prophet
Joel spricht: „Ich habe die *Milla* der Leute verlassen, die nicht an Gott und

Ideologisch gesehen stellt diese Sicht des Islams den Islam als normative kulturelle Tradition dar, deren Normativität durch ihre religiöse Selbstidentifikation bewiesen ist. Im Gegensatz dazu wird der Westen als eine abweichende kulturelle Tradition, deren Abweichung durch ihren Säkularismus bewiesen wird, betrachtet.

Eine derartige kulturelle Betrachtung eines religiösen Konflikts ist eindeutig das Produkt einer epistemologischen Krise. Insoweit sie theologisch ist, stellt sie eine moderne Erläuterung der Trennung zwischen Religion und Unglaube (*Islam vs. kufr*), und zwischen Jenseits und Diesseits (*akhira vs. dunya*) dar, die schon immer dem islamischen Denken zugrunde gelegen hat. Aber das Schlüsselelement, das die neue Version dieser Perspektive modern macht, ist die reifizierte Vorstellung der Kultur, in der man Religion als Religionsgemeinschaft definieren kann. Ein solches korporatives Modell der Religion hätte in der prä-modernen Zeit nicht entwickelt werden können. Es ist vielmehr eine gänzlich moderne Schöpfung, die auf der Weltsicht der Sozialwissenschaft des neunzehnten Jahrhunderts basiert. Das wird ersichtlich, wenn man die Kulturdefinition Edward Tylers (1870) – („das komplexe Ganze, welches Wissen, Glauben, Kunst, Moral, Gesetz, Brauchtum und andere Fähigkeiten und Gewohnheiten, die der Mensch als Mitglied der Gesellschaft erworben hat, einschließt") mit den heutigen, kulturellen und korporativen Definitionen des Islam vergleicht.

Die korporative Definition des Islam folgt der Kulturdefinition Tylers fast genau. Man muss, um Tylers Definition auf den Islam anwendbar zu machen, nur in irgendeiner Form *Islam* einfügen, wo im Original *Kultur* steht: „(Islam ist) das komplexe Ganze, welches

---

das Leben nach dem Tod glauben. Stattdessen folge ich der *Milla* meiner Väter Abraham, Isaac und Jakob. Es war noch nie unsere Praxis, Gott Partner zur Seite zu stellen." (12:37-38) Aus dem Kontext dieser Passage, in der Joseph zu seinem eigenen Volke, den Kindern (oder Stamm) Israels (*Banu Isra'il*) spricht, darf man sich fragen, ob eine solche Interpretation entweder eine Judaisierung des Islam oder einen romatischen Islam des 19. Jhdts darstellt, in dem der Universalismus des Koran durch einen auf Rasse und Kultur basierenden Nationalismus ersetzt wurde, so wie er in den arabischen Begriffen *jinsiyya* oder *qawmiyya* zum Ausdruck kommt.

Wissen, Glauben, (Kunst wird in dieser Definition ausgespart), Moral, Gesetz, Brauchtum und andere Fähigkeiten und Gewohnheiten, die der Mensch sich als Mitglied der (islamischen) Gesellschaft erworben hat, einschließt." In dieser Formulierung wird das theologische Konzept der Einheit Gottes (tawhid) zwei größeren Revisionen unterzogen: sie wird im Bezug auf Kultur neu definiert als die Einheit (wahda) des Islam als einer Weltzivilisation, und sie wird im Bezug auf Politik neu definiert als die Vereinigung (ittihad) von Muslimen unter einem Kalifat oder einer anderen „islamischen" Regierungsform.[7] Diese Reifikation des Islam als Kultur macht die korporative Sicht des Islam sowohl modern, als auch untraditionell: das ist es, was den Islam zum Islamismus umformt. Auffällig fehlend in der korporativen Trennung eines reifizierten Islam gegenüber einem reifizierten Westen ist die Erwähnung persönlicher Erlösung oder der individuellen spirituellen Beziehung zwischen Mensch und Gott. Es ist weit mehr als nur eine rhetorische Frage, wenn man sich fragt, ob in einer islamischen Religion, die fast ausschließlich von Identität, sozialer Gerechtigkeit und utopischen politischen Idealen spricht, und dabei die persönliche Beziehung zu Gott außer Acht lässt, mit vielleicht einer Ausnahme, nämlich als Ansporn zum Jihad oder Selbstmordterrorismus, überhaupt noch Authentizität vorhanden ist. Das Gefühl des Andersseins und der Entfremdung, das muslimische Minderheiten im Westen dazu gebracht hat, den Islam im Bezug auf Identitätspolitik zu definieren, scheint sich im muslimischen Bewusstsein so weit verankert zu haben, dass sie sich nun selbst fremd scheinen.

7 In der Ausgabe des al-shibl-al-Muslim (dem muslimischen Lions Club) von 1982, einer Art Boy Scout Gebrauchsanweisung für Activisten der Young Muslim Brotherhood in Ägypten, schreibt ein anonymer Author eines Artikels über islamische Regierung: „Islam ist nicht nur ein Glaube. Islam ist ein Glaube und ein System. Er ist nicht nur eine Religion, sondern eine Religion und ein Staat. Die Einheit des Islams in all seinen Erscheinungen und Bedeutungsformen schliesst das Aufbauen eines solchen Staates mit ein. Die soziale Einheit wird auf Basis der Sprache des Korans und des koranischen Systems gewährleistet. Die politische Einheit findet sich im Schatten des Anführers der Gläubigen und des Banners des islamischen Kaliphates."

Die durch die Reifikation von Kultur und Religion im korporativen Islam hervorgerufene begriffliche Verwirrung wird in einer
Aussage des englischen muslimischen Intellektuellen Abdul Hakim
Murad zum Thema Islam und die Aufklärung veranschaulicht: „Ist
der Umgang des islamischen Monotheismus mit der neuen kapitalistischen, globalen Realität eine Herausforderung, der nicht einmal der Islam gewachsen ist, obwohl er doch dafür bekannt ist, die
Quadratur des Kreises bewerkstelligen zu können?"[8] Diese Frage
wurde als zentrales Thema der islamischen Krise des Heiligen in
einer bei der interreligiösen Konferenz im Hartford Seminary im
Winter 2005 vorgestellten Arbeit identifiziert.[9] Wenn man die Aussage Murads sorgfältig bedenkt, wirft sich als erstes die Frage auf:
Was meint er mit den verwendeten Begriffen? Was hat der islamische Monotheismus, ein theologisches Konzept, mit der „globalen,
kapitalistischen Realität," einem wirtschaftlichen Konzept, zu tun?
Was hat *tawhid* – die theologische Auffassung von der Einheit
Gottes – mit dem Phänomen der Globalisierung zu tun? Möchte
Murad sagen, Kapitalismus sei eine neue Religion? Meint er, wirtschaftliche und kulturelle Vereinheitlichung unter dem Kapitalismus stelle eine Bedrohung für die Existenz Gottes dar? Das würde
nur einen Sinn ergeben, wenn man die kapitalistische Wirtschaft
als eine „Anti-Theologie" betrachtete, so wie es einst mit dem Mar-
xismus in den USA und der Sowjet Union geschah. Vielleicht ist es
das, was er sagen will, aber das müsste erst herausgearbeitet werden. Dem traditionellen islamischen Verständnis von *tawhid* zufolge gibt es nichts im materiellen Universum, das das Wesen Gottes berühren könnte. Aus dieser Perspektive folgt, dass ‚McWorld'
zwar Gott nicht bedrohen kann, durchaus aber die Integrität traditioneller korporativer Einheiten. Das wirf jedoch eine weitere Frage auf: Ist die Krise des Heiligen eine Bedrohung für Gott, für den

8 A. Murad, "Faith in the Future: Islam after Enlightenment," http://www.
masud.co.uk/ISLAM/ahm/postEnlight.htm, S. 2

9 Basit Bilal Koshul, "Studying the Western Other, Understanding the Islamic Self: A Qur'anically Reasoned Perspective," Hartford Seminary, un-
veröffentlicht er Beitrag.

Islam als Religion, oder für den Islam als korporative Einheit? Jede Frage verweist auf eine andere Krise, und jede verlangt nach einer anderen Antwort.

Im Mittelpunkt der angenommenen Konfrontation zwischen dem Islam und dem Westen steht etwas, was von einigen Gelehrten als „Okzidentalismus" bezeichnet worden ist. Dabei handelt es sich um eine Kritik am Westen, die sich des bipolaren Modells des Orientalismus bedient, dabei aber die Pole vertauscht, so dass dem idealisierten Image des religiösen Ostens höherer Wert zu kommt als dem äusserst kritischen Image des säkularen Westens. Nach Ian Buruma und Avishai Margalit wird der Verstand des Westens von den Okzidentalisten häufig als gehobener Schwachsinn dargestellt. Mit dem Verstand des Westens ausgestattet zu sein, bedeutet, so etwas wie ein „idiot savant", zu sein, mental defekt, aber mit einer speziellen Gabe, arithmetische Berechnungen ausführen zu können. Es ist ein Verstand ohne Seele, effizient, wie ein Rechner, aber hoffnungslos in den Dingen, die menschlich wichtig sind. Der Verstand des Westens ist zu großen wirtschaftlichen Erfolgen fähig, keine Frage, und auch zur Entwicklung und Verbreitung fortschrittlicher Technologie, aber er kann die höheren Dinge des Lebens nicht begreifen, denn es mangelt ihm an Spiritualität und einem Verständnis für menschliches Leid.[10]

Wenn ein muslimischer Intellektueller wie Abdolkarim Soroush schreibt: „Die moderne Welt ist die ethische Umkehrung der alten Welt. Die uralten apokalyptischen Prophezeiungen sind wahr geworden: Vernunft wird vom Verlangen versklavt, das Äußere regiert das Innere, die Laster haben die Tugenden überlagert," dann praktiziert er Okzidentalismus.[11] Okzidentalismus ist eine polemische Strategie, die sich *ad hominem* Argumente zunutze macht, um

---

10 Ian Buruma and Avishai Margalit, *Occidentalism: the West in the Eyes of Its Enemies* (New York: The Penguin Press, 2004,) S. 75.

11 Abdolkarim Soroush, "Life and Virtue: The Relationship between Socioeconomic Development and Ethics," in Mahmoud Sadri and Ahmad Sadri, *Reason, Freedom, and Democracy in Islam: Essential Writings of Abdolkarim Soroush* (New York and Oxford: Oxford University Press, 2000), S. 43.

die westliche Kultur, die man als die moralische Umkehr der östlichen Kultur betrachtet, ins Schussfeld zu nehmen. Aus dieser Perspektive werden dem säkularen Westen die in religiös fundierten Zivilisationen geltenden, grundlegenden Werte abgesprochen.

Ein ironischer Aspekt des Okzidentalismus, wie ihn Muslime praktizieren, ist, wie wenig diese Richtung vom Koran abhängt, und wie viel von Plato. Die Ethik des Nützlichen und Weltlichen, die man dem Westen zuschreibt, ist eben die, welche in Platos *Dialogen* als „sophistisch" bezeichnet wird. Eine sophistische Ethik dient mehr dem Zweck als der Tugend; sie ist eine Ethik des Pragmatismus, der politischen Rhetorik und Erfüllung von Bedürfnissen. Nach Plato ist das Problem bei dieser Ethik, dass sie die Möglichkeiten der Transzendenz ignoriert, indem sie die Ziele übersieht, auf die ein moralisches Leben hingerichtet ist. Muslimische Okzidentalisten sehen den westlichen Pragmatismus in genau diesem Licht. Ihnen zufolge lassen sich Wettbewerb, Realpolitik, und pragmatischer Liberalismus nie mit einem Leben vergleichen, dass auf ein moralisches Ziel ausgerichtet ist. Diese Sicht der westlichen Werte fasst nur den antireligiösen Säkularismus der französischen Aufklärung ins Auge, ignoriert dabei aber die protestantischen religiösen Wurzeln der nordeuropäischen Aufklärung. Wenn man Rousseaus Projekt, die Grundfesten der institutionalisierten Religionen zu untergraben, für die Grundlage westlicher Werte hält, dann kann man natürlich leichter einen deutlichen Unterschied zwischen der islamischen Tradition und der säkularen Vernunft herausstellen. Weitaus schwieriger ist es für den religiösen Polemiker, mit der holländischen oder schottischen Aufklärung umzugehen, deren Vorstellung des Glaubens als Privatsache auf der christlichen Idee der „inneren Stimme" basiert, die erstmals durch Augustinus bekannt wurde. Diese Tradition, und nicht die von Rousseau, hat den amerikanischen Philosophen Ralph Waldo Emerson dazu inspiriert, in seiner Ansprache an das theologische Institut der Harvard University aus dem Jahr 1838 zu sagen, dass „die Poesie und die Philosophie der Erkenntnis" – die Weisheit, die im menschlichen Geist immer vorhanden ist – zu einem „neugeborenen Sänger des Heiligen Geistes" wird, der die Menschheit führen wird, um den „toten Glauben der Lebenden" zu überschreiten.[12] Ähnliche Traditionen können im Islam gefunden werden, aber nur, wenn man über den limitierten Umfang der Salafı Schriften hinausschaut.

6.3 Säkularisierung, Wandel und Moderne

Der korporative Islam ist nicht nur zwanghaft mit dem Westen beschäftigt, sondern gleichermaßen mit Modernität. Was ist eigentlich mit Modernität gemeint? Welcher Aspekt der Modernität ist angeblich die größte Bedrohung für den Islam? Ist es die universelle Vernunft, der Fortschrittsglaube, die Wissenschaftsgläubigkeit, die moralische Autonomie, der Individualismus, der Nationalismus, die Demokratie, der Kapitalismus, der Globalismus, der Konsumismus, oder die technologische Gesellschaft? Islamische Kritik am Westen enthält selten eine klare Definition von der Modernität. Wenn man den Islam der Modernität gegenüberstellt, ist es wichtig, genau zu spezifizieren, welcher Aspekt von Modernität die größte Bedrohung des Heiligen darstellt. Andernfalls hat Modernität keine Bedeutung und wird nur zu einem weiteren ‚Strohmann' in den polemischen Diskursen des Okzidentalismus. Logischerweise ist die Problematik von Religion vs. Modernität der von Religion vs. Kultur ähnlich. Ebenso wie alle Religionen in eine oder mehrere Kulturen eingebettet sind, so sind heutige Religionen in einem oder mehreren Zusammenhängen mit der Modernität zuhause. Der prä-moderne Islam kann nicht mehr als praktizierte Religion existieren, allen heroischen Anstrengungen der Taliban und anderer Hypertraditionalisten zum Trotz. So sehr wir auch unseren Ist-Zustand beklagen mögen, wir sind alle in die Erbsünde der Moderne hineingeboren.

Obwohl sie immer noch nicht sicher sind, was die Moderne ist, sind muslimische Kritiker des Westens davon überzeugt, dass sie ein grundlegender Teil westlicher Zivilisation ist und Säkularismus nach

12 Ralph Waldo Emerson, "An Address," in *The Complete Essays and other Writings of Ralph Waldo Emerson*, edited by Brooks Atkinson (New York: Modern Library, 1940), S. 81. Zitiert in Pelikan, *op.cit.*

sich zieht. In den 1940ern hat Muhammad al-Bahi, damals Rektor der al-Azhar Universität, das ‚kulturelle Gift' des Säkularismus als ideologische Komponente des Kolonialismus beklagt. Bahi, dessen Vorstellung von islamisch kultureller Identität ein Vorläufer des korporativen Islam war, behauptete, dass schon zu seiner Zeit moderne säkulare Werte das muslimische Bewusstsein durchdrungen hätten. Vorrangiges Ziel des westlichen Kolonialismus sei es, argumentierte er, die religiösen islamischen Werte zu schwächen, was letztlich zur Auflösung der islamischen Gesellschaft und Kultur führen würde. Die erfolgreichste Taktik des Kolonialismus sei gewesen, westliche intellektuelle und kulturelle Hegemonie in der ganzen muslimischen Welt zu verbreiten, zuerst, indem er muslimische Intellektuelle ermutigte, den Islam entsprechend modernistischer Linien zu reformieren, und zweitens, indem er Zentren kritischer Gelehrsamkeit einrichtete, deren Aufgabe es war, die Unterschiede und Schismen unter Muslimen herauszuarbeiten. Bahis Antwort auf diese Bedrohung, spätere Schriften von Sayyid Qutb (+ 1966) vorwegnehmend, war, den Islam als ein totales System, das der säkularen Befreiungsbewegung in der arabischen Welt entgegenstehen würde, umzuformulieren. Obwohl die politische Unabhängigkeit für die muslimischen Völker ein wichtiges Ziel war, erlaubten doch die säkularen Befreiungsbewegungen, in Bahis Worten, „atheistischem und orientalistischem westlichen Denken einzudringen und Polarisierung und Vakuum zu konsolidieren."[13]

Diese Sicht des Westens als sowohl säkular und weltlich (und daher auch dissident und profan) hält sich hartnäckig unter heutigen Muslimen, obwohl es starke religiöse Traditionen in den USA, Lateinamerika und Israel gibt. Sie steht ebenso hinter der Sicht Ayatollah Khomeinis (+ 1989) von Amerika als dem „Großen Satan" wie Abu al-Àla al-Mawdudis (+1979) Sicht der westlichen Gesell-

---

13 Ibrahim M. Abu Rabi', *Intellectual Origins of Islamic Resurgence in the Modern Arab World* (Albany, New York: State University of New York Press, 1996), S. 21-22. Siehe auch aMuhammad al-Bahi, *al-Fikr al-Islami al-hadith wa silatihi bi-al-isti'mar al-gharbi* (Modern Islamic Thought and its Relation to Western Colonialism) (Beirut: 1970).

schaft als *jahili:* eine Gesellschaft, die bewusst die Wahrheit missachtet. Wie John Esposito aufzeigte, war eine maßgebliche Quelle dieser Sicht eine unter dem Kolonialismus und in der Post-Unabhängigkeits Periode populäre Theorie der Entwicklung, die Modernismus und Fortschritt mit Verweltlichung und Verwestlichung gleichsetzte.[14] Die vielleicht heftigste Version dieses Models war die Vorstellung der französischen Kolonialzeit vom verweltlichten und verwestlichten Muslim als ,evolué,' ,entwickelt'. Unter dem französischen Prokonsul Lyautey in Marokko war der ,unentwickelte' traditionelle Muslim physisch auf den mittelalterlichen Teil der Alten Stadt beschränkt (Fr. *vielle ville,* Ar. *Al-madina al-qadima),* einem lebendigen Museum islamischen Lebens, das von der modernen Kolonialstadt durch eine bis zu einem Kilometer breite, sanitäre Absperrung (*cordon sanitaire) getrennt war.[15]

Die Erfahrung des Kolonialismus hat nicht nur in Marokko, sondern überall in der muslimischen Welt eine Spaltung zwischen Moderne und Tradition als eine Apartheid eingeführt, deren Spuren sich noch heute im muslimischen Bewusstsein zeigen. Die andauernde Popularität des kolonialen Entwicklungsmodells in den muslimischen Staaten nach der Unabhängigkeit bedeutete für jene, die die historische und kulturelle Authentizität des Islam erhalten wollten, dass „Fortschritt" den Islam sowohl seiner kulturellen Traditionen als auch seines Verständnisses von Verpflichtung beraube. Daher wurden zwei Möglichkeiten gesehen, die Tradition zu erhalten: entweder die Welt des Islam hermetisch vom säkularen Westen abzu-

---

14 John L. Esposito, *The Islamic Threat: Myth or Reality?* (New York: 1992), S. 10.

15 Siehe Janet L. Abu Lughod, *Rabat: Urban Apartheid in Morocco* (Princeton: Princeton University Press, 1980), S. 131: "[Lyautey's urban planning] included one essential condition: the complete separation of European agglomerations from native agglomerations. The European population centers must be separated from those of the indigenous populations for political, economic, sanitary, and aesthetic reasons, as well as for town planning purposes." (Henri Prost, chief town planner of the French Protectorate in Morocco under Lyautey)

riegeln, wie Al-Qaida es möchte, oder einen besonderen Aspekt der Tradition als essentiellen Schlüsselfaktor in der Erhaltung der islamischen Werte herauszuarbeiten. Korporative Islamisten haben diese zweite Option umgesetzt, indem sie die Shari'a (islamisches Gesetz) reifiziert und idealisiert haben, während sie den größten Teil der traditionellen Jurisprudenz *(fiqh)*, wodurch ursprünglich die Shari'a interpretiert wurde, abschafften. Der heutige korporative Islam hat kaum etwas mit Theologie, Philosophie, Sufismus, oder anderen islamischen Disziplinen der Vergangenheit zu tun. Mit den Worten eines prominenten amerikanischen Gelehrten und Aktivisten: „Es geht nur um die Shari'a."

Beide Lösungen - der Versuch, die islamische Welt von der modernen globalisierten Gesellschaft hermetisch abzuschotten und die Fetischisierung der Shari'a als die nicht verhandelbare Grundlage islamischer Werte sind Symptome der epistemologischen Krise des Islam. Was muslimische Antimodernisten nicht erkennen, ist, dass die Überschreitung des Modernen nur durch Modernität selbst möglich ist, indem man sich moderner Konzepte, Strategien und Methodologien bedient. Andernfalls wird der Versuch, die Tradition wiederherzustellen, paradoxerweise eine falsche Front (Ar. *Talbis)*, die Fetischisierung eines Ideals, und die künstliche Neuerfindung von Tradition. Eric Hobsbawm hat so eine Neuerfindung von Tradition als „Prozess der Formalisierung und Ritualisierung, charakterisiert durch Vergangenheitsbezogenheit, wenn auch nur mittels Wiederholung"[16] bezeichnet. Fatima Mernissi nennt die Fetischisierung der Tradition ein islamisches *mal du présent.* In ihr erleben Muslime „ein Verlangen nach dem Tod, ein Verlangen anderswo zu sein, weg zu sein, in die Vergangenheit zu fliehen, um nicht da zu sein. Eine selbstmörderische Absenz."[17]

---

16 Eric Hobsbawm, "Introduction: Inventing Traditions," in Eric Hobsbawm and Terence Ranger editors, *The Invention of Tradition* (Cambridge: Cambridge University Press, 1984), S. 4.

17 Fatima Mernissi, *Women and Islam: An Historical and Theological Enquiry*, übersetzt von Mary Jo Lakeland (New Delhi: Kali for Women reprint of Basil Blackwell original, 1991), S. 15. Dieses Werk wurde in den Ver-

Die Fetischisierung der Vergangenheit steht im direkten Gegensatz zu der Sufi Perspektive des Islam, wo der Gläubige aufgefordert ist, in der Gegenwart zu leben und ein „Sohn des Moments" (*ibn al-waqt*) zu werden. Ein zeitgenössischer Student des Sufismus hat eine Antwort auf das *mal du présent,* von dem Mernissi spricht, gefunden, indem er zu der theologischen Vorstellung der Ashariten von immerwährender Neuschöpfung (*al-khalq fi kull al-waqt*) zurückging. Aus einer solchen Perspektive bietet jede Ära die Gelegenheit, den Prozess göttlicher Offenbarung zu betrachten und zu verstehen. Jede Ära ist ein „Theater in der Unendlichkeit des Weltprozesses." Und nach dem Sufi Ibn ʿArabi „erscheint Gott *in* der Ära, und er erscheint *als* die Ära. Dem Hadith entsprechend ist ,der Name Gottes Zeit,' und wir sollten von der Zeit nicht enttäuscht sein oder sie verfluchen, denn Gott ist Zeit. In einer anderen Version werden wir gewarnt: ,schmähe die Zeit nicht, denn ich (Gott) bin die Zeit.'"[18] Einfacher ausgedrückt, der Zeit davonzulaufen heißt, Gott davonzulaufen.

6.4 Empirismus, Evidentialismus und Evolution

Trotz der vielen Formen, in denen Modernität in Erscheinung treten kann, haben die Fachleute Wissenschaft, Technologie, und Wirtschaft als die kulturellen Formen identifiziert, deren Dominanz die heutige Ära am besten charakterisiert. Erkenntistheoretisch gesehen stellt die Wertschätzung des Empirismus über sowohl die Offenbarung als auch die theoretische Untersuchung die größte Bedrohung des Islam durch diese Formen der Modernität dar. Für prä-moderne muslimische Denker war das theoretische Wissen höher als das empirische, welches man eher als eine Art des on-the-job Trainings betrachtete, eine effizientere Weise, sich Fertigkeiten anzueignen.

einigten Staaten unter dem Titel *The Veil and the Male Elite: A Feminist Interpretation of Women's Rights in Islam* (Reading, Massachusetts: Addison Wesley Publishing, 1991) veröffentlicht.

18 Peter Coates, *Ibn ʿArabi and Modern Thought: The History of Taking Metaphysics Seriously* (Oxford: Anqa Publishing, 2002), S. 82-83.

Dies ging einher mit einer Sicht des Intellekts, worin der theoretische Intellekt, der theoretisches Wissen anwandte, dem praktischen Intellekt, der praktische Weisheit und gesunden Menschenverstand nutzte, überlegen war. Es ist äußerst schwierig, wenn nicht gar unmöglich, diese Theorie des Wissens mit der Vorstellung der Aufklärung von empirischer Vernunft in Einklang zu bringen, da diese es ablehnt, überlieferten Überzeugungen, Traditionen oder nicht empirisch bestätigten, theoretischen Vorstellungen letzten Wahrheitsgehalt beizumessen. In seinem *Essay Concerning Human Understanding (1690)*, hat John Locke Wahrheitsbehauptungen auf einer Skala der Wahrscheinlichkeit, die nicht auf theoretischen Vorstellungen, sondern auf den praktischen Regeln der gerichtlichen Beweisführung beruhte, eingeteilt. Wissen, das auf religiösen Traditionen oder Offenbarung basierte, war für Locke ganz unten auf der Skala beweisbarer Wahrscheinlichkeit. Da die Behauptungen offenbarter Religion nicht den höchsten Grad der Wahrheitswahrscheinlichkeit haben konnten, so konnten sie auch keine tatsächliche Sicherheit erreichen. Stattdessen konnten sie nur „moralische Sicherheit" erlangen. Lockes Versuch, die empirische Wahrheit über die moralische zu erheben, könnte nicht weiter von der Perspektive des klassischen Islam entfernt sein.[19] Für Muslime ist der Wahrheitswert des Korans als Gottes Offenbarung *a priori*. Darüber hinaus sind die Argumente des Korans, anstatt sich auf empirische Vorstellungen von Wahrheit zu verlassen, weitgehend theoretisch, und schließen kategorische Argumente, Syllogismen, und bedingte und zusammenhangslose Argumente ein.[20] Würden sie debattieren, so würden Locke und

---

19 Zu John Locke's Erkenntnistheorie und Sicht der Religion, siehe Nicholas Wolterstorff, *John Locke and the Ethics of Belief* (Cambridge: Cambridge University Press, 1996). Eine Zusammenfassung von Lockes Sicht der erkenntnistheoretischen Gewissheit findet sich in Ronald A. Kuipers, *Critical Faith: Toward a Renewed Understanding of Religious Life and its Public Accountability* (Amsterdam: Vrije Universiteit Amsterdam, 2002), S. 10-43.

20 Zu logischen Argumenten im Koran siehe Rosalind Ward Gwynne, *Logic, Rhetoric and Legal Reasoning in the Qur'an" God's Arguments* (London and New York: Routledge Curzon, 2004).

ein mittelalterlicher muslimischer Theologe aneinander vorbei argumentieren, da Locke auf eine Vorstellung von Wahrheit hinweisen würde, die der Muslim als geringer abweisen, und der Muslim an eine Vorstellung von Wahrheit appellieren würde, die Locke als unbeweisbar ablehnen würde.

Der Kontrast wäre noch schärfer, würde der Muslim mit Thomas Reid (+1769), einem schottischen Philosophen der Aufklärung, der Thomas Paine und andere Intellektuelle der Amerikanischen Revolution beeinflusst hat, debattieren. Reid, der Begründer der „Common-Sense Realism" Schule der Philosophie, war ein großer Bewunderer von Francis Bacon, der seine Studenten lehrte, „Hypothesen als Hirngespinste menschlicher Laune" zu verachten. Reid betrachtete sich auch als Jünger Isaak Newtons, der glaubte, „die wahre Methode zu philosophieren ist folgende: von wirklichen Tatsachen, bestätigt durch Experiment und Beobachtung, mittels rechter Ableitung die Gesetze der Natur zu sammeln".[21] Reid versuchte, Empirismus und Religion zu harmonisieren, indem er auf die Wahrheit von solchen Grundvorstellungen wie Ursache und Wirkung, Regelmäßigkeit der Natur und Berechenbarkeit des menschlichen Verhaltens hinwies. Reid, ein presbyterianischer Christ, war der Meinung, dass eine empirische, vom gesunden Menschenverstand geleitete Vernunft zum Glauben an Gott führen würde, ohne den Umweg über erste Prinzipien oder theoretische Weisheit.[22] So gut wie die gesamte Erkenntnistheorie Reids steht in völligem Widerspruch zu den erkenntnistheoretische Prämissen der *Kalam* Tradition der islamischen Theologie. Sie unterscheidet sich auch ganz entschieden von der Erkenntnistheorie der mittelalterlichen islamischen Philosophen und Wissenschaftler, da sie die Überlegenheit der empirischen Wahrhei-

---

21 George Marsden, "The Collapse of American Evangelical Academia," in Alvin Plantinga and Nicholas Wolterstorff Editors, *Faith and Rationality: Reason and Belief in God* (Notre Dame, Indiana: University of Notre Dame Press, 1983), S. 224-225. Zu Thomas Reid siehe auch Nicholars Wolterstorff, "Can Belief in God be Rational if it has no Foundations?" im selben Band, S. 148-155.

22 *Op.cit*, S. 226-228.

ten über erste Prinzipien geltend macht. Verglichen mit den Überzeugungen dieses moderaten Aufklärungsdenkers könnte der Kontrast zwischen der klassischen islamischen Erkenntnistheorie und den Wahrheitsvorstellungen der Aufklärung kaum schärfer sein. Dieser Kontrast wird noch bedeutsamer, wenn man sich bewusst macht, dass der „common sense" Empirismus Reids die Grundlage des amerikanischen Pragmatismus bildet. Wenn der erkenntnistheoretische Bruch zwischen der klassischen islamischen Theologie und der Post-Aufklärung protestantischen Theologie schon so gravierend ist, dann mag man sich erst die Kluft vorstellen, die islamisches Denken von den realen Materialisten – den zeitgenössischen Säkularisten trennt!

Ein ähnlicher erkenntnistheoretischer Bruch charakterisiert die islamische Reaktion auf Darwins Evolutionstheorie, die für manche muslimische Traditionalisten zur fixen Idee geworden ist. Aus der prämodernen islamischen Perspektive ist die Evolutionstheorie eine Philosophie des krassen Materialismus. Da muslimische Theologen sich nach wie vor auf die mittelalterlichen Schulen des Denkens, wie den Asharismus und den philosophischen Neoplatonismus zurückbeziehen, hat die islamische Theologie des post-Darwin Zeitalters die Implikationen der Evolutionstheorie noch nicht voll aufgenommen.[23] Gegenwärtiges islamisches Denken über empirische Wissenschaft ist mit dem des amerikanischen Evangelikalismus vor der Publikation von Darwins *Origin of Species* vergleichbar. Die meisten der Evangelikalen glaubten bis zur Mitte des neunzehnten Jahrhunderts, dass die Ergebnisse der modernen Wissenschaft nicht nur wissenschaftliche Gesetze entdecken würden, sondern auch Gottes Gesetz. Evangelikale Evidentialisten akzeptierten den Säkularismus als Teil einer epistemologischen Arbeitsteilung, wobei Religion und Wissenschaft nebeneinander, in separaten Wissensbereichen exis-

---

23 Siehe z.B. Mehdi Ha'iri Yazdi, *The Principles of Epistemology in Islamic Philosophy: Knowledge by Presence* (Albany: State University of New York Press, 1992). Dieses Werk ist so traditionalistisch, dass es die Ergebnisse der modernen Cognitiven Psychologie zugunsten von mittelalterlichen Theorien der Wahrnehmung ignoriert.

tierten. Obwohl jedoch die Wissenschaft als von der Religion unabhängig galt, glaubte man doch, dass die mit wissenschaftlicher
Methode entdeckten Gesetze als Beweis für den weisen Schöpfer gesehen werden konnten. Nach George Marsden wurde hier ein „wa-
ckeliger Kompromiss" zwischen dem christlichen Glauben und dem
Ideal der freien wissenschaftlichen Untersuchung getroffen.[24] Mark
Hopkins, ein bekannter evangelikaler Lehrer aus der Mitte des neunzehnten Jahrhunderts, bekräftigte: „Es gibt nur Eine Wahrheit. Wenn
Gott sich in einer Weise offenbart, dann muss das mit dem, was er
auf andere Weise eröffnet hat, zusammenstimmen."[25]

Meine eigene Erfahrung mit muslimischen Gemeinden in den
Vereinigten Staaten hat gezeigt, dass muslimische Fachleute in technischen Bereichen – Chemiker, Flugzeugingenieure, Software Ent-
wickler und andere – das ganz ähnlich empfinden. Muslimische
technische Fachleute leben in zwei getrennten Welten. Auf der einen
Seite ist die Welt ihres Berufslebens, das von der empirischen Epistemologie ihrer säkularen technologischen Karrieren bestimmt wird.
Auf der anderen Seite ist die Welt der örtlichen Moschee oder des
Islamzentrums, das von den traditionellen Vorstellungen der Wahrheit geleitet wird, die keinen, oder nur wenig Bezug zu der Welt
jenseits der Grenzen der Moschee haben. Die Welt der Moschee hat
ihre eigene Art des Diskurses, ihre eigene Erkenntnistheorie und ihre
eigene Realität. Die Mentalität der Moscheenwelt breitet sich über
ein Netzwerk von Beziehungen aus, das die Mitglieder islamischer
Zentren und ihre Familien in einer Art von islamischem Dorf verbindet, das äußeren Einflüssen gegenüber starrköpfig-resistent sein
kann. Genau hier ist die Garnisonsmentalität, die sich kulturellem
und erkenntnistheoretischem Wandel widersetzt, am stärksten. Und
der Widerstand ist besonders ausgeprägt, wenn die Mehrheit der
Moscheenmitglieder den gleichen ethnischen Hintergrund oder die
gleiche korporative Ideologie hat.

Wegen des Kompromisses zwischen Wissenschaft und Religion,
den sie eingegangen waren, war das theologische Hauptthema für

---

24 Marsden, *op.cit*, S.233.

25 *Ibid.*, S.235.

die amerikanischen Evangelikalen des neunzehnten Jahrhunderts die Authentizität der Bibel als Quelle der Wahrheit. Dasselbe gilt unter heutigen Muslimen für den Koran. Man hat keine Mühen gescheut, zu zeigen, dass der Koran den Erkenntnissen der modernen Wissenschaft nicht widerspricht, sondern sie sogar in einer Weise vorweg nimmt, wie es die Bibel nicht tut. Diese Haltung wird in der Popularität des Buches *Die Bibel, Koran und Wissenschaft* des französischen Arztes Maurice Boucaille und in dem malaysischen Film *The Book of Signs* (Das Buch der Zeichen) aus den späten 80er Jahren deutlich. Muslime im Westen haben wie die Evangelikalen des neunzehnten Jahrhunderts vor ihnen dazu geneigt, die vernünftigen Argumente für Gott, wie sie im Koran und in den klassischen Werken der islamischen Theologie präsentiert werden, zu Gunsten beweisender Argumente, die sich auf persönliches Zeugnis als Aussage der Wahrheit der Offenbarung stützen, zu ignorieren. Während sowohl theoretische als auch beweisende Argumente im Koran vorkommen, ist die Ablehnung formaler Beweise zu Gunsten eines persönlichen Zeugnisses ein modernes Phänomen (möglicherweise durch das protestantische Christentum beeinflusst), das eine deutliche Abweichung vom klassischen islamischen Denken zeigt. Was den heutigen Muslimen am wichtigsten ist, ist nicht ein theoretisches Verständnis von Gott, sondern äußere Zeichen und Merkmale göttlicher Gunst.

Wie auch bei den amerikanischen Evangelikalen des neunzehnten Jahrhunderts ist die kritische Schwäche des muslimischen Evidentialismus, dass er sich auf eine Sicht der Wahrheit und der menschlichen Natur stützt, die essentiell statisch ist. Das Argument für Gott vom Design (Entwurf) her funktioniert am besten, wenn das Design des Universums wie ein Gemälde oder ein weites Bild erscheint. In diesem Bild offenbart sich der Wille Gottes in der Regelmäßigkeit der Phänomene. Diese Sicht kann man in Koranversen wie denen des *Surat al-Rahman* (der barmherzige Schöpfer, Sure 55) finden, die für Gott vom Design her argumentieren. Sogar das zufällige Universum der asharitischen Theologie stellt keine Bedrohung für dieses Model dar, da in ihr trotz der Tatsache, dass die Realität in jedem Moment geschaffen wird, die Welt eigentlich wieder- anstelle von neu-erschaffen wird. Für den Nicht-Sufi asharitischen Theologen hat Gott die Welt in einer Reihe von unbeweglichen Bildern erschaffen, in denen Veränderung eher zufällig als essentiell ist. Das, was einer revolutionären Veränderung am nächsten kommt, sind Wunder, und die sind vom Wesen her eher phänomenal als substantiell. Somit widersprechen sie dem Gesamtschema des göttlichen Plans nicht.

Darwins Evolutionstheorie hat all das zunichte gemacht. Was am Darwinismus für muslimische Traditionalisten unakzeptabel ist, ist nicht der Gedanke, dass Menschen sich aus den Affen entwickelten, sondern dass Lebewesen sich überhaupt entwickeln, und zwar nicht nach einem göttlichen Plan, sondern als Teil eines natürlichen Ausleseprozesses, der willkürlich abläuft, ohne intelligenten Entwurf. Darwinismus hat mehr getan, als nur zu behaupten, man könne einen Schöpfer nicht beweisen. Sein System erlaubt überhaupt keinen Platz für einen Schöpfer. Daher ist der Darwinismus in der Krise des Heiligen ein fundamentales Thema, weil seine Prämissen es unmöglich machen, die Existenz Gottes zu beweisen. Aber, ebenso wichtig ist es, dass die Evolutionstheorie die Vorstellung von fortlaufender Veränderung und Transformation eingebracht hat, und zwar nicht nur der Geschöpfe und ihres physischen Universums, sondern ebenso der menschlichen Gesellschaft. In der mittelalterlichen islamischen Weltsicht haben sich die Dinge auch verändert. Aber Veränderung geschah hauptsächlich in einem Zufallsprozess, verbunden mit dem Rhythmus von Geburt, Wachstum und Verfall. Veränderung war kein universelles Prinzip und hatte nicht mit allen Aspekten der Existenz zu tun. Das war so, trotz der Tatsache, dass der Koran das Universum als etwas, das einen eigenen Lebenszyklus hat, der von der Schöpfung bis zur Zerstörung reicht, bezeichnet. Unser gegenwärtiges Universum, das von unpersönlichen Kräften der Relativität, des Chaos, und der Unsicherheit regiert wird, würde einem mittelalterlichen islamischen Philosophen, wie Ibn Sina (+1037), dessen Universum von Kräften der Liebe und der Anziehung motiviert war, und der in Ordnung und Gleichgewicht nach Perfektion suchte, unheimlich erscheinen. Wie George Marsden bemerkte: „Mit dem Prozess, eher als dem Design als grundlegender Kategorie des Denkens, wird die „Wahrheit" für den Betrachter, seine Zeit und seinen Ort immer mehr relativ. „Tatsachen" werden gemeinhin nicht als festgelegt betrachtet, sondern als eine gewisse Kombination von einer objektiven Realität und der ihr vom Betrachter aufgezwungenen Interpretation."[26]

6.5 Die Post-Moderne und ihre Unzufriedenheiten

Mit dem Konzept der Wahrheit als Prozess kommen wir zur Erkenntnistheorie dessen, was man inzwischen als Post-Moderne bezeichnet. Für Muslime, die die Wirklichkeit nicht als kaleidoskopisches Theater göttlicher Manifestation sehen, so wie Ibn 'Arabi es tat, kann die Post-Moderne eine tiefgehende Krise des Heiligen auslösen, weil man in seinem Denken nichts mehr absolut setzen kann. Das ist die Erkenntnistheorie dessen, was Anthony Giddens *wholesale reflexivity* (umfassende Reflexivität) genannt hat: „Wir sind unterwegs in einer Welt, die durch und durch aus reflexiv angewandtem Wissen besteht, wo man aber gleichzeitig nie sicher sein kann, dass jegliches Element dieses Wissens nicht revidiert wird."[27] Eine Welt, in der Wissen und Wahrheit sowohl in Frage gestellt als auch relativiert werden, macht es dem Einzelnen nahezu unmöglich, die richtigen Entscheidungen zu treffen, um sich erfolgreich durch das moralische Labyrinth des menschlichen Zustandes hindurchzufinden. Eine Welt, in der Reflexivität eine Konstante ist, ist eine Welt des Stresses für den Gläubigen, da die traditionellen Sicherheiten der Gemeinde, der Gesellschaft und sogar der Familie in Zweifel gezogen werden können. Diese Unfähigkeit, mit selbst-reflexiver Veränderung klar zu kommen, steht hinter dem *mal du present,* von dem Fatima Mernissi spricht, eine Krankheit, die viele Muslime, aber auch viele Buddhisten, Hindus und sogar amerikanische Christen dazu führt, in einer Nostalgie für eine Zeit, in der die Welt einfacher und die Entscheidungen leichter waren, Trost zu suchen.

26 *Ibid*, S. 243.

27 Anthony F. Giddens, *The Consequences of Modernity* (Stanford, California: Stanford University Press, 1990), S. 39. Was ich oben Post-Moderne genannt habe, wird von Giddens nur als eine weitere Phase der Moderne betrachtet.

Im Islam hat diese Nostalgie zur Entwicklung einer korporativen Religion geführt, in der Tradition durch eben denselben Prozess der Reflexivität gerechtfertigt wird, den sie angeblich ablehnt. Laut Giddens ist eine Tradition der Anti-Modernität, die so aufgebaut ist, „eine Tradition in falschen Kleidern, (weil sie) ihre Identität nur aus der Reflexivität des Modernen bezieht."[28] Im korporativen Islam suchen die Gläubigen Schutz in einer traditionalistischen, jedoch völlig modernen Utopie, die den Muslimen fälschlicherweise Schutz vor den Stürmen der Zeit, die um sie toben, anbietet. Karl Popper zufolge ist die Konstruktion solch korporativer Utopien eine „Stammes"- Reaktion auf die Stressfaktoren, die moderne, offene Gesellschaften, die als individualistisch, entpersonalisiert und zu wettbewerbsorientiert charakterisiert werden, hervorrufen. Im Gegensatz dazu ist das „Stammes"- Ideal kollektivistisch, traditionalistisch und konservativ im Bezug auf Bräuche. Seine gesellschaftliche Ordnung wird von Konventionen und Tabus regiert, und die Gesellschaft als Ganzes wird als Organismus betrachtet, wo eingebürgerte Ideologien menschlicher Beziehungen die Gruppe als Ganze, auf Kosten individualistischer Ausdrucksformen, unterstützen.[29] Obwohl es ursprünglich auf den Faschismus und Kommunismus gemünzt war, charakterisiert doch Poppers „Stammes"-Model des nostalgischen Utopianismus die Weltsicht des korporativen Islam treffend, besonders in ihrem Appell an die idealisierte Tradition und ihrem Bestehen auf einer Gesellschaftsordnung, die von Konventionen und Tabus regiert wird. Das sind die kulturellen Anmerkungen zu dem Spruch „ alles dreht sich um die Shari'a." Obwohl wir uns darüber klar sein müssen, dass in jeder institutionalisierten Religion ein Element des Korporativen steckt, haben die Prozesse der Reifikation und der Reflexivität, die von modernen Erkenntnistheorien erzeugt werden, die Tendenz zum Korporativen universaler und vom Wesen her totalitärer gemacht.

---

28 *Ibid*, S. 38.

29 Karl Popper, *The Open Society and Its Enemies: Volume One: The Spell of Plato* (London and New York: Routledge and Kegan Paul, Ltd., 2003), S. 184-186.

Paradoxerweise findet in der Auseinandersetzung der Tradition mit der Modernität die Stammesstruktur gewöhnlich ihren Weg zum Sieg. Das Ergebnis dieser merkwürdigen Dialektik kann man in dem weit verbreiteten Phänomen des ethno-religiösen Nationalismus sehen, eine Ideologie, die für solch verschiedene Gesellschaften wie das orthodoxe Russland, das hinduistische Indien, das buddhistische Thailand, den jüdischen Staat Israel und den islamischen Staat Malaysien charakteristisch ist. Ethno-religiöser Nationalismus charakterisiert viele Bewegungen des korporativen Islam, ihren Ansprüchen auf Universalismus zum Trotz. Viele islamistische Gruppen gewähren kulturellen Religionsformen verdeckte Unterstützung, während sie sich nach außen für einen meta-kulturellen Islam einsetzen, dessen Ideologie die lokalen Formen der Religiosität und andere, vermeintlich „kulturelle" Ablagerungen, wie den islamischen Liberalismus und den Sufismus, überschreitet. In der Ideologie der islamischen Identität, wie sie in Tariq Ramadans „Jurisprudenz der Minderheiten" (*fiqh al-aqalliyyat*) und in den Schriften der Muslimischen Bruderschaft und ihren Ablegern zum Ausdruck kommt, geht es eben so viel um das kulturelle Erbe (*turath*) wie um den Glauben *(áqida).*[30] Wenn die ägyptische Schwester Zaynab al-Ghazali (+2005) den *hijab* (Bedeckung, Schleier) als *jihad* bezeichnete, oder Ayatollah Khomeini den Koranbegriff *khimar* (weibliche Kopfbedeckung) als *chador* (deckenartiger Schleier) übersetzte, haben sie Glauben und Kultur mittels einer Ideologie, die sowohl korporatistisch als auch stammesmäßig ist, zusammengefasst. Osama Bin Ladens Sicht des Islam ist, trotz ihrer Vorspiegelung des Universalismus, randvoll mit arabischem Nationalismus. Sein Ruf nach der Vertreibung der „Kreuzzügler" von der arabischen Halbinsel und der Isolation der islamischen Welt vom Westen beruht auf einer religiösen Sicht, die das Heilige mit kultureller Reinheit und das Profane mit kultureller Unreinheit gleichsetzt. Bevor die muslimische Welt die westliche Vorstellung von

---

30 Siehe z.B. "*Turath* Resurgent? Arab Islamism and the Problematic of Tradition," in Abu Rabi', *Intellectual Origins of Islamic Resurgence*, S. 40-61.

Nationalismus übernommen hatte, teilte der Islam keineswegs die hohe Bewertung der Reinheit, wie man sie im Hinduismus, Zoroastrianismus und Judentum fand. Jetzt, wo Reinheit und Unreinheit Teil eines ideologischen Streits um die Beziehung zwischen Kultur und Werten im Islam geworden sind, haben sich stammesmäßige Lösungen der Probleme, wie sie die Moderne aufwirft, vehement durchgesetzt.

In einem *hadith qudsi* (nicht dem Koran entnommenes göttliches Wort) sagt Allah: „Ich bin was immer mein Diener von mir denkt." *(ana índa zanni ábdi bi).* Heute scheint es, dass Allah hauptsächlich ein Symbol auf einer Flagge ist, wie auf der des Iran, oder der General einer Armee, der die verlorene Nostalgie nach Macht wiederherstellt, indem er den Lauf der Weltgeschichte umkehrt. Der korporative Islam sieht in Gott weniger ein theologisches Konstrukt, als eine kulturelle und ideologische Ikone. *Islam,* ein Wort, das ursprünglich „individuelle Unterwerfung unter den Willen Gottes" bedeutete, ist von Sayyid Qutb und anderen zu einem „System" *(nizam)* umdefiniert worden, das Kultur und Glauben im Rahmen einer göttlich geführten, tugendhaften Gesellschaft vereinigt. Den Beweis, dass diese totalitäre Version konstruierter Tradition im Wesentlichen modern ist, kann man in der Tatsache finden, dass die Metaphysik – anders ausgedrückt, die Theologie – aus dem heutigen Islam fast vollständig verbannt worden ist. Der persönliche Glaube ist zu einem Credo *(áqida)* reduziert worden, und auf der Ebene der Praxis ist der Islam auf den kleinsten gemeinsamen Nenner reduziert worden, zu einer technischen Gebrauchsanweisung für die Stufen zum Paradies. Am wichtigsten scheint heute die Organisation der Gesellschaft, nicht jedoch die spirituelle Entwicklung des Menschen.

Die Weltsicht des korporativen Islam verweist nicht nur auf die Kulturdefinition Edward Tylers, wie wir oben gesehen haben, sondern auch auf Emile Durkheims Vorstellung von Religion als einer symbolischen Repräsentation einer gesellschaftlichen Gruppe. Das ist wichtig, denn, laut Anthony Giddens, ist „Modernität selbst zutiefst und in sich soziologisch."[31] Die Soziologie spiegelt die Mo-

31 Giddens, *The Consequences of Modernity,* S. 43

derne mehr als die Naturwissenschaften, weil „die chronische Revision gesellschaftlicher Praktiken, im Licht des Wissens um solche Praktiken, ein Teil des Materials ist, aus dem moderne Institutionen bestehen."[32] Für Gidden ist die Soziologie die am meisten generalisierte Form der Reflexion des modernen Gesellschaftslebens geworden. Die von modernen Regierungen erreichte administrative Kontrolle ist vom routinemäßigen Monitoring soziologischer Daten nicht zu trennen. In den Vereinigten Staaten, wo soziologische Erhebungen routinemäßig den Bedürfnissen der technologisch abhängigen Demokratie dienen, ist die Theorie aus den Fachbereichen der Soziologie, die eher auf Demographie fokussiert sind, weitgehend verschwunden. Ein ähnlicher Prozess arbeitet im Islam. Die Reduktion der Religion des Islam auf ein System, die Reduktion der Doktrin auf Ideologie, und die Reduktion der Gemeinde auf Kultur hat dazu geführt, dass der Prozess der islamischen Reform zu einer Art gesellschaftlicher Konstruktion geworden ist, worin individuelle Bedürfnisse denen der Gruppe auf totalitäre Art untergeordnet werden. Der Mythos, geschaffen durch die Sozialisierung des Wissens, ist zum kontrollierenden Mythos der korporativen islamistischen Reformer auf der ganzen Welt geworden. Es ist der Mythos des gänzlichen Utilitarismus, worin „die Erweiterung unseres Verständnisses der sozialen Welt zu einem fortschreitend aufschlussreicheren Verständnis menschlicher Institutionen führen könnte, und damit die ‚technologische' Kontrolle über sie verstärken könnte,... (so, dass) Wissen ständig in die Gründe für gesellschaftliches Handeln einfließen könnte, um Schritt für Schritt die ‚Rationalität' des Verhaltens im Bezug auf spezielle Bedürfnisse zu steigern."[33]

In der soziologischen Perspektive des korporativen Islam neigt das Individuum dazu, vergessen zu werden. Dies ist ein Hauptproblem der „Krise des Heiligen," da der ursprüngliche Sinn des Islam, wie bei Erlösungsreligionen überhaupt, es war, die Seelen der Einzelnen auf die Begegnung mit Gott vorzubereiten. Wenn jene, die die Wichtigkeit der persönlichen Erlösung betonen, ständig als so-

---

32 Ibid, S. 40
33 Ibid, S. 43-44.

zial unverantwortlich kritisiert werden, müsste man fragen, ob die
Welt im Namen des Islam die Macht über ihn ergriffen hat.[34] Der Koran sagt: „So hat Allah dir die Zeichen gezeigt, so dass du über sie
nachdenken kannst." (2:266) Der Aufstieg des korporativen Islam ist
eines dieser Zeichen der Zeit. Hat der Gedanke, dass der Gläubige für
seinen Bruder verantwortlich ist, die Muslime vergessen lassen, dass
die historische und traditionelle Sicht der islamischen Gesellschaft
nicht die einer Korporation war, sondern vielmehr eine Sammlung
von Individuen? Haben die Muslime die Ermahnungen des Koran,
dass „Jede Seele die Geisel ihrer eigenen Taten ist" (74:38) und nicht
der Taten des Kollektivs, vergessen? Das Schicksal der individuellen
Seele ist im Islam nicht immer vom Schicksal der Gemeinde abhängig. Hätten die Islamisten nicht die traditionelle Jurisprudenz des
fiqh (wörtlich, der Prozess des Verstehens des Gesetzes) in ihrer Rei-
fizierung der Shari'a über Bord geworfen, hätten sie bemerkt, dass
die Tradition der Gesetzesinterpretation kasuistisch verlief, auf einer
Fall zu Fall Basis, und dass es sich aktiv der systemischen Anwendung universeller Regeln widersetzte.

6.6 „Momente der Krise" – Ursachen oder Symptome?

Beim dritten Treffen des Elijah Think-Tank zum Thema „Krise des
Heiligen", das in der Mount Sequoyah Assembly, in Fayetteville, Arkansas, im Juli 2005 gehalten wurde, hat man acht „Momente der
Krise" identifiziert, die in mehr oder weniger großem Maß, den Muslimen, Juden, Christen Hindus und Buddhisten gemeinsam sind. Drei

---

34 Vgl. z.B. die folgende Aussage von Farid Esack: "Despite the regular
reminders of the inevitable return to God, the spiritualizing of human exis-
tence, which regards earthly life as incidental, is unfounded in the qur'anic
view of humankind. The human body, being a carrier of a person's inner
core and of the spirit of God, is viewed as sacred, and physical concerns
are, therefore, not incidental to the Qur'an." Idem, *Qur'an, Liberation, and
Pluralism: An Islamic Perspective of Interreligious Solidarity against Op-
pression* (Oxford: One World Books, 1997), S. 95.

dieser Momente beziehen sich direkt auf die erkenntnistheoretische Krise des Islam, wie oben besprochen. Sie sind:

- Säkularismus und das Problem der Modernität
- Der Verlust der Integrität und des Respekts der Tradition
- Individualismus und korporative Religion

Diese Momente sind auf den vorherigen Seiten ausführlich behandelt worden. Die anderen fünf Momente der Krise sind problematischer. Sie sind entweder nicht so entscheidend wichtig für den Islam, wie für andere Religionen, oder sie sind zweitrangig gegenüber wichtigeren Momenten der Krise, oder es sind Belange, deren erkenntnistheoretische Dimensionen durch andere, sichtbarere Anliegen überschattet wurden. Das bedeutet nicht, dass diese Belange für den Islam nicht wichtig seien oder im muslimischen Diskurs nicht zur Sprache gekommen wären. Aber ihre erkenntnistheoretische Auswirkungen erfordern mehr Diskussion, als es diese Arbeit erlaubt. Diese letztere Gruppe beeinhaltet:

- Technologie
- Medien und Image
- Frauen und Geschlecht
- Erosion religiöser Autorität
- Jugend und Bildung

Weitaus die meisten Muslime haben beinahe ein Jahrhundert lang *Technologie* nicht als problematisch betrachtet. Im Gegenteil, Muslime sehen Technologie als ein epistemologisch neutrales Wissensgebiet, das die fundamentalen islamischen Weltansichten nicht bedroht. Muslime haben die technologische Veränderung eifrig angenommen und sind oft unter den ersten, die technologische Neuerungen anwenden. Während das momentane Interesse, das die jungen Muslime der Informatik entgegenbringen, unter Umständen einmal seine eigene Reihe von erkenntnistheoretischen Auswirkungen haben kann, ist es ein bis heute unerkannt gebliebenes grundlegenderes Problem, dass Muslime es zugelassen haben, dass technologisches Denken ihre

Weltsicht formt, weil sie die Technologie nicht problematisieren. Diese Kapitulation der Technologie gegenüber hat zu einem Anstieg des Instrumentalismus als kulturellem Wert beigetragen. Der Instrumentalismus, auch verwandt mit der Sozialisierung des Wissens, wie oben beschrieben, ist eine Art Weltsicht von „der Zweck heiligt die Mittel," die technische Effizienz über alle anderen Werte stellt. Der französische Philosoph und Kulturkritiker Jacques Ellul verwies auf den Instrumentalismus und die Fetischisierung der Technologie als Kennzeichen der technologischen Gesellschaft. [35] In der technologischen Gesellschaft, so Ellul, sind Macht und die reproduktive Kapazität des Wertes nicht mehr an das Kapital gebunden; stattdessen sind sie der Technologie inhärent. Die Anwendung technisch effizienter Mittel auf allen Gebieten, von den Naturwissenschaften bis zu den Sozialwissenschaften, hat sehr zur Erosion der Spiritualität und dem Verwischen ethischer Grenzen beigetragen. Technologisches Denken und instrumentalistische Standpunkte sind wie das menschliche Ego (*nafs*); sie sind für das Überleben in der modernen Welt notwendig, aber sie können vom Menschen Besitz ergreifen, wenn man sie sich ungehindert, nach den Maßgaben ihrer eigenen Logik, entwickeln lässt. Der Verlust der Spiritualität und die Verzerrung ethischer Werte, als Folge des Instrumentalismus, sind ganz klar ein Teil der „Krise des Heiligen" im Islam. Aber Muslime haben bis jetzt die Konsequenzen solcher Entwicklungen, so wie Ellul sie aufzeigt, noch nicht erkannt. Wie im Text eines Popsongs aus den 80er Jahren bleiben die Muslime „von Wissenschaft geblendet" und erkennen nicht, was die instrumentalistische Ethik der Technologie und der angewandten Wissenschaft ihrem Wertesystem zugefügt hat.

Medien und Image werden auch als etwas gesehen, das sowohl Chancen als auch Herausforderungen für die Muslime bietet. Die islamische Lehre lässt sich nun effektiver als je zuvor über Radio,

---

35 Vgl. z.B. Jacques Ellul, "Faith or Religion?" in *Perspectives on Our Age: Jacques Ellul Speaks on his Life and Work*, edited by William H. Vanderburg (Concord, Ontario Canada: Anansi Press, 1997), S. 85-111. "Man creates for himself a new religion of a rational and technical order to justify his work and to be justified in it." (S. 85).

Fernsehen, CDs und Internet verbreiten. Das Hauptproblem mit den Medien ist für Muslime das negative Image des Islam, wie es im westlichen Entertainment und den Nachrichtenagenturen präsentiert wird. Dieses Problem ist jedoch mehr politisch als epistemologisch. Die Gefahr liegt aus muslimischer Sicht nicht in den Medien selbst, die nur ein Vehikel für alle möglichen Ideen, einschließlich der Ideologie des Islamismus, sind, sondern in den säkularen Ideologien, die die westliche Informationsindustrie übermittelt. Die hauptsächlichen Bedrohungen, die muslimische Führer als von den Medien ausgehend sehen, sind die Erosion der moralischen Werte, unterstützt durch das Internet, und die Verbreitung uneingeschränkter chat rooms in Gegenden wie dem Golf von Arabien. In solchen chat rooms benutzen junge muslimische Männer und Frauen die Anonymität des cyberspace, um sexuelle und gesellschaftliche Grenzen zu überschreiten, an die man sich im traditionellen Umfeld nicht so leicht herangewagt hätte. Das ist ein soziales Problem mit potentiell weitreichenden Konsequenzen, aber es hat nur indirekt mit der „Krise des Heiligen" zu tun.

Die Frage der *Frauenrechte* ist ein Hauptthema im „Zusammenprall der Zivilisationen" – Modell der Konfrontation zwischen dem Islam und dem Westen. Für Muslime außerhalb des Westens sind jedoch die Emanzipation der Frauen und ihre Integration in das politische und wirtschaftliche Leben weniger erkenntnistheoretische Fragen als politische *causes celèbres*. Nimmt man die Frage der Frauenrechte als bezeichnend für den Konflikt zwischen dem Islam und der Moderne, so ist sie oft ein Klischee, das andere soziale Spannungen maskiert. Wenn zum Beispiel politische Islamisten in Bangladesch die Grameen Bank als Teil einer „christlichen" Verschwörung gegen den Islam beschuldigen, geht es hier nicht wirklich um Religion, sondern um die wirtschaftliche Unabhängigkeit der Frau vom Mann. Oder es geht auch um die Bedrohung, die die international gestützten Mikrokreditagenturen für die weniger gut entwickelten Investmentpläne darstellen, die von den Anhängern der „islamischen Wirtschaft" betrieben werden.

Man kann nicht bestreiten, dass viele Männer der islamischen Welt das Gewicht, das die westliche Welt auf die Teilnahme der

Frauen in allen Bereichen des Lebens legt, nicht akzeptieren. Die Qualen von Amina Wadud, die Anfang dieses Jahres die Freitagsgebete der Gemeinde (*jumu'a*) in New York City geleitet hatte, bieten hierfür ein Beispiel. Ihre Geste wurde in den amerikanischen Nachrichten-Medien umfangreich behandelt und führte sogar zu einem Artikel im Time Magazin. Seitdem ist sie kritisiert und persönlich beschimpft worden; ihr Leben ist bedroht worden, ein muslimischer Extremist ersuchte Osama Bin Laden, ein *fatva* auszusprechen, das zu ihrem Tod führen sollte, und sie war gezwungen, sich in den Schutz des FBI zu begeben. Aber Waduds Geste, das Freitagsgebet zu leiten, stellte hauptsächlich eine Bedrohung für die männlichen politischen Figuren in der amerikanischen Muslim-Gemeinde dar; sie war keine Bedrohung für die islamische Religion als Ganze. Es war eine Handlung sexueller Politik, deren erkenntnistheoretischen Konsequenzen in den späteren Diskussionen über diesen Vorfall weitgehend übersehen wurden. Diese Konsequenzen werden in der Tatsache erkennbar, dass vermehrter Zugang der Frauen zum islamischen Wissen eine der wichtigsten Ausreden untergräbt, die Männer benutzt haben, um Frauen am Lehren und Predigen in der Öffentlichkeit zu hindern: dass sie nämlich mangelhaft seien an Intellekt und Religion.[36]

Es ist klar, dass die Rolle der Frau in der religiösen Führung ein wichtiges Thema ist, aber es stellt sich eine wichtigere Frage: Ist jede Bedrohung der islamischen Tradition eine Krise des Heiligen? Macht es dem Schöpfer des Universums wirklich etwas aus, wenn eine afroamerikanische Professorin in New York City das Freitagsgebet leitet? Wird Gott nicht trivialisiert und seine Majestät nicht beeinträchtigt, wenn man unterstellt, dass seine besondere Aufmerksamkeit dieser Sache gilt? Die gesellschaftlichen Auswirkungen von technologischen, wirtschaftlichen und politischen Veränderungen quer durch die islamische Welt weisen auf ein viel wichtigeres Problem für das Heilige hin als die Schaffung weiblicher Imame. Dies ist, wie wir ge-

---

36   Siehe z.B. *Sahih al-Bukhari*, Kitab al-zakat: al-Zakat 'ala al-aqrab (Book of the Alms Tax: the Alms Tax for Near Relatives), Nummer 257 and 258.

sehen haben, die Auswirkung des Aufklärungsdenkens auf alle Traditionen, einschließlich der Religion. Und wiederum kann man ein erkenntnistheoretische Problem ausmachen, das sich hinter anderen, offensichtlicheren, versteckt. Muslimische Männer werden das vermutlich jedoch nicht sehen, weil sie von Form besessen sind, einschließlich der Form des weiblichen Körpers. Die Kultur der Oberflächlichkeit, die den korporativen Islam charakterisiert, und die Fetischisierung der Form, die islamische Frauenkleidung zum Symbol der Gruppenidentität und der Unterwerfung unter männliche Normen statt eines Ausdrucks der Frömmigkeit, gemacht hat, verschwören sich, um sicherzustellen, dass man weiterhin Symptome für die Sache an sich hält.

Das Anliegen der *Bildung der muslimischen Jugend* ist Kern des Problems der kulturellen Assimilation der jungen Muslime in westlichen Ländern. Seine Vorrangigkeit im muslimischen Diskurs ist auch ein Symptom der erkenntnistheoretische Krise. Moralische Werte und Erziehung waren seit Beginn der islamischen Geschichte eng miteinander verbunden. Eine extreme Antwort auf diese Frage zeigt sich in den Taliban *madrasas* im nordwestlichen Pakistan, wo ein eines streng überwachtes Kurrikulum dafür sorgt, dass moralische Tugenden und epistemologische Reinheit durch Indoktrinierung erhalten werden. Die wechselseitige Beziehung von Erkenntnistheorie und Bildung kann auch in Sayyid Qut'bs *Ma'alim fi al-Tariq* (Meilensteine) beobachtet werden, wo die muslimische Jugend gewarnt wird, die westliche Sicht der „Interpretation menschlichen Bestrebens... die Erklärung der Entstehung des Universums (und) der Entstehung des Lebens und des Menschen" zu meiden. „Es ist einem Muslim nicht erlaubt, diese Dinge von jemand anderem, als einem gottesfürchtigen frommen Muslim zu lernen, der weiss, dass die Lenkung in diesen Dingen von Gott kommt.[37]

---

37 Kapitel 8 der *Milestones* hat den Titel "The Islamic Concept and Culture" (*al-Tasawwur al-Islami wa al-thaqafa*). Das obige Zitat findet sich in Seyyid Qutb, *Milestones* (Damascus: Dar al-'Ilm), S. 109-110. Siehe auch die arabische Ausgabe dieses Werkes, *Ma'alim fi al-Tariq* (Beirut: Dar al-Shuruq, 2000), S. 139.

Sayyid Qut'bs erkenntnistheoretische Kritik des Westens hat zu dem Experiment geführt, das als „Islamisierung des Wissens" bekannt wurde und eine moderne und zugleich islamische Weltsicht erstellen sollte, indem man westliche Philosophie und Sozialwissenschaften islamisierte und erkenntnistheoretisch reinigte.[38] Diese Bewegung hat ihre Vitalität verloren, seit der Gründer, Ismail Farouqi, gestorben ist, und ihr Haupttheoretiker, Syed Muhammad Naquib Al-Attas, vom Vorsitz des „International Institute of Islamic Thought and Civilization (ISTAC)" in Malaysien entfernt wurde. Die Auswirkungen der Warnungen Sayyid Qut'bs gegen den Einfluss der westlichen Philosophie sind jedoch weiterhin in vielen muslimischen Gemeinden deutlich erkennbar. In den Vereinigten Staaten studieren nur wenige muslimische Studenten Human- oder Sozialwissenschaften. Obwohl das teilweise an dem Wunsch eingewanderter Eltern, ihre Kinder auf einen gut bezahlten Job vorzubereiten, liegt, so hat doch jeder muslimische Akademiker in den USA und Europa die Beschwerden der örtlichen muslimischen Gemeinden über die Gefahren der westlichen Philosophie, der Sozialwissenschaft und des „akademischen Islam" gehört.

Was diese erkenntnistheoretischen Puristen übersehen, ist, dass in jedem muslimischen Land das Problem der Jugenderziehung durch die Tatsache kompliziert wird, dass die muslimischen Jugendlichen in Schulsystemen unterrichtet werden, die unter dem Einfluss westlicher Modelle staatlich finanzierter Bildung eingerichtet wurden. Religiöse Führer, die den Einfluss der Moderne rückgängig machen wollen, stehen vor dem Problem, das Scheunentor zu schließen, nachdem das Pferd schon weggelaufen ist. Ihre einzig wirkliche Option ist, die moderne Erziehung durch totalitäre Indoktrination zu ersetzen, oder, wie es die Taliban taten, das ganze moderne Bildungswesen abzuschaffen, und ein mittelalterliches Bildungssystem künstlich zu rekonstruieren. Der muslimischen Jugend wäre, sowohl

---

38 Die gründlichste theoretische Erklärung dieses Gesichtspunktes findet sich in Syed Muhammad Naquib al-Attas, *Prolegomena to the Metaphysics of Islam: An Exposition of the Fundamental Elements of the Worldview of Islam* (Kuala Lumpur: International Institute of Islamic Thought and Civilization, 1995).

politisch als auch im Religiösen, mit einer Erziehung, die kritisches und unabhängiges Denken an Stelle von modernen oder post-modernen Formen der Indoktrination fördert, besser gedient. Eine Behandlung dieses Themas, obwohl es für die erkenntnistheoretische Krise des Islam wichtig ist, würde uns bedauerlicherweise über den Rahmen der gegenwärtigen Diskussion hinausführen.

6.8 Tradition und Zeit

„Tradition ist der lebendige Glaube der Toten. Traditionalismus ist der tote Glaube der Lebenden."[39] Diese Aussage Jaroslav Pelikans bringt das Dilemma der Muslime, die mitten in der Moderne oder Post-Moderne eine authentische Tradition erhalten wollen, auf den Punkt. Die erkenntnistheoretische Krise des Islam trifft den Gläubigen auf allen Ebenen. Traditionalismus ist keine adäquate Antwort auf diese Krise, da es nicht länger möglich ist, so zu tun, als könnten Erkenntnistheorien der Prä-Aufklärung in ihrer ursprünglichen Form aufrechterhalten werden. Dazu kommt, dass die durch Nationalismus, Rassismus und Kommunismus verursachten Holocausts des zwanzigsten Jahrhunderts ohne Zweifel bewiesen haben, dass Ideologien, die auf Idealismus und Perfektionismus basieren, die Menschen unterdrücken, indem sie sie zu etwas verpflichten, das unerreichbar ist. Es ist gleichermaßen töricht, zu versuchen, mittelalterliche Theologien wie den Asharismus wieder zu erwecken, indem man behauptet, die Quantenphysik beschreibe eine ähnliche Sicht der Realität. Solche Ähnlichkeiten sind im besten Falle oberflächlich, und moderne theoretische Modelle der Relativität, des Perspektivismus, und des Unsicherheitsprinzips sind weit entfernt von der göttlichen Gründungstheorie, die asharitische Theologen gemeint haben. Wenn überhaupt, dann wird die Krise des Heiligen im heutigen Islam vom Traditionalismus durch Nationalismus, Rassismus und Kommunismus durch Nationalismus, Rassismus und Kommunismus begüns-

---

39 Pelikan, *The Vindication of Tradition*, S. 65

tigt, den Muslime eingesetzt haben, um den Islam gegen die Moderne zu verteidigen. Die Aufgabe eines konstruktiven Theologen des Islam ist nicht einfach, die Sprache der Tradition ausserhalb des Zusammenhangs zu wiederholen, sondern sich kritisch mit dem Vermächtnis der Tradition, so wie sie die Erfahrung der Muslime in der modernen Welt betrifft, zu beschäftigen. Um das zu tun, müssen Muslime ihre traditionellen Quellen der Weisheit, besonders den Koran, auf neue Art heranziehen, und zwar „mit beiden Augen offen." Die Herausforderung ist, die Integrität der Lehre Gottes zu erhalten, und gleichzeitig die Aufmerksamkeit für die Verständnishindernisse zu bewahren, die der Traditionalismus in den Weg stellt, indem er die Weltsichten der Vergangenheit eher parodiert als kopiert.

Der griechische Philosoph Heraklit sprach von der Zeit als einem fließenden Strom, in dem man nicht zweimal in das gleiche Wasser steigen kann, da ständig frisches Wasser nach fließt. Karl Popper mochte diese Metapher nicht, weil sie seiner Meinung nach zu der Vorstellung des Historizismus führte, der Idee, dass Zeit nach unerbittlichen Gesetzen abläuft, die das Schicksal des Menschen bestimmen.[40] Andere haben Heraklits Metapher anders interpretiert. In *The Passion of the Western Mind* hat Richard Tarnas herausgestellt, wie der Fluss der Zeit dazu tendiert, die Grundfesten der Tradition zu erodieren: „ Viele spüren, dass die große bestimmende Kraft unserer Realität der mysteriöse Prozess der Geschichte selbst ist, die in unserem Jahrhundert einer massiven Desintegration aller Strukturen und Grundmauern entgegenzuschleudern schien, ein Triumph des heraklitischen Flusses."[41]

Der Fluss, von dem Tarnas spricht, ist Heraklits Vorstellung vom Wandel, worin sich die Welt in einem andauernden Prozess der Transformation befindet und alle Vorstellungen von Stabilität vom Fluss der Zeit zerstört werden. Viele Muslime sehen die heutige Zeit so, wie Tarnas sie beschreibt, wo Traditionen, Werte, Moralbegriffe und die Wahrheiten der Religion alle in Gefahr sind, von der Flut hinweggespült zu werden. Zusammen mit dem Anstieg des muslimischen Irredentismus

---

40 Popper, *The Open Society and its Enemies*, Vol. I, S. 7-14.

41 Zitiert in Coates, *Ibn 'Arabi and Modern Thought*, S. 81.

gab es eine Welle von Vorhersagen und Warnungen vor den Endzeiten, worin apokalyptische Passagen aus dem Koran und Hadithe zitiert werden, um Anhänger sowohl zu den Lehren von Al Qaida, als auch denen der Sufi Weisen hinzuziehen. Die Hysterie, die dieses muslimische *mal du present* in manchen Teilen hervorrief, erinnert an die Haltung der Azteken in Mexiko am Vorabend der spanischen Eroberung. Für die Azteken ist die heutige Zeit die der fünften Sonne – der Sonne des Wandels – in der alle Grundlagen gestürzt werden und die Welt in eine neue, bislang unbekannte Wirklichkeit verwandelt wird.

Wie wir aber gesehen haben, fürchten nicht alle Muslime das Unbekannte. Während er das Potential der Zerstörung durch Veränderung nicht leugnete, sah der Sufi Ibn 'Arabi die Zeit als Theater der Manifestation, in dem verschiedene Aspekte der göttlichen Realität mit den dazugehörigen göttlichen Namen dargestellt werden. Eine ähnliche Auffassung hatte der ägyptische Sufi Ibn 'Ata 'illah von Alexandrien (+1309), der eine bemerkenswerte Abhandlung über die spirituelle Praxis des Vertrauens auf Gott (*tawakkul)* mit dem Titel *al-Tanwir fi Isqut al-Tadbir* (Erleuchtung durch den Verzicht auf das persönliche Handeln) schrieb. In diesem Werk riet Ibn 'Ata 'illah seinen Lesern, es zu meiden, ihr Schicksal selbst bestimmen zu wollen. Stattdessen, sagte er, sollten sie die Zeit, in der sie lebten, akzeptieren und die Konsequenzen als Manifestation des göttlichen Willens betrachten. Um wahre Diener Gottes zu sein, sollten sie sich den gegebenen Umständen anpassen, „mit dem Strom schwimmen" und darauf vertrauen, dass Gott sie durch ihre Mühen begleiten wird. In einer ungewöhnlichen Anwendung von Heraklits Metapher, fasst Ibn 'Ata 'illah die Essenz dieser spirituellen Haltung auf eine Weise zusammen, die zutiefst auf die Situation der heutigen Muslime zutrifft:

Als ich die Vorsehung fließen sah,
Und es war darin weder Zweifel noch Zögern,
Vertraute ich alle meine Rechte meinem Schöpfer an
Und warf mich in den Fluss.[42]

---

42 Ahmad ibn 'Ata'illah al-Iskandari, *Kitab al-Tanwir fi isqat al-tadbir* (Cairo: al-Matba'a al-Maymuniyya al-Misriyya, 1306/1888-9), S. 11.

Aus meiner Erfahrung, islamische Spiritualität mit Islamisten und liberalen muslimischen Modernisten zu debattieren, erachte ich es für äußerst bedeutungsvoll, dass dabei keine Praxis der Sufis mehr geschmälert wurde als das *tawakkul,* von dem Ibn 'Ata 'illah spricht. Die Praxis des vollständigen Vertrauens auf Gott sollte nicht als Hindernis für den Fortschritt, sondern als essentielle islamische Haltung gesehen werden, nämlich als die praktische Anwendung eines Gottesbewusstseins, das alle Muslime zu besitzen behaupten, auf der Ebene des persönlichen Ichs. Wenn Muslime dem Koran entsprechend beteuern, dass alles Handeln Gott gehört, dann ist „loslassen und Gott lassen" die logischste Antwort der wirklich Gläubigen. Trotzdem ist diese Haltung lächerlich gemacht worden, als Entledigung persönlicher Verantwortung, als gesellschaftlich unsensibel und als Beispiel *par excellence* von „isolierter Spiritualität" (*ruhaniyya i'tizaliyya),* die den Sufismus unter modernen Bedingungen irrelevant macht. Ist es daher nicht ironisch, wenn jene, die wie Ibn 'Ata 'illah denken, die einzigen Muslime zu sein scheinen, die einen Weg durch die Moderne finden können, ohne auf authentische islamische Tradition zu verzichten? Vielleicht stellt dieses Paradox das wirkliche Problem der Krise des Heiligen im Islam heraus. Vielleicht ist die Wurzelursache gar nicht die Moderne oder Post-Moderne. Vielleicht ist sie der Verlust eines Gespürs für das Heilige, der Verlust jener Spiritualität, die den Islam nicht zu einer bloßen Tradition oder Identität macht, sondern einer wahren Unterwerfung unter den Willen Gottes.

Kapitel 7
Abschließende Überlegungen

Alon Goshen-Gottstein

Eine der Herausforderungen an unsere Überlegungen bestand daraus, unsere Beschreibungen und Analysen der „Krise des Heiligen" in einer Weise zu präsentieren, die hilfreich ist, und sowohl eine möglichst weite Perspektive als auch die Möglichkeit dazu anzubietet, das Phänomen in den Griff zu bekommen. Die Herausforderung ist weiter dadurch erschwert, dass die Eigenart, Geschichte und besonderen Herausforderungen einer jeden Tradition berücksichtigt werden müssen. Wie in Kapitel 1 erwähnt, versuchten wir dies auf zweifache Weise. Die erste war die Identifikation von Schlüsselbegriffen, die dazu dienen können, die größere Krise zu veranschaulichen. Hier haben wir besonders das Problem des Individualismus und die Achse der der Beziehungen zwischen Individuum und Kollektiv herausgestellt. Die zweite war, die Kernthemen zu identifizieren, mit denen alle unsere Traditionen konfrontiert sind, um durch sie die Krise in ihrer Vielfalt aus einer einigenden Perspektive heraus anzusprechen.

In den vorgelegten Arbeiten erkennt man neben der Besonderheit des Ringens einer jeden Tradition und ihrer Eigenheit auch die gemeinsamen Agenden, Anliegen und Bedrohungen. Daraus ergibt sich in gewissem Sinn ein weiterer Weg, die Sache anzugehen, nämlich der Versuch, unsere Arbeiten in ein Strukturmodel zu integrieren, das für die Diskussion und die Überlegungen nützlich sein kann. Was folgt, sind meine synthetischen Gedanken als Herausgeber dieser Sammlung von Essays. Sie sind nur insofern eine Gruppenarbeit, als sie auf der Arbeit unseres Teams basieren.

Mir scheint, dass man die wichtigsten Anliegen, die aus dieser Diskussion hervorgegangen sind, entlang einer Achse zusammenfassen kann. Diese Achse kann einen Prozess repräsentieren, wenn wir bereit sind, sie nicht nur als ein Mittel zu betrachten, das ein

Problem beschreibt, sondern das auch in der Lage ist, die breitere Situation zu analysieren und das darin enthaltene Potential aufzuzeigen. Wie gesagt, die Krise des Heiligen ist ein Zusammenfluss von Bedrohungen, Herausforderungen und Chancen. Die hier vorgestellte Achse beleuchtet die Möglichkeiten, die Krise aus der Sicht der Chancen zu sehen.

An das Ende der Achse würde ich den Begriff Identität stellen. So vieles von dem, was in dieser Sammlung von Essays diskutiert wurde, berührt die Belange der Identität. Die offensichtlichsten Beispiele hierzu sind der Islam und der Hinduismus. Beide kämpfen mit korporativen, oder Syndikat-ähnlichen Identitäten und deren Art, die Authentizität der historischen Tradition zu bedrohen oder gar zu eliminieren. Auch das Judentum erfährt Identität als den Kern seiner Krise, wie die Zusammenfassung von Barry Levys Arbeit zeigt. Fragen der Einheit, der Lehre und mehr; sie alle lassen sich auf das Thema der Identität zurückführen. Und obwohl diese Fragen in den ersten beiden Arbeiten weniger thematisiert wurden, kann man sie auch hier im Bezug auf die zu erstellende konzeptuelle Matrix finden. Dies wird von der Betrachtung der Beziehung von Identität und Integrität der Tradition her deutlich.

Belange der Integrität der Tradition waren in unseren Diskussionen stark im Vordergrund. Diese Belange könnte man in zwei Gruppen teilen. Auf der einen Seite, die Sorge um die Integrität der Tradition selbst, und auf der anderen, um die Integrität der Gemeinschaft. Beide sind Themen für Diskussion, insbesondere im Fall des Judentums. Beide sind auch im Fall des Buddhismus Brennpunkt der Diskussion. Die Lehre, der Dharma, wird auf neue Art herausgefordert. Neue Formen der Religion entstehen, und es stellt sich die Frage, inwieweit sie der ursprünglichen Lehre der Tradition treu sind, und inwieweit es der klassischen Tradition gelingt, auf heutige Gegebenheiten einzuwirken. Ähnliche Fragen können im Bezug auf die Gemeinschaft gestellt werden. Die Sorge um die Bewahrung altehrwürdiger Strukturen, während man Raum für neue schafft, das sich verlagernde Gleichgewicht zwischen Laien und Mönchtum, die Geschlechtsfragen- sie alle berühren das Kernanliegen der Integrität der praktizierenden Gemeinschaft.

Ähnliches kann im Bezug auf die katholische Tradition aufgezeigt werden. Fragen der Veränderung, der Akkulturation und des Dialogs stellen die Belange der Integrität der Tradition ins Rampenlicht. Auch die Träger der Tradition sind gefordert. Da Autoritätsstrukturen in Frage gestellt werden und sich verschieben, und die Beziehung Individuum - Gemeinschaft neu definiert wird, zeigt sich Besorgnis über die Gemeinschaft selbst. Letztlich steht die Frage der Mission der Kirche in der Welt, das Fortdauern ihres Sinnes und ihres Erfolges, auf dem Spiel. Wer wird die Mission aufnehmen und zu welchem Ende? Diese Fragen werfen die breiteren Anliegen der katholischen Tradition auf, bei denen es sich deutlich um Belange der Identität dreht. Somit sind alle unsere Traditionen in signifikanter Weise um die Erhaltung ihrer Identität besorgt, während sie es zulassen, dass diese Identität sich an heutige Gegebenheiten anpasst, und unter den gegenwärtigen Herausforderungen eine neue Stimme, einen neuen Ausdruck und einen neuen Sinn entwickelt.

An das andere Ende der Achse würde ich die Spiritualität stellen. Während dieser Begriff möglicherweise verschiedene Definitionen zulässt, legt er doch eine Affinität zu dem nahe, was unser gegenwärtiges Projekt einzigartig macht, die Sorge um das Heilige, das Herz der Religion und ihren Sinn. In gewisser Weise sind alle unsere Traditionen in einem Streben nach Spiritualität begriffen. Dieses Streben mag sein, dass Mitglieder einer Tradition, entweder im Zusammenhang religiöser Strukturen oder unabhängig von ihnen, ihre eigene spirituelle Erfüllung suchen. Oder es kann das Streben der Tradition selbst sein, ihren tieferen Sinn zu entdecken und eine gegenwärtige Stimme und oder Form des Ausdruckes für ihre spirituelle Dimension zu finden. Der Begriff Spiritualität soll hier nicht nur auf ein subjektives, inneres Gefühl oder die Erfahrung von Religion verweisen. Er bezeichnet den gesamten Bereich, der durch eine Art von direkter Beziehung zu Gott konditioniert ist, indem er das Gedenken an seine Gegenwart und das Bewusstsein seines Willens weiterträgt. Je mehr Gott (oder das Höchste, in anderer Art ausgedrückt) in den Mittelpunkt des Bewusstseins gelangt, eine desto wichtigere Stelle nimmt die erfahrbare Dimension der Religion natürlich ein.

Im Idealfall enthalten alle unsere Traditionen eine für sie angemessene Ausgewogenheit zwischen diesen beiden Polen – Identität
und Spiritualität. In einer Situation ohne Krise konstituiert Identität
Spiritualität, und Spiritualität wiederum baut Identität auf und verstärkt sie. Es ist ein Zeichen der Krise, dass starke Spannungen zwischen diesen beiden Dimensionen herrschen. Somit wird Spiritualität auf Kosten des traditionellen Verständnisses von Identität, oder
außerhalb von ihr gesucht. Diese Spannung lässt uns zwei weitere
Elemente auf der Achse einfügen. In unserer Diskussion haben diese
Elemente größtenteils für sich allein gestanden. Tatsächlich könnte
man sie weiterhin als eine eigenständige Achse, die Einblick in die
Krise gibt, betrachten. Im gegenwärtigen Zusammenhang möchte
ich versuchen, sie in die Achse von Identität und Spiritualität, die
unter Diskussion ist, zu integrieren. Ich spreche natürlich von den
beiden Kernkonzepten, die wiederholt unsere Aufmerksamkeit in
Anspruch genommen haben, das Kollektiv und das Individuum.

Im Versuch, die zwei Achsen in eine größer angelegte ganzheit-
liche Analyse zu integrieren, würde die korporative Dimension der
Identität auf der Achse folgen, während das Individuum vor dem
Schlüsselwort der Spiritualität zu stehen käme.

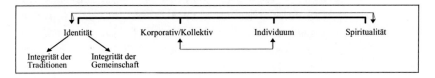

Was dies bildlich nahe legt, ist, dass das Kollektiv eine wichtige Rolle im Aufbau der Identität spielt. Das Kollektiv wird teilweise
entwickelt, um Identität zu entwickeln, und das Bedürfnis Identität
zu entwickeln ist an und für sich ein starkes Gemeinschaftsbedürf-
nis. Religionsformen, die Gemeinschaft herausstellen, tun dies, um
Identität aufzubauen. Während es ein ideales ‚kollektives' Element
gibt, das für die Spiritualität wichtig ist, ist das, was das Korporative
von dem trennt, was wir hier Kollektiv nennen, genau die Tatsache,
dass es dem einen Pol, dem der Identität, mehr dient als dem anderen, der Spiritualität.

Im Kontrast dazu ist das Individuum dem Pol der Spiritualität näher. Sorge um das Individuum ist Sorge um spirituelle Erlösung und Wohlbefinden. Cornells Arbeit zeigt, wie das Korporative des Islam auf Kosten der Sorge um das spirituelle Wohlergehen des Gläubigen geht, und wie die persönliche Hingabe an Gott, die die grundsätzliche Definition des Islam ausmacht, in ein System umgeformt wird, in dem man die persönliche Dimension aus den Augen verliert. Meine eigene Kenntnis des Judentums erlaubt mir, zu bezeugen, wie zutreffend diese Assoziationen auch da sind. Das Bedürfnis, die kollektive Identität aufrecht zu erhalten, lässt politische, nationale und Gruppenanliegen die Agenda von Organisationen, Gemeinschaften und Individuen dominieren und definieren. Es bietet alternative Rahmenbedingungen für Identifikation, indem es den höchsten Zweck des Systems, den Bezug auf Gott, durch die Identifikation mit der Körperschaft, das Volk Israel, oder den Staat Israel, ersetzt. Die Mitgliedschafts- und Zugehörigkeitskrise in der Kirche kann man auch weitgehend dem Gefühl zuschreiben, dass die Praxis der Kirche Identität im kollektiven Sinn aufrecht erhält, anstatt die spirituellen Ziele des Einzelnen zu fördern. Man könnte die Frage stellen, ob der Erfolg verschiedener protestantischer und charismatischer Gruppen nicht tatsächlich in ihrer Fähigkeit liegt, in ihrer Präsentation einer anderen Version des Christentums eine andere Gewichtung dieser bestimmenden Elemente anzubieten. Es ist vernünftigerweise anzunehmen, dass der Buddhismus weniger mit Identitätspolitik zu tun hat, da er von vorneherein die verschiedenen Arten der Identität als Formen von Verhaftung ablehnt. Trotzdem, insofern er sich mit örtlichen kulturellen Identitäten verwickelt, sind die Aufrechterhaltung der Tradition und Gemeinschaft, und deren Bestreben, sich selbst zu erhalten, de facto, Formen der Identitätserhaltung. Die Auswirkung des Individualismus innerhalb der traditionellen asiatischen Gesellschaften, wie im Kapitel über den Buddhismus beschrieben, rufen die Arten der Spannungen, wie wir sie bei anderen Traditionen antreffen, auch in Verbindung mit dem Buddhismus hervor.

Unser hinduistisches Think-Tank Mitglied hat in einer Mitteilung nahegelegt, dass die Krise im Hinduismus in diesem Zusammenhang als Verlust der Spiritualität betrachtet werden soll. Besser gesagt führt das Bedürfnis, eine kollektive Identität zu schaffen, die Diaspora Gemeinde dazu, eine ausdruckslose, breite Spiritualität anzunehmen. Diese tut der Spiritualität der einzelnen Traditionen, die um der neuen, kollektiven Identität willen überfahren werden, unrecht. Somit sollte man Spiritualität nicht nur danach betrachten, ob sie vorhanden ist oder nicht, sondern auch nach den unterschiedlichen Qualitäten und Typen, die in den Spannungen zwischen Identitätsaufbau und spirituellem Streben impliziert sind.

Was das alles bedeutet, ist, dass wir die Formen der Tradition und auch die Art und Weise, wie diese reifiziert, aufgebaut und verteidigt werden, bedenken müssen. Auf der einen Seite bedeutet die Erhaltung und Bewahrung der Traditionen eine Instandhaltung der Transportmittel, die uns auf der Suche nach dem Höchsten dienen. Diese Transportmittel bewahren und beschützen die Tradition vor der Lust und Laune individueller Entscheidungen und den Faktoren, die sie herbeiführen. Auf der anderen Seite können Formen in der Sorge um den eigenen Fortbestand und Erhalt erstarren, und daher genauso viel Hindernis wie Hilfe für die Vermittlung des letzten Sinnes sein.

Wenn die Krise auch eine Chance ist, dann scheint die Chance darin zu bestehen, dass sie uns die Gelegenheit bietet, unsere Traditionen und das Ausmaß ihrer Fähigkeit, ihren höchsten Zweck treu und effektiv zu vermitteln, zu überprüfen. Der wachsende Individualismus und die Spannung zwischen Individuum und Gemeinschaft drängen uns zu einer neuen Untersuchung der Formen, in denen Gruppenidentitätspolitik unser Handeln gestaltet und den Aufbau unserer Religionen beeinflusst. Gleichzeitig zwingt uns die Suche nach Spiritualität, die von der Sinnsuche des Einzelnen angetrieben wird, dazu, die Spannung zwischen Form und Sinn zu bedenken. Wir müssen uns fragen, inwieweit sich diese Spannung auf unsere einzelnen Traditionen und ihre Effektivität, spirituelle Wirklichkeit zu vermitteln und die Gläubigen dahin führen zu können, auswirkt.

Bevor wir zu anderen Lektionen und Vorschlägen, auf die unsere Essays hinweisen, kommen, wollen wir prüfen, welche praktischen Richtungen sich aus der Präsentation der Identität – Spiritualität

Achse für unser Folgetreffen ergeben könnten. Das erste Ziel, das wir uns setzen könnten, ist ein besseres Selbstverständnis. Wenn diese Vorschläge richtig und brauchbar sein sollten, dann könnten wir prüfen, inwieweit sie helfen, unsere eigene Tradition zu beleuchten. Das ist eine Überlegung, die jede Tradition für sich anstellen sollte. Als zweiten Schritt könnte man in Erwägung ziehen, mehr darüber zu lernen, wie diese Prozesse in anderen Traditionen ablaufen. Schließlich könnten wir in diesem Zusammenhang die Frage aufwerfen, wie andere Traditionen mit dieser Achse umgehen. Anstatt uns nur mit speziellen Krisen des Heiligen (Autorität, Frauen, Jugend, etc.) zu befassen, könnten wir fragen, ob und wie die hier beschriebene Spannung zwischen Identität und Spiritualität sich in anderen Traditionen darstellt, und welche Mechanismen, konstruktiven Schritte und praktischen Aktionen unternommen werden, um Abhilfe zu schaffen. Die Bedeutung dessen könnte über bloße Neugier und reines Interesse hinausgehen. Es mag hier echte Lektionen zu lernen geben, die für uns von Bedeutung sind.

Da ich mich nun von der begrifflichen Analyse zur Praxis begeben habe, möchte ich auf ein paar Punkte zurückkommen, die in den meisten unserer Arbeiten aufgetaucht sind. Diese Punkte können äußerst hilfreich in der Formulierung unserer Vorgehensweise, so wie sie sich aus unseren Arbeiten ergibt, und in der Gestaltung unserer Agenda für das Folgetreffen sein. Vier Dinge scheinen mir hier relevant.

Das erste hat mit Wissen und Bildung zu tun. Alle Traditionen, die hier versammelt sind, legen sehr großen Wert auf Wissen und auf Bildung. Bildung ist der Schlüssel zur Heranbildung von Führung und zur Gestaltung des Verständnisses in der Gemeinschaft der Gläubigen. Bildung und besonders Jugend wurden in allen unseren Arbeiten als in gewisser Weise in der Krise befindlich betrachtet. Normalerweise sieht man eine Krise in Bezug auf Quantität – nicht genug Bildung für nicht genug Menschen. Daher das endlose Bemühen, die Netzwerke der Schulen auszubauen und die Teilnahme an den Bildungsangeboten zum Maximum zu steigern. Wie jedoch die Diskussion der Technologie gezeigt hat, ist Wissen heute in früher unvorstellbaren Formen zugänglich. Die Belange der Bildung sind nicht

einfach quantitativ, sondern qualitativ. Was sollen unsere Gemeinschaften wissen? Welches Wissen halten wir für unverzichtbar?

Inwieweit ist unsere Wahl dessen, was wir für wissenswert halten, verantwortlich für die Entfremdung und Entfernung unserer
Gemeinschaften von unseren Religionen? Bieten wir unseren Gemeinschaften die Art des Wissens, das ihnen am besten bei ihrer Suche nach einem erfüllten Leben nützt? Nur so können wir sicherstel-
len, dass sie sich ihren Traditionen tief verwurzelt fühlen und deren
andauernde Relevanz im religiösen Leben verstehen.

Man könnte alle diese Fragen unabhängig von der vorausgegan-
genen Diskussion bedenken. Man könnte aber beide Diskussionen
integrieren, indem man die Frage der Bildung und der Verbreitung
des Wissens anhand der Achse Identität- Spiritualität stellt. In diesem Zusammenhang gesehen müssen wir fragen, inwieweit unsere
Lehre auf spirituelle Erleuchtung und Wohlergehen anderer zielt,
und inwieweit sie bemüht ist, bestehende Identitäten zu erhalten.
Wenn das oben angebotene begriffliche Konstrukt einen Wert hat,
dann könnte die Bildung eine Arena für seine sofortige Anwendung
sein. Demnach würden die Lehrinhalte je nach den Kriterien, die wir
anwenden, unterschiedlich aussehen. Somit könnten wir unsere Bil-
dungsrichtlinien und Prioritäten als ein Thema, das einen Austausch
unter religiösen Führern wert ist, diskutieren. Während wir nicht erwarten sollten, dass unsere Prioritäten die gleichen sind, noch unsere Entscheidungsfindungsprozesse, ist es doch möglich, dass wir
von einem vergleichenden Gespräch über das, was wir lehren wollen
und wie es zu erreichen ist, viel profitieren können. Wenn ein solches Gespräch erfolgreich durchgeführt werden kann, dann ist eine
künftige Zusammenarbeit in Bezug auf Lehrpläne im allgemeinen
Schulsystem und auf verschiedene Regierungseinrichtungen nicht
unvorstellbar. Ein gemeinsames Verständnis von Bildung in der Krise könnte die Tür zur praktischen Zusammenarbeit öffnen.

Ein zweites Gebiet, das in den meisten Arbeiten zur Sprache kam,
ist die Familie. Weil dieses Thema nicht in allen Arbeiten gleiche
Beachtung fand, werde ich mich dabei nicht zu lange aufhalten.
Hier möchte ich die Frage stellen, ob in Bezug auf die Familie eine
ähnliche Dynamik zutrifft wie auf die Religionen. Erkennen wir die

gleiche Art von Krisen, und sind sie ähnlichen Quellen zuzuschreiben? Eine spezifische Anwendung dieser Frage wäre, ob die Matrix Identität – Spiritualität auf die Familie übertragbar sein könnte. Es ist nicht notwendig, Familie und Identität zu diskutieren. Familie ist die grundlegendste Einheit der Identität, und ein Zusammenbruch der Familie steht in engem Zusammenhang mit Auswirkungen auf die Identität. Die Frage hier ist, ob die Achse Identität – Spiritualität relevant in unserer Behandlung der mit Familie assoziierten Belange sein kann. In welchem Umfang ist uns Spiritualität als Komponente des Familienlebens und Familienleben als Komponente der Spiritualität bewusst? In welchem Umfang können wir unsere Arbeit im Bezug auf Familienbildung, Beratung, Therapie, etc. entlang der Linien verlaufen lassen, die von der obige Analyse vorgegeben werden?

Der dritte Bereich, der unsere Aufmerksamkeit in Anspruch nahm, ist die Technologie. Technologie ist der offensichtlichste Fall eines Phänomens, das Teil der „Krise des Heiligen" ist, und sowohl eine Herausforderung als auch Chance darstellt. Es wäre ausgesprochen interessant, zu überlegen, wie man Technologie zu Gunsten von Identität wie auch Spiritualität einsetzen kann. Es ist ersichtlich, dass Technologie schon jetzt für beides genutzt wird. Die Frage ist, welche Rolle den religiösen Führern und ihren Überlegungen in Bezug auf beides zukommt. In dem Maße, wie religiöse Führerschaft eine regulierende Funktion haben oder als ein Organ dienen mag, das Empfehlungen herausgibt, könnten wir fragen, wie diese Empfehlungen aussehen würden, wenn uns unsere sich ergänzenden Bedürfnisse, unsere Identitäten aufrecht zu erhalten und unsere Spiritualität zu vertiefen, bewusster wären. Welche Formen der Information würden bevorzugt? Welche Arten von Tourismus würden im Cyberspace und welche im realen Raum entwickelt? Welche Technologien würden wir zu lenken suchen, um diese Ziele zu erreichen?

Der vierte und letzte Bereich der Überlegungen auf praktischer Ebene ist die Rolle des interreligiösen Dialogs. Etliche unserer Arbeiten stellten die Wichtigkeit des Dialogs und des voneinander Lernens heraus. Die Arbeit über den Buddhismus legt nahe, dass die Weisheit der Buddhisten den anderen eine Ressource sein kann. Die Arbeit über das Christentum erwähnt die Notwendigkeit des besseren Studiums des Anderen als Teil des eigenen Wachstums. Im gegenwärtigen Zusammenhang möchte ich die Frage nach dem Wert des religiösen Dialogs und des Studiums anderer Traditionen für mehr als nur den Frieden der Gemeinschaft stellen. Im Rahmen der Achse Identität – Spiritualität könnte dem interreligiösen Dialog besondere Bedeutung zukommen. Könnte diese Achse nicht ein Studienfokus in sich sein? Könnten die anderen Traditionen uns nicht genau zu dem Thema befragen, wie wir in unseren eigenen Traditionen im Bezug auf unsere erklärten höchsten Ziele theoretisch und praktisch die Schwerpunkte verteilen? Es geht nicht nur darum, dass wir, wie oben erwähnt, praktisch von einander lernen können. Letztlich kann die andere Tradition als Spiegel dienen, durch den wir uns prüfen können. Wenn wir die Bedeutung der Achse Identität – Spiritualität richtig eingeschätzt haben, dann kann vielleicht der hilfreichste Weg, für unsere Tradition Bilanz zu ziehen, derjenige sein, der über unsere Tradition hinaus führt. Solange wir es uns in unserer Tradition gemütlich machen, werden wir das aufrechterhalten, was wir lieben, und das rechtfertigen, was wir kennen gelernt haben. Die „Krise des Heiligen" ist auch eine Einladung, die Perspektive zu erweitern, durch die wir die Welt und ihre Krisen, einschließlich der individuellen Krisen, die sich unseren eigenen Gemeinschaften stellen, betrachten. Könnte es sein, dass wir, indem wir uns dem Studium des anderen öffnen, ein besseres Selbstverständnis darüber erlangen, wie wir selbst mit den zwei Kernachsen von Identität und Spiritualität, Individuum und Kollektiv umgehen? Dialog, so verstanden, hat nicht bloß damit zu tun, den anderen zu verstehen oder bestehende Vorstellungen auszuräumen. Vielmehr bietet er uns in diesem Fall die Möglichkeit, zu lernen, uns selbst im Spiegellicht der Erfahrung des Anderen zu sehen, und zwar in Bezug auf eine fundamentale Sache, die sowohl daran rührt, wie wir in der Welt funktionieren, als auch, wer wir sind.

Ich möchte diese Überlegungen beenden, indem ich einige der oben unterbreiteten Ideen in spezifische Empfehlungen umwandle. Während der Hauptzweck unserer Arbeiten und der in diesem Kapitel angebotenen Analyse aus dem Erlangen von Einsicht und Verständnis besteht, wollen wir auch auf praktische Schritte verweisen, die sich aus dem gemeinsamen Studium und dem kommenden Treffen ergeben könnten.

1. Bildung

  a) Entwicklung eines Kurrikulums für Unterweisung in Spiritualität.

  b) Entwicklung von Material für verschiedene Zielgruppen, besonders die Jugend.

  c) Identifikation von Wegen für Diskussion mit Regierungsorganen über diese Dinge.

2. Familie

  a) Identifikation der spirituellen Komponente des Familienlebens.

  b) Identifikation der Familiekomponente der Spiritualität.

  c) Entwicklung der spirituellen Komponente in der Familienbildung, Beratung und Therapie.

3) Technologie

  a) Identifikation und Entwicklung von Technologie, die Spiritualität fördert.

  b) Identifikation und Entwicklung von Mechanismen, die die potentiellen Gefahren der Technologie limitieren.

  c) Identifikation der spirituellen Information, die „publik" gemacht werden kann, und dem, was „privilegiert" bleiben soll.

4) Interreligiöser Dialog

  a) Identifikation der Wege, wie interreligiöser Dialog eingesetzt werden kann, um Bewusstsein und Selbstprüfung der Spiritualität unserer Traditionen zu stärken.

  b) Entwicklung von Strukturen, die solche Wege erleichtern.

Diese Vorschläge sind nur gedacht, dem Austausch unter den religiösen Führern den Weg zu bereiten. Sie sollten nicht als Schlussfolgerungen oder Entscheidungen, die wir erst beim Treffen erarbeiten wollen, gesehen werden. Vielmehr vertrauen wir darauf, dass unsere religiösen Führer die am besten passenden Wege zur praktischen Umsetzung der durch unsere Überlegungen erlangten Einsichten finden werden.

Zu den Autoren

Vincent J. Cornell, Asa Griggs Candler Professor of Middle East and Islamic Studies an der Emory University in Atlanta, Georgia. Von 2000-2006 Professor für Geschichte und Direktor des King Fahd Center for Middle East and Islamic Studies an der University of Arkansas. Von 1991-2000 Professor an der Duke University. 6-jähriger Aufenthalt in Marocco, weitere Forschungsaufenthalte in Ägypten, Tunesien, Malaysien und Indonesien. Zur Zeit Arbeit an Forschungsprojekten zu Islamischer Ethik und Moraltheologie zusammen mit dem Schalom Hartmann Institute in Jerusalem und dem Elijah Interfaith Institute. Veröffentlichungen: *The Way of Abu Madyan* (Cambridge 1996), *Realm of the Saint: Power and Authority in Moroccan Sufism* (Austin 1998), die Sammlung *Voices of Islam* (Westport, Connecticut and London 2007) in 5 Bänden und mehr als 30 Artikel. Seit 2002 wichtiger Teilnehmer an den "Building Bridges" Seminaren unter Vorsitz des Erzbischofs von Canterbury.

Alon Goshen-Gottstein, seit 1997 Direktor der Elijah School for the Study of Wisdom in World Religions, jetzt Elijah Interfaith Institute genannt, und Director des Institute for the Study of Rabbinic Thought at Bet Morasha in Jerusalem. 1977 Ordination zum Rabbiner und B.A. von der Hebrew University of Jerusalem. 1982 Forschung über Neues Testament und Alte Religionen an Harvard Divinity School. 1986 Ph. D. von der Hebrew University of Jerusalem. Veröffentlichungen: *The Sinner and the Amnesiac: The Rabbinic Invention of Elisha ben Abuya and Eleazar ben Arach* (Stanford 2000) and *Israel in God's Presence: An Introduction to Judaism for the Christian Student* (zu erscheinen), dazu mehr als 50 Artikel in Fachzeitschriften.

Sidney H. Griffith, seit 1977 Professor für Semitische Sprachen im Fachbereich Semitic and Egyptian Languages and Literatures an der Catholic University of America in Washington, DC. Fachgebiet: Syrische Patristik and Christliches Arabisch, mit Konzentration auf die Geschichte Muslimisch/Christlicher Beziehungen in der islamischen Frühzeit und auf die Geschichte christlicher Gemeinschaften in der Welt des Islam. 1965 Priesterweihe. Veröffentlichungen: *Arabic Christianity in the Monasteries of Ninth-Century Palestine* (Collected Studies, Vermont 1992), *The Church in the Shadow of the Mosque: Christians and Muslims in the world of Islam* (zu erscheinen bei Princeton University Press).Übersetzungen einiger wichtiger christlich-arabischer Texte, z.b. *A Treatise on the Veneration of the Holy Icons written in Arabic by Theodore Abu Qurrah, Bishop of Harran.* (Eastern Christian Texts in Translation 1. Leuven 1997); Mitherausgeber von *The Blackwell Dictionary of Eastern Christianity* (Oxford 2001), mehr als 60 Artikel in Fachzeitschriften.

Michael von Brück, Professor für Religionswissenschaft an der Universität München, Studium der Evangelischen Theologie, des Sanskrit und der Indischen Philosophie in Rostock, Bangalore und Madras, 5-jährige Dozentur und Studium in Indien, Ausbildung zum Zen- und Yoga-Lehrer in Indien und Japan (Kursleitung in Deutschland, USA und Indien), mehrmals Gastprofessor in den USA, Mitglied unterschiedlicher wissenschaftlicher Gremien weltweit, wiss. Beirat des Goethe-Instituts und des Suhrkamp Verlags: Edition Weltreligionen. Veröffentlichungen: Zahlreiche Publikationen zu Buddhismus, Hinduismus, Interkulturellen Dialog, z.B „*Einheit der Wirklichkeit. Gott, Gotteserfahrung und Meditation im Hinduistisch-Christlichen Dialog*" (München 1986), *Bhagavadgita* (München 1993), *Die Welt des tibetischen Buddhismus,* (München 1996), *Buddhismus und Christentum. Geschichte-Konfrontation-Dialog* (München 1997), *Buddhismus. Grundlagen, Geschichte, Praxis* (Gütersloh 1998), *Wie können wir leben? Religion und Spiritualität in einer Welt ohne Maß* (München 2002), *Zen. Geschichte und Praxis* (München 2004), *Ewiges Leben und Wiedergeburt* (Freiburg 2007).

Barry Levy, Professor of Biblical and Jewish Studies an der Mc Gill University, von 1995-2006 Dean of the Faculty of Religious Studies. B.A. von der Yeshiva University, Ph.D. von der New York University. Unterrichtete an der Yeshiva University and Brown University, war Starr Fellow in Judaica an der Harvard University, Shier Distinguished Visiting Professor an der University of Toronto, und Gastprofessor an anderen Universitäten. Veröffentlichungen: ein zweibändiger Kommentar zu den Neophyti Targum; *Planets, Potions and Parchment, Scientifica Hebraica from the Dead See Scrolls until the Eigtheenth Century,* ein Katalog einer preisgekrönten Ausstellung zu prämodernen Beiträgen zu der Geschichte der Wissenschaft; and *Fixing God's Torah. The Accuracy of the Hebrew Bible Text in Jewish Law* (Oxford 2001), eine Studie des theoretischen and aktuellen Stands des Textes der Bibel nach rabbinischen Quellen.

Maria Reis Habito, seit 2001 Direktorin des internationalen Programms des Museum of World Religions. 1979-81 Studium der chinesichen Sprache und Kultur an der Taiwan Normal University in Taipei, 1985 M.A. an der Ludwig-Maximilans Universität, München. 1986-88 Forschung zum chinesischen Buddhismus an der Kyoto Universität, 1990 Ph.D. in Sinologie, Japanologie und Philosophie an der Ludwig-Maximilians-Universität. 1990-2000 Adjunct Associate Professor an der Southern Methodist University, Dallas. Veröffentlichungen: *Die Dhāraṇī des großen Erbarmens des Bodhisattva Avalokitesvara mit Tausend Händen und Augen* (Nettetal 1993), *Weisheit und Barmherzigkeit: Meister Hsin Tao* (Hsg., München 2000), *Listening: Buddhist-Muslim Dialogues 2002-2004* (Hsg., Taipei 2005).

Deepak Sarma, seit 2004 Associate Professor of Religious Studies an der Case Western University. 1998 Ph.D. an der University of Chicago, Lehrtätigkeit an unterschiedlichen Universitäten, darunter Yale University, University of Chicago, De Paul University. Veröffentlichungen: Zwei Bücher zu Madhva Vedanta, *An Introduction to Madhva Vedanta,* (Ashgate 2003), *Epistemologies and the Limitations of Philosophical Inquiry: Doctrine in Madhva Vedanta* (Oxford 2004). Sein drittes Buch, *Hinduism: A Reader* (Blackwell, 2007) ist eine Sammlung von klassischen und zeitgenössischen Texten zum Hinduismus, die Themen wie Kaste und Sati behandeln. Zahlreiche

Artikel zu Madhva Vedanta in wissenschaftlichen und populären
Zeitschriften. Beiträge zum Thema Stimme und Autorität im Hindu-
ismus, wobei vor allem Methodologie und Theorie im Studium der
Religionen behandelt werden.

Martin Rötting

Interreligiöse Spiritualität

Verantwortungsvoller Umgang der Religionen

broschiert, 148 Seiten
Euro 12,80
ISBN 978-3-8306-7331-6

Eine multireligiöse Welt braucht Menschen, die zu einer Form des Glaubens gefunden haben, die der Pluralität der Religionen gerecht wird. Im vorliegenden Buch werden Impulse zur Spiritualität in unserer Zeit vorgestellt. Dabei geht es um eine Haltung, die mit der Existenz anderer Religionen verantwortungsvoll umgeht.

Martin Rötting: Studium der Religionspädagogik, Ökumene und des interreligiösen Dialogs in München und Dublin, Promotion in Religionswissenschaft, Sekretär des „European Network of Buddhist Christian Studies", Mitgründer des Institutes OCCURSO für interreligiöse und interkulturelle Begegnung.

EOS-KLOSTERVERLAG
www.eos-verlag.de

Interreligiöser Dialog

Margareta von Borsig
Juwel des Lebens
Buddhas erleuchtetes Erbarmen. Gleichnisse aus dem Lotos-Sutra
gebunden mit Schutzumschlag, 134 Seiten, mit Abbildungen, Euro 14,80,
ISBN 978-3-8306-7322-4

Thomas Josef Götz, Thomas Gerold (Hg.)
Die Mystik im Buddhismus und im Christentum
Aspekte des interreligiösen Dialogs
broschiert, 132 Seiten mit Abbildungen, Euro 12,80,
ISBN 978-3-8306-7232-2

Hans-Peter Lehmeier
**Die zen-buddhistische Meditationspraxis
des Zazen nach Zen-Meister Dogen**
Ein Beitrag zum interreligiös-intermonastischen Dialog
zwischen Zen-Buddhisten und Christen
broschiert, 256 Seiten, Euro 24,80,
ISBN 978-3-8306-7309-5

John d'Arcy May (ed.)
Converging Ways
Conversion and Belonging in Buddhism and Christianity
broschiert, 208 Seiten, Euro 15,80,
ISBN 978-3-8306-7251-7

Perry Schmidt-Leukel (ed.)
Buddhist Attitudes to other Religions
broschiert, 304 Seiten, Euro 19,80
ISBN 978-3-8306-7351-4

Gi-Seop Choi, Hyeong-Gi Kim (Hg.)
Jesus und Konfuzius. Dialog Heiliger Schriften
broschiert, 154 Seiten, Euro 14,80
ISBN 978-3-8306-7353-8

EOS-KLOSTERVERLAG
www.eos-verlag.de